10/18
12, avenue d'Italie — Paris XIIIe

Sur l'auteur

Margaret Anne Doody, née en 1939 au Canada, a fait ses études à Centreville, au Nouveau-Brunswick. En 1968, elle obtient son doctorat à Oxford avec une thèse sur Samuel Richardson. Elle enseigne ensuite dans différentes universités américaines (Berkeley, Columbia), avant de devenir, en 1992, directrice du département de littérature comparée à l'université Vanderbilt de Nashville, dans le Tennessee. Auteur de nombreux ouvrages universitaires, elle se fait connaître du grand public en publiant, en 1978, un roman policier, *Aristote détective,* suivi, deux ans plus tard, d'une courte nouvelle reprenant ce personnage, *Aristotle and the Fatal Javelin.* Elle a écrit depuis deux nouvelles enquêtes : *Aristote et l'oracle de Delphes* (2000), et *Aristotle and the Mysteries of Life.*

ARISTOTE
ET L'ORACLE
DE DELPHES

PAR

MARGARET ANNE DOODY

Traduit de l'anglais
par Jacques GUIOD

10|18

INÉDIT

« Grands Détectives »
dirigé par Jean-Claude Zylberstein

Du même auteur
aux Éditions 10/18

Aristote détective, n° 2695
▶ Aristote et l'oracle de Delphes, n° 3528

Titre original :
Aristotle and Poetic Justice

ISBN 2-264-03677-X

À la mémoire des deux George :

George Parkin Grant (1918-1988), qui enseigna il y a bien longtemps la philosophie à la Dalhousie University.

Il me parla de Platon et mon univers changea.

et

George Forrest (W.G.G. Forrest, 1925-1997), professeur d'histoire ancienne, Wadham College (1951-1977), titulaire de la chaire Wykeham d'histoire ancienne, New College, Oxford (1977-1992).

Il partagea sa grande connaissance et son amour sincère de la Grèce avec tous ceux qui l'approchèrent. Je le remercie pour son enthousiasme généreux et son sens de l'humour, mais aussi pour les encouragements qu'il me prodigua quand je mis Aristote en scène pour la première fois.

PERSONNAGES

Habitants d'Athènes

Stéphanos, fils de Nikiarkhos : citoyen d'Athènes, vingt-cinq ans ; ancien élève et aujourd'hui ami d'Aristote.
Eunike, fille de Diogeiton : mère de Stéphanos.
Théodoros : frère cadet de Stéphanos, dix ans.
Damétas et Tamia : intendant de Stéphanos et son épouse.
Aristote, fils de Nicomaque : philosophe, cinquante-six ans ; originaire de Macédoine mais vivant à Athènes, directeur du Lycée.
Pythias : femme d'Aristote.
Pythias la jeune : fille d'Aristote, entre cinq et six ans.
Théophraste : lettré, quarante ans ; assistant d'Aristote au Lycée.
Euphranor : petit garçon, meilleur ami de Théodoros.
Sophrine : sœur d'Euphranor, trois ans.
Cléiophoros : citoyen important, mais aimable, optimiste et désireux de se rendre utile.
Ammonios : citoyen riche et corpulent ; propriétaire d'un bordel, s'intéressant aux mines d'argent.

« Les Hommes d'Argent »

Glaukon : citoyen couvert de taches de rousseur, orfèvre et habile marchand.

Pataikos : citoyen d'âge mûr, ami d'Ammonios.

Polémon : jeune homme (dix-neuf ans) de bonne famille; éphèbe effectuant son service militaire; cousin éloigné d'Ammonios.

Famille et descendants de Démodikos

1. Phérékratès : chef des Hommes d'Argent, récemment décédé.

Anthia : fille de Phérékratès, seize ans ; héritière depuis la mort de son frère Démodikos ; nièce de Lysippos, provisoirement sous sa tutelle.

Callirhoé : esclave d'Anthia, dix-sept ans ; jeune femme d'Éphèse renommée pour sa beauté.

2. Lysippos : orfèvre, frère de Phérékratès et héritier principal, désormais le plus riche des Hommes d'Argent.

Hégéso : épouse de Lysippos à la santé fragile.

Straton : beau jeune homme, deuxième fils de Lysippos, vingt-deux ans; une passion pour les petites joueuses de flûte, mais aussi pour les chevaux et les chars.

Gorgias : premier fils de Lysippos, vingt-trois ans; disparu après la bataille d'Issos.

Myrrhine : fille de Lysippos, dix-huit ans ; la rumeur la dit un peu dérangée.

3. Timothéos, frère de Phérékratès et de Lysippos, veuf sans enfant, philosophe détaché de ce monde.

Personnes rencontrées pendant le voyage

Ménandros : jeune garçon plein d'humour.
Smikrénès : vieux fermier du dème d'Éleusis ; revêche, se méfie des étrangers.
Philoméla, fille de Smikrénès : quinze ans, possède des yeux gris-vert et un grand sens de la justice.
Géta : vieille nourrice de Philoméla et servante de la famille de Smikrénès.
Argos : chien galeux de Smikrénès.
Anaxagoras : chevrier.
Lykidas : berger.
Diphilos : jeune marié.
Corydon : esclave d'une étonnante beauté, dix-neuf ans, amoureux de Callirhoé ; ancien citoyen d'Éphèse qui affronta les forces d'Alexandre.

Citoyens et visiteurs de Delphes et des environs

La veuve d'Argos : femme pèlerin forte d'un projet idéal.
« Cléobis » et « Biton » : fils de la veuve d'Argos, qui accomplissent leur premier voyage loin de chez eux.
Dioklès : vieil ami d'Aristote et proxène ; homme riche et important à Delphes.
Haimon : tenancier du bordel « Au refuge d'Haimon », à Cirrha.
Plouta : sa femme.
Tita : prostituée égyptienne travaillant chez Haimon.
La Pythie : veuve qui est la voix de l'Oracle d'Apollon.
Le marbrier : pèlerin venu consulter l'Oracle.

CHAPITRE PREMIER

Des Hommes d'Argent et une héritière

Inspirez-moi, ô flots de la source de Castalie, afin que je profère des paroles de bon augure. Entendez-moi, ô Muses qui vivez près de la fontaine d'Hippocrène, vous, Thalie et Melpomène, et parlez par ma bouche afin que je relate de manière convenable ma surprenante aventure. C'est une histoire pleine de torts causés à des vierges de bonne naissance, de meurtre et de secours, de mines d'argent mais aussi de spectres et d'errances. Au cours de ces péripéties, ma vie fut changée, et à mon étonnement un mariage s'offrit à moi. Faites que je présente toute la vérité, ainsi que mon maître Aristote savait la révéler. Que je lui rende cet honneur mérité. Et que j'honore aussi l'Oracle de Delphes. Apollon soit loué !

Peut-être devrais-je débuter par le jour où je rencontrai pour la première fois ce cercle de citoyens que je qualifie encore d'« Hommes d'Argent ». C'était le dixième jour d'Anthestérion — un mois frais mais qui marque aussi le début du printemps. Le onzième jour nous ramène la Fête des Fleurs, les Anthestéries. C'est l'époque où apparaissent les nouvelles pousses et les bourgeons, celle où nous commémorons le retour de Dionysos, après la sinistre interruption de l'hiver durant laquelle le généreux dieu du vin est absent. Pendant ce mois, curieusement, nous célébrons également la visite à Athènes du malheureux Oreste, rendant un étrange honneur à cet infortuné jeune homme, condamné à venger la mort de son père en tuant sa mère. Poursuivi par les Furies pour ce matricide, il fut jugé et enfin lavé de cette accusation infâme par le décret de Phébus Apollon. Je me rappelle, le jour où l'on me narra pour la première fois l'histoire d'Oreste, l'effroi qu'elle procura à l'enfant que j'étais et comment je me demandai s'il ne se blâmait pas d'avoir tué sa mère bien que le tribunal l'eût déchargé de toute culpabilité. Bien sûr, je pensais à ma chère mère, pas à la reine méchante, et je ne comprenais pas vraiment cette histoire, inspiratrice de drames et de poèmes célèbres. Nous honorons les plus jeunes enfants d'Athènes, ceux qui ont atteint l'âge de trois ans, abandonnant ainsi définitivement la petite enfance. Mais nous nous souvenons aussi des morts, ceux qui sont partis avant nous, et dont les ombres peuvent marcher parmi nous lors de la Nuit des Spectres. Accompagnés peut-être d'esprits malveillants telles les harpies. Tout cela fait que les Anthestéries peuvent sembler bien singulières aux étrangers, elles qui mêlent crime de sang et rire, libations et meurtre familial, Dionysos et Hadès, enfants et fantômes.

Mon histoire a certainement à voir avec les trois jours de fête de cette année où Aristophane (un homonyme du grand poète comique) était archonte — ce printemps où Alexandre se rendit maître de la Perse, juste après s'être emparé de Persépolis et de son trésor de cent vingt mille talents d'argent.

Quant à moi, Stéphanos d'Athènes, je m'étais remis du procès de mon cousin, Philémon, survenu l'année précédente. Il était de retour en ville, et nos affaires familiales redevenaient prospères. Ce furent les ennuis d'une autre famille athénienne, plus riche encore, qui devaient affecter ma vie et nous envoyer inopinément, Aristote et moi, en expédition, ainsi que vous l'apprendrez. Mais, pour que tout ceci soit clair, je dois revenir à la veille des festivités.

Je me rappelle parfaitement le jour des Hommes d'Argent. Je m'étais rendu à l'Agora afin d'y faire enregistrer une location; je louais la majeure partie de mon exploitation proche d'Athènes à un citoyen de la campagne, à un bon prix. Mon nouveau métayer avait ici certaines relations, et j'appréciais d'être vu en sa compagnie. Les bâtiments officiels étaient bondés. Le Conseil se hâtait de rédiger un texte qui devait être présenté à l'Assemblée. Les citoyens intéressés, mais aussi les curieux, se pressaient autour de la Tholos, cette bâtisse de forme circulaire, emblème de la démocratie, où les cinquante prytanes élus, cinq pour chacune des dix tribus, dînent quotidiennement aux frais de l'État lorsqu'ils gèrent les affaires publiques. Ce jour-là, le Comité des Travaux publics, le Polétai, devait également proclamer les noms de ceux qui avaient remporté les concessions de plusieurs belles mines d'argent du Laurion. Cela suscitait toujours un grand intérêt; nul ne méprise l'opportunité d'exploiter l'argent. Sauf, bien entendu, les misérables esclaves qui doivent arracher le précieux matériau aux entrailles de la terre.

La région du Laurion est constellée de puits de mine et couverte de petites fabriques où le minerai d'argent est séparé du plomb. Il est alors emporté vers des fours afin d'y être transformé en argent raffiné. Des villes comme Thoricos ont bénéficié d'une telle activité, mais la plupart des producteurs d'argent vraiment fortunés jouissent de la vie dans la cité d'Athènes.

C'est la richesse des mines appartenant à Athènes qui permit jadis à Périclès de l'embellir de tant de bâtisses splendides. C'est vrai, l'exploitation avait longtemps été interrompue, et pas seulement pendant les guerres entre Sparte et Athènes, durant lesquelles les Spartiates s'étaient emparés des puits et des esclaves. Au cours de la période suivante, la monnaie fut coulée dans le bronze, avec un peu d'or ; certaines pièces n'étaient que de cuivre, recouvert d'une fine couche d'argent qui s'effaçait facilement. Plus tard, quand Athènes reprit le contrôle du Laurion, les belles pièces d'argent réapparurent. Nos mines s'étaient considérablement développées depuis cette époque. Chaque détenteur d'une concession devait payer au gouvernement une somme pour le droit de l'exploiter, soit la vingt-quatrième partie de ses recettes. Mais les avantages étaient certains. Il y avait la possibilité tentante de s'enrichir rapidement — sans parler de la permission de se soustraire à l'impôt de guerre. Cela semblait étrange, car nous étions censés être fiers de payer des impôts, votés publiquement, et des chefs très respectés nous avaient récemment exhortés à renforcer le pouvoir d'Athènes. En outre, un entrepreneur était exempté de certaines obligations à l'égard de l'État. Un propriétaire de mine n'avait pas à consacrer une partie de ses bénéfices aux liturgies, ainsi qu'on l'attend habituellement des nantis, à produire des pièces de théâtre pour les Grandes Dionysies, par exemple, ou à affréter un navire de guerre. Les liturgies sont source d'honneurs, mais aussi de dépenses. Si cette exemption de l'imposition, cette *ateleia*, avait pour but d'encourager l'investissement dans l'exploitation minière, c'était une réussite. Car il y avait évidemment assez de gens qui se moquaient bien des honneurs et leur préféraient la richesse immédiate et l'exonération d'impôts, à en juger d'après les nombreux enchérisseurs alléchés aujourd'hui par les concessions du Laurion.

On s'en doute, je n'étais pas un de ces riches citoyens susceptibles de briguer de tels contrats. Mais je trouvais plus d'intérêt aux affaires de la cité que je ne le faisais dans ma jeunesse ; maintenant que j'étais un citoyen responsable, sans doute appartiendrais-je un jour ou l'autre à une commission publique. Tout homme âgé de plus de vingt-cinq ans y accède, et c'était désormais chose faite pour moi.

Après que mon nouveau métayer et moi eûmes conclu notre transaction, nous nous arrêtâmes près des statues des Dix Héros pour lire les affiches placardées sur la paroi blanche. Il s'agissait de copies des projets de loi qui viendraient devant le Conseil et de la liste habituelle des procès imminents. « Arkhilaos accuse Épikratès devant le tribunal d'avoir déplacé les jalons de son terrain », et ainsi de suite. Une notice plus ancienne était encore accrochée : « Glaukon accuse Phérékratès devant le tribunal de l'avoir trompé sur le poids de l'argent qu'il lui a vendu. » C'était une accusation assez grave, mais, hélas, l'avis était caduc, car Phérékratès, du dème de Cydathénaion, était mort et au tombeau depuis plus d'une semaine. Comme il ne pouvait être traîné en justice, l'accusation allait subir une modification. L'héritier du défunt devrait répondre du chef d'inculpation. Changer les termes du procès demandait du temps — et c'était toujours moins satisfaisant pour l'accusateur. J'en fis la remarque à mon métayer qui, issu d'un dème rural, n'était pas si bien versé que moi dans les affaires de la cité. Mais il avait entendu parler du riche Phérékratès.

Comme son père Démodikos avant lui, c'est en tant qu'orfèvre que Phérékratès avait débuté dans l'existence. Le père était mort prospère après avoir amassé terres et esclaves. Même si sa richesse avait été divisée entre ses trois fils, Phérékratès avait pu en profiter à ses débuts et ainsi tripler ses biens au cours des dix premières années. Avant de mourir, il avait acquis une propriété au Pirée et à Athmonon ; il possédait deux navires marchands et une petite fabrique annexe à l'est d'Athènes ainsi que celle de son propre dème. Il continuait à tirer de bons revenus de l'entreprise originelle, où l'argent était fondu et travaillé, et où l'on créait des bijoux et des statues de bronze et d'argent. Il partageait cette affaire impressionnante avec son frère, le tout aussi puissant Lysippos. Si nous jouissions tous de l'opulence de Phérékratès, nos soucis seraient rares — bien que Phérékratès ne fût pas à envier à présent, puisqu'il avait quitté cette vie.

Après que nous eûmes lu les avis, j'invitai mon métayer à boire et à manger afin de mieux sceller notre accord. Nous nous attardions, espérant rencontrer son ami, hôte et lointain parent, Cléiophoros, quand ce dernier en aurait fini avec les affaires du jour. J'espérais sincèrement lui être présenté. J'avais un réel besoin de me faire des relations dans cette ville et d'établir à nouveau ma famille. Ce matin-là même, ma propre mère m'avait dit : « Que ne connais-tu des gens importants ! » Ma mère, Eunike, fille de Diogeiton, descendait des grands hommes qui avaient fondé la tribu des Érechtheidai et avait apporté un peu de terre avec sa dot. Veuve d'un citoyen bien né et occupant une retraite modeste, elle avait chaque jour largement l'occasion de constater la simplicité de notre vie domestique. Je ne donnais pas de soirées, et les hommes riches ou de haute naissance ne me rendaient pas visite pour boire du vin dans la pièce principale de notre maison. Or, Cléiophoros était un personnage important, un fonctionnaire de cette ville, et il entretenait de bonnes relations avec des citoyens qui, s'ils ne se distinguaient pas par leur rang élevé, étaient d'une richesse extrême, comme Phérékratès et Lysippos. Heureusement, mon métayer considérait cette journée comme un jour de congé et n'était pas impatient.

Nous nous promenâmes sur l'Agora et autour de l'Acropole. Je pus lui montrer le site destiné au nouveau stade, après avoir jeté un coup d'œil aux travaux sur la colline de la Pnyx, cet éperon rocheux où se réunissait toujours l'Assemblée des citoyens : la rénovation du bâtiment se poursuivait depuis au moins dix ans. Athènes était actuellement en chantier. Depuis que l'énergique et incorruptible Lycurgue était contrôleur des finances, la cité semblait plus importante et plus florissante que jamais. Grâce à son système de taxation, il avait doublé les revenus de l'État et, tout en réorganisant l'appareil militaire et en faisant construire et armer des vaisseaux de guerre, il avait visiblement pris plaisir à rebâtir la ville afin qu'elle brille aux yeux des peuples de la terre. De nouvelles statues d'or des Victoires luisaient au Parthénon. Le récent temple d'Apollon étincelait sur l'Agora. Ayant suffisamment admiré ces merveilles, mon métayer et moi achevâmes notre promenade par la *poïkilè,* la colonnade peinte, afin d'y entendre les nouvelles.

— Stéphanos, quel plaisir de te voir !

Un homme grand et corpulent me tapa vigoureusement sur l'épaule. C'était Ammonios, riche citoyen et marchand. Depuis que ma famille et moi-même étions devenus plus fréquentables (suite au procès de mon cousin), bien des gens se montraient plus chaleureux envers moi. Du moins me reconnaissaient-ils. La prospérité attire la prospérité. Peut-être Ammonios pensait-il que, maintenant que j'avais vingt-cinq ans, je détenais une charge relativement importante, que j'étais, pourquoi pas, l'un des *sitophylakes*, un Gardien des Céréales, comme l'avait été mon père. Ce ne devait pas être aussi agréable que jadis ; des rumeurs de restrictions couraient et, même si Alexandre venait de s'emparer de l'Égypte, si riche en grain, les réserves suscitaient des inquiétudes au point qu'il nous fallait de plus en plus compter sur les importations. Pour ce qui était d'une charge publique, mieux valait être l'un des responsables de l'emporion, le marché entourant le port. Je pourrais atteindre une telle position, au bout du compte, si je parvenais à élever la condition de ma famille. Nous n'étions pas aussi mal en point que ces dernières années, après la mort de mon père, quand nous étions enchaînés par les dettes puis par l'infâme accusation de crime lancée contre mon cousin et par le procès qui s'était ensuivi. Mais, à présent, rien de ce que je faisais ne semblait apporter d'amélioration notable. Je présentai mon métayer au marchand athénien, et Ammonios lui tapa de même sur l'épaule.

— Et comment vas-tu, Stéphanos ? Inutile de te le demander. Tu as vu quelques polissonnes récemment, hein ?

Il me donna un coup dans les côtes.

— Si tu veux du changement, je pourrais te présenter quelqu'un d'agréable. Une petite chérie qui te traiterait royalement, si tu vois ce que je veux dire. Attention, c'est l'ami qui te parle, ajouta-t-il, pas le commerçant, ha ! ha !

L'amitié de ce gros homme n'était pas du tout de mon goût, même si beaucoup le trouvaient plaisant, ou plus encore. Ammonios, qui était veuf, invitait régulièrement chez lui des amis (et des connaissances qu'il voulait impressionner) et leur proposait d'essayer un jeune serviteur ou une esclave musicienne aux talents remarquables. Une part importante de ses affaires avait trait à un petit bordel du Pirée ; c'est là, quand ses amis en avaient usé, qu'il expédiait serviteurs et musiciennes.

— Et voici Polémon ! s'écria Ammonios en le hélant. Il vient encore faire de nouvelles conquêtes, sans aucun doute.

Ce dernier ne paraissait pas spécialement désireux de se joindre à nous, mais il nous salua fort poliment. Polémon était un gracieux jeune homme doté d'yeux bleus et de boucles brunes. Sa barbe, comme sa virilité, était tout juste naissante. Bien qu'il fût âgé de près de vingt ans et fît son service militaire, il avait l'air encore timide, quoique plus robuste et bronzé que naguère. Sa jeunesse triomphante me faisait sentir mon âge, même à moi, alors qu'à ses côtés mon homme de la campagne me semblait rustre et lourdaud, et Ammonios obèse et grossier. L'allure de Polémon s'harmonisait parfaitement avec la grande fresque murale visible derrière lui, représentant les Athéniens déployés devant les Spartiates. Devant cette évocation d'un passé glorieux, le flasque Ammonios avait tout du satyre vieillissant.

— Bon, fit-il avec une certaine gravité. Tu connais Stéphanos, fils de Nikiarkhos ? Polémon est une sorte de cousin, m'expliqua-t-il.

Polémon rougit et lança un regard furieux à Ammonios.

— Issu de germains, murmura-t-il.

Je ne m'étais pas rendu compte qu'ils étaient parents. Ils ne se ressemblaient pas, en tout cas. Polémon hériterait-il lui aussi d'un double menton ?

— Eh bien, il faut que mon cousin Polémon l'éphèbe fréquente les filles maintenant qu'il a de la barbe et qu'il est entré dans l'armée. Terminés, les plaisirs enfantins. Ce n'est pas vrai, Polémon ? Toujours à l'exercice, mon garçon ? Tu vas te battre pour Alexandre s'il t'accepte ? Et comment se passent les manœuvres de nuit ?

Ammonios rit et contempla la peinture de l'autre mur, Thésée et ses compagnons affrontant les Amazones.

— Voilà le genre de guerre que je préfère. C'est vrai, on n'a pas toujours ce qu'on veut. Bien que j'aie jadis connu une fille étrange capable de... bon, assez péroré. Comment va mon cousin, ton honoré père ?

— Mon père va bien, déclara Polémon. Il est bien entendu chagriné par la mort de son ami Phérékratès.

— Oui, c'est vrai. Un ami, un voisin aussi. J'ai vu ton père aux funérailles. C'est bien triste, le vieux Phérékratès qui nous lâche comme ça. Il dormait seul, c'est mauvais pour la santé. Très mauvais, alors qu'il était si riche. Je me suis laissé dire qu'il avait près de six cents esclaves dans ses mines du Laurion. Presque aussi riche que Callias aux temps jadis ou que son fils. Il y en a, tout de même ! Six cents esclaves creusent la terre et lui, sur sa couche, qui cherche à extraire un dernier souffle. Le pauvre vieil orfèvre !

— C'était un homme fort respectable, dit Polémon d'un ton froid. Et l'exploitation des mines n'a rien de honteux. C'est leur richesse qui a fait la grandeur d'Athènes dans le passé. N'est-ce pas Thémistocle qui a pu ainsi construire deux cents vaisseaux de guerre ?

— Inutile de me persuader, mon bon citoyen de cousin, de la valeur de nos mines d'argent — ce « trésor que fournit la terre », comme le disait l'un de ces vieux dramaturges[1]. Mais vois-tu, cela n'a pas empêché Phérékratès de finir au tombeau. Et du coup, la grande question est celle-ci : qui va récupérer ses biens ? Hein ? Et que va devenir la petite Anthia maintenant qu'elle est héritière ? Tu peux me le dire ?

La déférence qu'affichait Polémon disparut. Ses muscles se contractèrent mais il répondit avec civilité.

— Anthia est sous la tutelle de son oncle, Lysippos. Il lui fera sans doute faire un bon mariage. En vérité, il... il me l'a promise.

Ammonios éclata de rire.

— Pour un bon mariage, c'en est un ! S'ils ne changent pas d'avis. Tu es trop jeune pour convoler. Et puis, Lysippos lui-même peut l'épouser. C'est une vieille loi athénienne, son plus proche parent peut se marier avec une héritière. Tu y as déjà pensé ?

— Mais, répondit Polémon, l'air scandalisé, il est si vieux ! Et puis il a déjà une femme.

1. Eschyle, dans *Les Perses. (N.d.T.)*

— C'est vrai. Enfin, si l'on peut dire. Chacun sait que Hégéso est tout le temps malade. C'est ça que tu appelles avoir une femme, toi ? J'en conviens, elle lui a donné deux fils, et même s'il pouvait divorcer, elle est la fille d'un homme bien né, qui se sentirait offensé si l'on en arrivait là. Quant à son âge, Lysippos n'est pas plus vieux que moi, et je suis toujours en service !

— En vérité, intervins-je, la coutume veut que le tuteur épouse l'héritière quand son patrimoine est modeste, afin qu'elle ait de quoi vivre. Sinon, il est nécessaire que son oncle paternel la dote en lui accordant une partie de ses propres biens. Mais la question ne se pose pas ici. Lysippos est si riche que la jeune fille peut être donnée à tout citoyen de sa condition. Un homme de bonne famille, même s'il ne jouit pas d'une grande fortune, quelqu'un capable de la faire vivre décemment.

J'espérais vaguement que l'on trouverait en moi le candidat idéal, mais en vain.

— Hum... La demoiselle sera assez bonne pour quiconque viendra frapper à sa porte, mais l'argent, c'est l'argent, fit Ammonios dont les yeux étaient sans cesse en mouvement. Et toi, Polémon mon ami, ne laisse pas la petite Anthia trop stimuler ton appétit. À mon avis, Lysippos va bientôt la marier à Straton, son second fils. Son fils unique, à présent. Gardons l'argent dans la famille et tout le monde sera content. Tu ne crois pas ?

Ammonios regarda le jeune homme d'un air méprisant et sourit de satisfaction. Ses yeux étincelaient. Polémon rougit à nouveau, plus de colère que par pudeur.

— Il faut tout de même respecter la volonté d'un défunt, s'insurgea-t-il. Straton ne désire peut-être pas cette union et, même si c'était le cas... Si Phérékratès avait déjà promis sa fille à quelqu'un d'autre...

— Ça, c'est comme le repas de la semaine dernière,

parti aux latrines, répliqua sèchement Ammonios qui ne souriait plus. Un tuteur doit faire ce qui lui semble juste. Celui qui épousera cette fille aura les statères [1] en prime. Gémir ne sert à rien. Note bien ce que je te dis, Straton, fils de Lysippos, couchera bientôt avec la riche Anthia.

Ammonios rit, sans joie toutefois, en émettant le son d'un marteau qui frappe le métal. Puis ses yeux se remirent à pétiller.

— Quatre jambes dans un lit, Polémon, ajouta-t-il avec une jovialité forcée, on peut trouver de quoi s'amuser, non ?

— Comment peux-tu ? protesta le jeune homme, les joues empourprées.

Cela n'arrêta en rien Ammonios.

— Ce n'est pas comme prendre une veuve bossue. La petite Anthia est aussi jolie qu'une image. Je l'ai vue l'année dernière à la procession. Moi-même, je ne dirais pas non. De beaux cheveux, une silhouette fine, pas encore seize ans. Un petit trésor caché à prendre...

— C'est une dame, rétorqua Polémon. C'est la fille bien née d'un citoyen d'Athènes. On ne doit pas parler ainsi d'une vierge.

— Mais je dis n'importe quoi, mon cher garçon...

Ammonios prit par le cou le jeune Polémon, avec amitié, avec autorité aussi. À demi cachés sous les rides, les petits yeux gris d'Ammonios ne reflétaient plus beaucoup d'humour. Je me demandai s'il avait été sincèrement offensé par les protestations de son jeune parent et compris que je devais veiller à ne pas provoquer sa colère. Jusqu'à cet instant, je n'avais vu en lui qu'un débauché vieillissant. Comme s'il lisait dans mes pensées, Ammonios retrouva aussitôt son sourire et sa légèreté. Il tapa sur l'épaule de son cousin.

1. Plus grosse pièce de monnaie du système grec ; en or, elle pesait 8,56 g. *(N.d.T.)*

— À propos du mariage, tu sais, on ne peut pas parler de jardin des délices quand tout a été dit et fait. Les femmes les plus jolies se ternissent un jour. Il suffit de les voir vomir quand elles sont grosses ou râler après les serviteurs. Je préfère ma petite joueuse de flûte, tiens.

Polémon pivota sur ses talons, murmura un adieu et disparut. Ammonios éclata de rire.

— Ce jouvenceau a l'espoir de ramener chez lui une fiancée sous une pluie de figues et de pièces d'argent. Leurs pères sont — étaient — des voisins, des amis même. Mais je crains que celui de Polémon n'ait pas le pouvoir d'offrir ce jouet à son fils. Lysippos ne permettra pas à la dame d'échapper à sa maisonnée. Chez ces gens-là, on ne s'enrichit pas par inadvertance. Mon père connaissait bien celui du vieux Phérékratès, il aurait ramassé une demi-obole [1] dans un tas de crottes !

— Il est dommage, déclarai-je d'une voix neutre, que le défunt Phérékratès n'ait pas laissé de véritable héritier. N'avait-il pas un fils jadis ?

— Une bien triste histoire. Oui, il en avait un, mais il est mort il y a sept ans à Chéronée, quand Athènes et Thèbes se sont soulevées contre... Bon, tu sais certainement ce qui s'est passé. Le fils, l'héritier, un jeune homme qui faisait son service militaire, ramené chez lui dans une jarre. C'est pourquoi Phérékratès n'a pas de descendant, seulement cette fille.

— Oui, je vois. Un triste destin.

J'aurais presque eu l'âge de participer à cette guerre contre le roi Philippe de Macédoine et son victorieux fils, Alexandre, qui avait lui-même mené la cavalerie macédonienne dans cette bataille. À Athènes, nul n'aimait évoquer cette guerre et cette défaite. Comme

1. Plus petite pièce de monnaie. *(N.d.T.)*

presque tous les autres États de la Grèce, Athènes s'était résignée à être de fait gouvernée par Alexandre, le fils glorieux de Philippe.

— Voilà, c'est ça, la guerre, poursuivit Ammonios. Tu quittes la cité en héros, avec ton glaive flamboyant et ton cheval qui piaffe d'impatience... et tu reviens dans une jarre, comme quelques poignées de dattes. Ah, ce n'est pas mieux que ce qui est arrivé au fils aîné de Lysippos. Stéphanos, tu connais Straton. Un brave garçon doublé d'un bon chanteur. En voilà un qui aime la musique. Sa maîtresse préférée jouait si bien de la flûte... Elle est dans mon bordel désormais. Si tu vois Straton, dis-lui que Lalage lui adresse ses amicales salutations du Pirée.

— Je ne connais pas Straton.

— Tu ne devais pas connaître son frère. Ce pauvre Gorgias ! Ils n'ont pas de chance, dans cette famille. Il est parti à la guerre il y a quelques années, comme ton cousin Philémon qui a causé tant de problèmes à ta famille. Le jeune Gorgias est parti à la guerre, oui, avec Alexandre, et il est mort. Déclaré manquant à la suite d'une des escarmouches qui ont éclaté après la bataille d'Issos. Ses ossements sont quelque part, en terre étrangère. Même pas renvoyés dans une jarre. Pas le moindre carré de terre pour se souvenir de lui. C'est triste, non ? Aujourd'hui, on est là, et puis demain... C'est pour ça qu'il faut se donner du plaisir pendant qu'on le peut encore, conclut Ammonios qui me poussa du coude en riant.

L'homme me paraissait d'humeur à cancaner. Je soupçonnais cependant qu'il ne nous parlait que pour passer le temps en attendant quelqu'un. Il donnait des signes d'impatience et son regard scrutait souvent les alentours. Sous le porche, ce fut tout à coup l'effervescence : nouveaux arrivants, conversations plus bruyantes.

Un homme se détacha du groupe et se dirigea vers

Ammonios : c'était un ami de ce dernier et son associé dans un certain nombre d'entreprises. Cet individu nous ignora pratiquement, mon compagnon et moi-même, pour se planter devant le gros homme. On voyait à son visage qu'il n'apportait pas de bonnes nouvelles.

— Les concessions ont été accordées, dit-il, et nous n'en sommes pas. Lysippos a obtenu celle de son frère, plus une bien à lui. Et, bien entendu, le bénéfice de l'*ateleia*. C'est scandaleux !

— Mais prévisible, mon bon Pataikos, répondit Ammonios, l'air renfrogné, tout en haussant les épaules comme pour manifester son indifférence.

— À une époque, on pouvait profiter de la cagnotte, aujourd'hui, ce sont toujours les mêmes qui raflent la mise. Ils savent que la prospérité les attend. Quand on pense que ce démon d'Alexandre va avoir besoin d'argent — et de pièces de monnaie — pour payer les hommes et le ravitaillement !

— Chut, fit Ammonios. Alexandre a toutes les richesses qu'il souhaite. Il nage dans les trésors de Persépolis en ce moment même.

— Cet argent restera peut-être en Orient, pour payer la conquête mais aussi pour soudoyer les hommes haut placés de l'Empire perse.

— C'est vrai. Les habitants de l'Empire perse n'apprécient pas tous le joug qu'on leur impose, et bien des régions préféreraient changer d'allégeance plutôt que de résister si elles y trouvaient leur intérêt.

— Exactement, reprit Pataikos, enflammé. Alexandre peut conquérir une partie de l'Asie et acheter le reste. Il aura *toujours* besoin d'argent. La faim augmente avec ce qui la suscite. Et quelle monnaie désirera Alexandre sinon celle d'Athènes ? Qui fabrique de meilleures pièces ? Lysippos peut manger des fruits d'argent toute la journée. Quant à ce parvenu de Glaukon — cet orfèvre de basse extraction, dont le grand-père traînait dans les ruelles obscures du Pirée —, la concession qu'il a décrochée est encore meilleure que ce qu'il avait auparavant. Je ne parle pas des autres...

Ammonios l'arrêta d'un geste de la main.

— Plus un mot, dit-il avec bonhomie. Tout va comme nous nous y attendions. Mon ami Pataikos pensait que nous devions faire une offre, ajouta-t-il en se tournant vers nous, sourire aux lèvres. Mais nous n'espérions pas vraiment gagner. Au moins, nous n'aurons pas à importer du bois pour étayer les vieilles galeries du Laurion. Comme vous le voyez, je n'ai même pas pris la peine de me rendre au Conseil.

Le gros homme rit et tapa dans le dos de son ami : il semblait que ce fût le remède d'Ammonios pour tous les maux.

— Voilà qui nous donne une excuse pour bien boire avant même le début de la fête : nous consoler. Et puis j'ai une nouvelle fille à te présenter. Il est des mines meilleures que celles d'argent. Je sais que vous nous excuserez, ajouta-t-il à notre adresse. J'ai promis à mon ami que nous dînerions ensemble. Mais rappelle-toi ce que je t'ai dit à propos des petites chéries, Stéphanos. Dormir seul est mauvais pour la santé. Prends bien soin de toi, et laisse le monde aller à sa guise.

Je n'étais pas mécontent de voir partir ce personnage graveleux. Sa conversation vulgaire n'avait pour seul but que de lui faire passer le temps. J'avais l'impression humiliante qu'Ammonios préférait parler à des gens sans importance en attendant les nouvelles, et qu'il était plus déçu qu'il le laissait paraître.

— Puisque la réunion est terminée, allons à la rencontre de ton hôte et ami, Cléiophoros, suggérai-je à mon nouvel intendant.

J'espérais qu'on le trouverait aux côtés des heureux élus et surtout de Lysippos. Je désirais vivement devenir l'ami d'un homme qui avait une héritière dans son escarcelle. (Un homme important, de plus : ma mère m'aurait certainement approuvé, même si Lysippos n'était pas aussi bien né que l'aurait souhaité son cœur d'Athénienne.) Après tout, me dis-je, puisque Lysippos risquait d'écarter Polémon en tant que gendre potentiel, ne pouvais-je tenter ma chance ? Moi aussi, j'étais de bonne naissance, et un peu plus âgé que Polémon, décidément trop jeune pour se marier...

Telles étaient mes cogitations alors que nous passions sous le Porche de Zeus et que nous nous frayions un chemin à travers la foule qui arrivait en sens inverse. Diverses remarques relatives au coût de l'acheminement et aux contrats miniers parvenaient à nos oreilles. Nous trouvâmes la Tholos presque vide, mais Cléiophoros et quelques autres étaient encore assis, parcourant des documents dans le calme revenu. J'avais de la chance. Lysippos faisait partie des hommes présents dans la salle ronde où flottaient encore des odeurs de nourriture.

Cléiophoros nous accueillit avec cordialité.

— Vous avez entendu ? Toute une matinée consacrée à l'argent ! La séance a été plutôt rude. Et voici déjà le printemps, enfin presque. Avec de bonnes récoltes cette année, Athènes devrait s'enrichir. Lycurgue a augmenté l'impôt, c'est vrai, mais de nouvelles affaires ont prospéré en ville.

Cléiophoros voyait toujours les choses du bon côté et la vie lui souriait.

— Comment va mon ami Aristote ? poursuivit-il. Je ne l'ai pas vu depuis quelque temps. Sais-tu... Mais permettez-moi de présenter Stéphanos, fils de Nikiarkhos, à l'honorable citoyen Lysippos. Lysippos a une nouvelle concession, nous discutions justement les termes du contrat. Bien entendu, nous autres, membres du Conseil, connaissons parfaitement Lysippos pour l'excellent travail qu'il a accompli à la Monnaie.

Je connaissais de vue Lysippos, frère du défunt Phérékratès. Et j'étais connu de lui puisqu'il avait fait partie du jury lors du procès de Philémon, mais nous ne nous connaissions pas personnellement. Après ce que j'avais entendu ce matin, je le considérais avec attention. Lysippos, le riche marchand d'argent. Lysippos, père de Straton et de feu Gorgias. Lysippos, désormais premier des Hommes d'Argent.

Lysippos était tout cela, mais c'était aussi un homme d'une cinquantaine d'années qui portait bien. Sa stature était impressionnante, au point de rendre courtaude toute personne plus petite que lui ; il possédait une chevelure et une splendide barbe d'un brun sombre agrémenté de touches de gris — ou peut-être, dans le cas présent, devrais-je dire d'argent. Il était vêtu simplement, mais un unique bijou, un étroit bracelet de métal merveilleusement ciselé, ornait son bras.

Ce riche citoyen s'adressa à moi sur un ton poli et agréable qui tranchait agréablement avec la familiarité d'Ammonios. Lysippos parlait comme un homme instruit, d'une voix grave et plaisante. Je me souvins alors que Lysippos avait, comme son fils, joui dans sa jeunesse d'une honorable réputation de chanteur.

— C'est un plaisir, Stéphanos. Je connais le philosophe Aristote et tiens de sa bouche de belles choses à ton propos. C'est un de mes bons amis.

— Oui, il est agréable de parler parfois philosophie, n'est-ce pas ? dit Cléiophoros. Même si nous autres, hommes d'affaires, n'en avons pas toujours le temps. Quand je travaille au Conseil ou que les navires appareillent, je puis assurer que je n'ai pas une minute de tranquillité. Et quand on n'a pas le temps... soupira-t-il, l'air comblé.

Il se tourna vers mon métayer pour me laisser converser avec Lysippos.

— J'ai entendu dire, fis-je en abordant un sujet susceptible d'intéresser pareil homme, que le commerce et la navigation connaîtront des problèmes cette année. À cause de la guerre menée par Alexandre. Et de la recrudescence de pirates...

— C'est possible, fit Lysippos, mais il y a dans tout cela un aspect positif : maintenant qu'Alexandre a conquis l'Égypte, nous allons avoir du grain égyptien. Le meilleur ! Nous autres, négociants, aimons nous persuader que les affaires sont la chose la plus importante au monde. Moi aussi, je m'en persuade, la plupart du temps. Mais, par instants, je n'y crois pas : il y a donc peut-être encore un peu d'espoir pour moi. Assurément, je ne me prends pas pour un philosophe. Ni même pour un gardien, comme ceux que Platon évoque dans sa *République.* Mais un gardien secondaire, un assistant ? Un bon chien pour un pâtre dirigeant ?

Il rit doucement, sans s'esclaffer comme l'aurait fait Ammonios. Lysippos me plaisait, décidément.

— Je connais ton fils, Straton, dis-je prudemment.

— Straton, oui. Un bon garçon — un homme bien, devrais-je dire. Mais il est toujours aux jeux. Il n'a de passion que pour les chevaux et les chars. Je me plains en tant que père, mais en réalité je suis fier de lui. Ton père serait également fier de toi, Stéphanos. Je suis heureux de voir que Nikiarkhos a un successeur digne de lui.

La gêne de répondre me fut épargnée car une ombre tomba sur le banc où nous étions assis, une ombre — même dans cette salle obscure aux murs de pierre brun-gris.

— Lysippos, mon ami, présente-moi.

— J'en serais heureux, répondit Lysippos en se levant avec courtoisie. Glaukon, voici Stéphanos, fils de Nikiarkhos.

Il s'agissait donc de Glaukon, celui qui avait décroché une concession. Encore un Homme d'Argent. Je le connaissais de réputation : de sa fabrique sortaient quelques-uns des plats et des aiguières les plus beaux et les plus coûteux d'Athènes. Son père avait modestement réussi dans le métier de rétameur, mais le succès de son fils était étonnant. On prétendait que l'orfèvre Glaukon était presque aussi riche que Lysippos en personne.

La famille de Lysippos était athénienne de longue date, même si son grand-père n'était pas né riche. Celle de Glaukon n'avait rien de noble. Ces individus faméliques venaient du Pirée — d'où exactement, les dieux seuls le savaient. Glaukon était mince, et ses cheveux jaunes et raides semblaient avoir pâli chaque été de chacune de ses trente-trois années. Il portait un beau chiton, mais ses bras étaient secs et couverts de taches de rousseur. Il y avait quelque chose de comique dans son personnage : cela tenait principalement à la pâleur de ses cheveux, aux taches de son autour de ses yeux bleus et à son nez un peu tordu. On l'imaginait tenir des propos amusants, comme les esclaves comiques au théâtre.

— Comment vas-tu ? dit Glaukon d'un air solennel. Je suis ravi de te rencontrer.

Il parlait d'une voix grave, hésitante, craignant, semblait-il, de dire une ânerie s'il ne surveillait pas ses paroles. Après chaque phrase il soupirait, comme si cet acte le plongeait dans la tristesse. Peut-être avait-il conscience de son allure comique, mais il faisait tout pour dissiper cette impression.

— Mes félicitations, mon cher Lysippos, d'avoir pu renouveler le contrat de Phérékratès. Je sais à quel point cela compte pour toi.

— Moi aussi, je te félicite. Ajouterai-je que je sais à quel point cela t'importe ?

Il y eut un instant de silence. Une des épaules de Glaukon tressaillit comme s'il cherchait à se débarrasser d'un insecte, mais il continua de nous regarder avec gravité à travers ses cils couleur de sable.

— J'accorde beaucoup d'importance à notre amitié,

Lysippos, dit-il. En dépit de ce léger différend avec Phérékratès. Je venais te souhaiter une heureuse fête. Ne pourrions-nous nous voir le deuxième jour pour...

— J'allais te proposer la même chose, répondit Lysippos. Ainsi qu'à toi, Stéphanos. Vous joindrez-vous à moi le douzième jour du mois pour l'Ouverture des Jarres ? J'ai déjà invité le philosophe Aristote. Ainsi qu'Ammonios et son cousin, Polémon. Qu'en est-il de toi, Cléiophoros, et de ton ami ici présent ?

Mon locataire expliqua qu'il devait rentrer chez lui, et Cléiophoros dit qu'il était déjà invité.

— De plus, ajouta-t-il en s'apitoyant sur lui-même, je devrai cesser de festoyer assez tôt, car je suis d'astreinte à la Tholos tout le lendemain, le jour et la nuit des Marmites. Défendre le bien commun, garder la ville. Les charges publiques ont leurs servitudes. Plaignez-moi, moi qui vais passer seul ici une telle nuit. Enfin, presque.

— C'est la rançon de la grandeur, Cléiophoros. Plusieurs membres du prytanée seront avec toi. Il faut bien que quelqu'un soit de garde chaque nuit en cas d'urgence, même si l'urgence semble peu probable la dernière nuit des Anthestéries. Les esprits qui quittent ce monde ne seront certainement pas assez grossiers pour perturber notre Tholos. Le mélancolique Oreste, les spectres vengeurs ou les génies malicieux te laisseront tranquille.

— C'est vrai, reconnut Cléiophoros, mais il est d'agréables jeux auxquels on peut jouer au foyer. Et puis les serviteurs racontent de vieilles histoires. Je préfère rester chez moi les jours de fête.

Ayant pris nos dispositions pour l'heure du dîner, Lysippos et moi nous séparâmes. J'étais flatté d'être invité dans la demeure d'un citoyen aussi riche et aussi important — même si l'on doit reconnaître qu'une invitation à l'Ouverture des Jarres est la moins onéreuse que l'on puisse lancer de toute l'année, puisque ce sont les hôtes qui apportent vivres et boissons.

Cléiophoros, son ami et moi-même partîmes ensemble, Cléiophoros ne cessant de grommeler à propos de sa charge de travail jusqu'à ce qu'il se mît à parler des amis que nous venions de quitter.

— Glaukon est un brave homme, n'est-ce pas? C'est un plaisir de voir à quel point Lysippos et lui s'entendent bien à présent. Glaukon et Lysippos sont rivaux, mais seulement en affaires. Certains disent qu'il y a du sang entre eux, mais je n'en vois pas. Ce serait bien que Glaukon retire sa plainte contre le frère de Lysippos. Ce pauvre Phérékratès... Bien entendu, Lysippos le désire, mais je pense que Glaukon souhaite également faire la paix. Vous savez, je crois pour ma part qu'ils envisagent un partenariat. Des vents favorables pourraient apporter à Glaukon une belle dame richement dotée. Un excellent moyen pour faire entrer un associé dans la famille.

— Veux-tu dire que Glaukon va épouser l'héritière, la fille de Phérékratès ?

— Non, non. Phérékratès n'avait-il pas arrangé l'union de sa fille avec quelque garçon ? Je pensais à l'enfant de Lysippos, Myrrhine, son unique fille. Quelle meilleure solution ?

— Myrrhine ? Oui, j'avais oublié qu'il avait une fille.

Mes pensées vagabondèrent sur le thème du mariage. Jadis, mon père s'était efforcé de me trouver un parti avantageux, bien qu'à l'époque je fusse trop jeune pour convoler et que la jeune fille n'eût que treize ans. Mon père avait plutôt recherché un avantage financier en fondant une alliance avec Kallimakhos. Aujourd'hui encore, je ne savais si je voulais ou non sa fille. Les dispositions avaient été prises avant que le décès de mon père ne révélât nos difficultés financières ; Kallimakhos s'était alors retiré en apprenant que notre famille était sous la menace d'une disgrâce. Aujourd'hui, le bonhomme s'efforçait de se montrer agréable, mais je n'étais pas du tout certain de vouloir faire affaire avec sa fille ou lui-même. Il ne serait pas facile de se retirer, mais Kallimakhos ne méritait pas mieux. Je devrais probablement chercher une nouvelle alliance. La fille de Lysippos devait être bien dotée, et si Lysippos et moi devenions bons amis... Qu'un jeune homme soit ambitieux pour son mariage n'a rien d'inconvenant.

Cléiophoros m'interrompit dans ma rêverie.

— Une seule fille, oui. Il n'a pas eu beaucoup d'enfants, ce pauvre Lysippos. Trois seulement : Straton, Gorgias, Myrrhine. Il en a perdu un. Mais attention, on raconte des choses sur sa fille. Certains prétendent — je ne suis pas indiscret, cela reste entre nous —, certains prétendent qu'elle n'a pas tout son entendement.

Mon cœur tressaillit.

— Cela dit, Lysippos saura se montrer généreux envers le gendre qui lui prendra cette malheureuse enfant. Il a d'autres soucis en tête, poursuivit Cléiophoros. Il y a aussi son pauvre frère, Timothéos. Il n'a jamais rien fait de ses dix doigts. Même après avoir hérité le tiers de la fortune paternelle ! Il ne s'est jamais bougé. Il a appris le métier familial et on espérait qu'il s'occuperait des statues de bronze ou des sculptures, ou du moins qu'il les superviserait. Mais il manquait d'assiduité. En grandissant, il a refusé de prendre la suite. C'est un être bon et inoffensif, mais paresseux. Ses frères aimaient la musique et la poésie, ils chantaient dans les fêtes pendant leur jeunesse — Lysippos a même chanté des œuvres de sa propre composition. Mais on n'a jamais obtenu de Timothéos qu'il se produisît en public. Un poète, paraît-il, mais on n'entend pas ses compositions. C'est un grand timide, un rêveur depuis l'enfance.

— A-t-il une femme, des enfants ?

— Oh, Timothéos s'est marié il y a quelques années. Je ne me rappelle pas le nom du père de sa femme. Elle est morte en couches. Non, il n'a pas d'enfants, et il n'a jamais réessayé. C'est bien lui, ça. Il ne se soucie de rien. Tout le monde l'aime bien, évidemment, mais il ne fait rien pour s'améliorer. Ce sont ses frères qui l'avertissent que ses sandales sont éculées...

— Peut-être, suggérai-je, Timothéos n'éprouve-t-il pas le besoin d'augmenter sa fortune. Après tout, cet héritage a dû faire de lui un homme aisé. Peut-être ne voit-il pas la nécessité d'en gagner plus ?

— Ah, tu devrais être philosophe. Et Timothéos aussi. Ce n'est pas qu'il se serait fatigué à enseigner comme Speusippe ou Aristote. C'est vrai, Timothéos a tout du philosophe. Il n'est pas gêné pour parler sous les colonnades. Il t'épuisera s'il est en verve. Toujours le Bien, le Beau, ce genre de choses. Il aime la controverse, mais ne perd jamais patience. Il n'insiste pas vraiment. Le mariage confère plus d'ambition, de sévérité. Socrate n'aurait peut-être pas été si bon philosophe s'il ne s'était marié.

— Et toi, quand te marieras-tu ? me demanda mon locataire.

— Je l'ignore. J'ai tout mon temps. Je ne me suis pas encore décidé.

— Ah ! fit Cléiophoros en riant. Ce n'est pas bon de trop réfléchir. C'est vrai, tu es encore jeune. Tout le monde raconte que tu n'épouseras pas la fille de Kallimakhos. Je vais te dire ce que tu devrais faire, moi. Va consulter l'Oracle de Delphes. Il se passera pas mal de choses à Delphes ce printemps-ci, maintenant que le nouveau temple va être enfin consacré. Cela me plairait assez de voir ça mais, ajouta-t-il avec un soupir, les affaires ne m'en laisseront pas le temps.

Je rentrai chez moi, songeant avec fierté à l'invitation de Lysippos ainsi qu'aux rapports qui unissaient les Hommes d'Argent : Phérékratès, le défunt, qui ne laissait qu'une fille, Anthia aux cheveux d'or, et l'argent qui allait avec ; Lysippos, l'aimable et distingué oncle de cette héritière invisible. Et puis il y avait l'orfèvre rival, Glaukon aux yeux de sable. Et aussi Timothéos, le frère de Lysippos qui refusait de s'intéresser aux affaires. Et le fils de Lysippos, le jeune et beau Straton. Il serait certainement le plus apte à tout remporter, y compris l'héritière. Enfin, l'étrange Myrrhine, la fille de l'Homme d'Argent. Pourquoi des hommes aussi riches garderaient-ils tout au sein de leur famille ?

CHAPITRE II

La Fête des Fleurs et la Nuit des Spectres

Le premier jour des festivités arriva, celui de l'ouverture des jarres à vin. Mon vignoble était petit, mais au moins donnait-il du raisin. Mon vin avait été apporté à Athènes par Damétas et Tamia, mon intendant et son épouse, qui profiteraient ainsi des fêtes en ville. Avec d'autres, j'emportai des cruches de vin nouveau vers le temple de Dionysos aux Marais — on y entend parfois les grenouilles coasser, comme l'indique Aristophane dans la pièce qu'il a consacrée à ce dieu. De nos jours les marais ont été comblés et les grenouilles sont moins nombreuses. Nous autres, producteurs de vin, offrîmes le vin neuf correctement coupé au dieu et priâmes pour que la consommation de ce cru nous fût favorable. Je l'adjurai de tout mon cœur — j'avais mes raisons, les années précédentes ayant été marquées par la tristesse et l'humiliation. Le vin était à mon goût, et j'en fus heureux. Tout le monde était gai quand nous nous souhaitâmes santé et fortune.

Le lendemain, douzième jour d'Anthestérion, constituait évidemment le summum de la fête. Mon petit frère, Théodoros, me réveilla très tôt, excité à l'idée de recevoir son cadeau. Je lui offris donc son *khoes* : le conge, que j'avais commandé spécialement pour l'occasion, représentait, délicatement peints, de petits enfants en train de jouer à la balle. Théodoros était ravi. Quand nous partîmes voir la procession, il serrait très fort la cruche entre ses mains.

Les rues étaient envahies de gens qui attendaient l'arrivée de Dionysos sur son char naval. On entendait partout le babil et les rires des enfants, car la Fête des Fleurs leur est particulièrement destinée. Ceux qui ont quitté sains et saufs la petite enfance reçoivent leurs premiers conges ainsi que des couronnes spéciales. Partout on apercevait de petites têtes nimbées des fleurs nouvelles du printemps, violettes, scilles et anémones.

Théodoros était en effervescence et me donnait des ordres : il insistait pour que nous nous placions près de son ami Euphranor et de sa famille. Ou, plutôt, les adultes devaient attendre patiemment tandis que les garçons couraient en tous sens sur la voie dégagée. Euphranor et Théodoros fréquentaient la même école, une de celles où l'on apprend l'alphabet, et Théodoros me parlait souvent de son ami. Euphranor avait une charmante petite sœur de trois ans, Sophrine.

— Je vois rien, gémit celle-ci, et son père la hissa sur son épaule.

Nous nous avançâmes tous en entendant la musique au loin.

— Une bonne journée, Stéphanos, et joyeuse fête.

Je me retournai pour voir l'homme d'âge mûr, aux rares cheveux roux et aux yeux vifs, qui s'était adressé à moi. Aristote, le philosophe, mon ancien maître et désormais mon ami, du moins l'espérais-je. Il comptait certainement parmi les gens les plus intéressants que je connaissais, mais c'était un Macédonien et non un citoyen d'Athènes : il n'était donc en rien ce que ma mère désirait pour moi. Aristote était un résident, un *metoikos*, et la loi empêchait un métèque d'hériter de l'Académie de Platon bien qu'il fût l'élève préféré de ce dernier. Un étranger ne pouvait posséder de propriété dans la ville d'Athènes ou dans ses dèmes ruraux. Aristote avait donc fondé sa propre école sur un terrain qu'il louait par-delà les murs de la ville, plus loin encore que le temple inachevé de Zeus et que le stade. Située près d'un temple érigé à la gloire d'Apollon le dieu-loup — Apollon Lukeion qui protégeait des loups —, elle portait comme la propriété où elle était bâtie le nom de Lukeion, le Lycée. Maintenant que la Macédoine était devenue si puissante, le maître macédonien était rentré en grâce auprès de certains, mais pas de tous.

J'avais jadis étudié au Lycée d'Aristote, mais je n'en avais pas été l'un des élèves les plus brillants. À regret, j'avais dû le quitter quand les affaires de mon père avaient périclité. Par la suite, je m'étais adressé à Aristote et lui avais demandé son aide, ne sachant à qui d'autre faire appel. J'avais contracté une dette importante à son égard pour l'aide qu'il nous avait apportée, à ma famille et à moi-même, en un temps où de sinistres événements s'abattaient sur nous. Oui, il m'avait aidé, mais il m'avait de plus appris à échapper aux difficultés en recherchant la vérité. Puis nous nous étions retrouvés quand d'autres personnes avaient eu besoin de sa clarté d'esprit et de son amour de la vérité.

Aristote prenait de l'âge : sa tonsure s'élargissait et ses cheveux, jadis d'un roux flamboyant, grisonnaient. Il tenait par la main une enfant — sa fille et non pas sa petite-fille —, fruit tardif d'une union avec une jeune femme épousée longtemps auparavant.

— Nous aussi, il nous faut une bonne place. Allez, hop !

Aristote hissa la fillette sur son épaule. Pythias serrait contre elle un petit conge. Âgée de cinq ou six ans, c'était une enfant sérieuse et frêle à la peau brunâtre. Je crus y voir l'image de sa mère d'origine étrangère,

Pythias. La femme d'Aristote était la nièce ou la fille — certains disaient même la concubine — de Hermias, monarque de la ville d'Atarnée, sur la côte asiatique. Aristote avait longtemps séjourné dans la ville voisine d'Assos avant de revenir à Athènes ; il avait alors ramené cette femme avec lui. Hermias avait été capturé par les Perses, qui l'accusèrent de les trahir en faveur des Grecs. Il avait été condamné à mourir sur le *tympanon*, méthode d'exécution que la loi grecque réservait aux traîtres et aux étrangers. Un beau jour, il fut conduit hors de la ville d'Assos, cloué à la planche et abandonné. On se doute que c'est le genre de choses dont on ne se vante pas dans une famille. Bien entendu, aucun homme d'Athènes n'avait pu voir l'épouse étrangère d'Aristote et très peu de femmes en avaient eu l'occasion. Le philosophe n'avait pas de fils.

La petite Sophrine ne semblait pas très attirée par l'autre enfant et, pourtant, elles partageaient le même enthousiasme. Elle préférait s'adresser à Aristote.

— J'ai des fleurs sur la tête, lui dit-elle sur le ton de la conversation avant de s'écrier : Je vois le bateau !

Les musiciens s'avançaient dans la rue et la procession serpentait, menée par le dieu joyeux. Dionysos arrivait sur un vaisseau monté sur roues et le mât du navire était décoré de feuilles de lierre. L'embarcation du dieu était suivie d'un train d'animaux blancs et de jeunes hommes, les célébrants. Au rythme incessant de la musique, les membres de la procession, à pied ou montés sur les chars, nous lançaient des insultes comme le voulait la tradition.

— Stéphanos, tes vignes sont minables et ton cep est tout petit !

— Dis donc, Mikon, toi qui as un gros ventre, pourquoi sers-tu à tes amis de la soupe d'orties ?

— Straton, ta Lalage est la putain d'Ammonios ! Je me la suis payée cette nuit même !

— Hérakleidès, quand ta femme va-t-elle nous donner un nouveau fruit ?

Seuls les adultes poussaient des cris. Les yeux écarquillés, les enfants se taisaient, comme enivrés par la musique. Puis le cortège — le dieu, le navire couvert de feuilles, les animaux destinés au sacrifice et les jeunes gens en tunique blanche — disparut en direction des marais et du temple, et la musique avec lui.

— Oh, dit Théodoros, je voudrais qu'ils recommencent.

— Non, expliqua Aristote, c'est cela une procession, une chose qui ne passe qu'une fois.

— Tu pourras revenir l'année prochaine, ajoutai-je.

— Ça sera pas pareil, fit l'enfant.

— C'est vrai, reconnut Aristote, il a raison. Tu ne seras pas le même, et les participants seront différents. Chaque fête est identique à celle de l'année passée et, pourtant, elle est autre. Et l'on ne s'en lasse jamais, c'est là le ressort dramatique sur lequel elle fonctionne...

— Bonne journée. Tu donnes encore un cours, Aristote ? dit une voix moqueuse.

C'était Straton, le fils de Lysippos, qui s'était joint à nous. Aristote rit doucement et descendit Pythias de son perchoir.

— Je le crains. Un philosophe peut philosopher à propos d'une coquille d'œuf. C'est une habitude. En tout cas, elle ne t'a pas infecté, mon bon Straton.

Ne sachant que faire sinon rire, Straton s'esclaffa en me regardant comme si lui et moi étions complices. Cela m'ennuya, même s'il est vrai qu'Aristote, avec sa tunique de fête froissée, ses cheveux ébouriffés par le vent et la main de la fillette dans la sienne, n'avait rien de l'impressionnant maître du Lycée. Straton, en revanche, portait une tunique de la plus riche étoffe. Elle mettait en valeur sa silhouette puissante, sa peau luisante et sa chevelure sombre. Comme son père, il portait un anneau d'argent tout simple autour de son bras musclé et hâlé.

Straton était un homme insouciant, le genre de personne qui semble toujours tout maîtriser autour d'elle, et cela dès l'enfance. Aristote et moi-même avions eu l'occasion d'enquêter sur un incident survenu dans l'école d'Arkhandros et nous avions vu son nom inscrit sur l'un des murs du vestiaire parmi d'autres inscriptions juvéniles : « Straton est très mignon. » Il avait été mon cadet au Lycée. Célèbre pour le vif intérêt qu'il portait aux chevaux, il était également renommé pour son naturel agréable et sa générosité. Il gâtait toujours ses amis et ne semblait jamais à court d'argent. Il jouissait d'une certaine réputation de chanteur et, comme son père, avait concouru lors des fêtes, même si, depuis quelque temps, il paraissait davantage s'intéresser aux jeux et aux courses. Il hériterait naturellement des affaires de son père puisque son frère, Gorgias, était mort. Straton s'y intéressait déjà : contrairement à son oncle Timothéos, l'oisif, le philosophe, il consacrait au travail une partie de son temps. C'était étrange, d'une certaine façon : on l'imaginait mieux à la tête d'une armée que le marteau à la main ou en train de surveiller une cargaison.

— Quel plaisir, Stéphanos ! s'écria Straton non sans effusion. Il est toujours agréable de voir des familles entières venir à ce genre de fête. La rumeur prétend que tu vas bientôt te marier, est-ce exact ?

— Peut-être, répondis-je. Et toi ? Mais on dit qu'une nouvelle maîtresse t'accapare beaucoup.

— Ma joueuse de flûte ? Oh, c'est bientôt terminé, fit-il avec un haussement d'épaules. Le mariage a plus d'importance pour les hommes comme nous. Nous pourrons alors emmener nos rejetons aux festivités. Je dois y aller, mais n'oubliez pas, Père m'a prié de vous rappeler que l'on vous attend chez nous ce soir.

Il nous laissa et partit à grandes enjambées.

— J'ai entendu dire, confiai-je à Aristote, qu'il finira par épouser l'héritière, la fille de Phérékratès, même si elle a été promise à Polémon.

— C'est possible. Je suis certain que Straton n'émettrait aucune objection.

Il regarda la petite Pythias, soupira et lui sourit.

— Viens, ma petite héritière, il nous faut rentrer retrouver ta mère. Dis au revoir à Sophrine.

Mais Pythias était timide, bien que l'aînée de ces petites demoiselles, et c'est Sophrine qui procéda aux adieux.

— Au revoir, dit-elle en agitant sa main potelée.

Elle la porta alors à sa couronne et en retira une violette qu'elle tendit à Aristote.

— Tiens, c'est pour toi.

— Merci beaucoup, ma jeune dame, répondit-il avec beaucoup de sérieux en prenant la fleur fragile.

Aristote et moi nous en allâmes, accompagnés de sa fille et de mon frère qui n'avait accepté d'être séparé d'Euphranor que lorsqu'on lui avait rappelé qu'ils se retrouveraient peu après à la fête de l'école.

— C'est encourageant, dit Aristote, de savoir qu'une jeune fille d'Athènes me trouve séduisant. C'est une belle fête, des enfants, des fleurs...

— Sans oublier le mariage mystique, lui rappelai-je. Ce soir la Basilinna doit épouser le dieu.

— Ah, cette ancienne coutume montre que le chef de la ville, le Basileus, était jadis un roi — un peu comme le pharaon d'Égypte. Sa femme, la Basilinna, était son épouse divine : bien que mariée au roi, elle s'unissait également au dieu au nom de tout le peuple. La femme du pharaon participait au même type de cérémonie dans la Thèbes égyptienne.

— Tu ne trouves pas que tu accordes trop d'importance à cela ? On le sait, que c'est une vieille coutume. Il en a toujours été ainsi.

— Ah, tu veux croire qu'Athènes est toujours la

même. Pourtant, comme tu le sais, nous changeons, et on le voit bien quand on lit des pièces écrites il y a quelques générations seulement. Les coutumes festives conservent le souvenir d'une époque plus ancienne, mais rien n'est immuable. Bien, je dois regagner le Lycée où, comme le maître de ton petit frère, je donne une réception pour mes élèves et leurs amis le jour où sont acquittés les frais scolaires. Il peut sembler étrange que la fête des jeunes gens soit associée à la rétribution de leurs maîtres. Un paradoxe...

— Te moquerais-tu de l'argent ?

— Je l'aime assez, mais je n'apprécie pas la cérémonie du règlement. Elle me reste en travers de la gorge. Heureusement, la plupart du temps, je dissocie l'enseignement de l'argent qu'on me donne. Je me demande ce que c'est que de vivre d'un travail qui n'existe que par l'argent qu'il procure.

Je me mis à rire. La dévotion au savoir d'Aristote était bien connue, mais il n'était pas pauvre, et nombre des érudits les plus âgés réglaient leurs propres dépenses à la seule fin d'être autorisés à travailler avec lui. Son bras droit, le méthodique Théophraste, jouissait certainement de revenus personnels. Aristote avait ajouté une aile à sa maison afin d'abriter sa belle collection de livres ainsi que les plantes et les objets étranges que Théophraste et les autres sages étudiaient.

— Ô Aristote, lui dis-je, tu ne corresponds en rien à l'image d'un maître, toi qui enseignes pour quelques oboles dans une grange poussiéreuse. Tu n'es même pas comme notre anxieux ami, Arkhandros, qui doit apprendre aux petits enfants violents à ne pas se tuer avec des javelots.

— Non, mais les pères de certains de mes élèves me versent leur dû avec l'air de dire « Tiens, prends cela, mon brave homme ». Ne viendras-tu pas à ma réception, Stéphanos ? J'aimerais te montrer de nouvelles plantes que mon neveu, Callisthène, m'a envoyées d'Asie.

— Non, je dois conduire Théodoros chez son maître. Ce sera une fête bien sage. Mais toi et moi dînerons chez Lysippos. Tu pourrais venir me chercher puis me raccompagner quand le dîner sera terminé. Passe la nuit chez moi puisque tu ne travailles pas demain.

— Merci. C'est une bonne idée. Cela évitera toute discussion aux portes de la ville et m'empêchera de rentrer au petit jour, la tête lourde. Je sais à quel point l'on boit dans ces dîners silencieux.

Je consacrai le reste de la matinée à la fête de l'école, bruyante des cris des enfants, et rendis quelques visites. Les libations allaient bon train en ville tandis que les quatorze prêtresses âgées et la Basilinna offraient des sacrifices au temple de Dionysos. Elles préparaient le temps fort des cérémonies, le mariage mystérieux qui aurait lieu dans la soirée et au cours duquel la Basilinna (qui, dans le privé, n'était rien de plus que l'épouse d'âge mûr de l'archonte) serait unie à Dionysos. La journée s'écoula doucement, faite de ciel bleu et de vent d'ouest ; la cité rutilait dans la pâleur du soleil. En fin d'après-midi, je retrouvai Aristote, et nous nous dirigeâmes vers la demeure de Lysippos tandis que, derrière nous, les esclaves ahanaient sous le poids des jarres pleines de vin.

— L'ennemi nous poursuit avec ses armes redoutables, dit Aristote en désignant les amphores, et nous allons bientôt succomber. J'ai déjà pas mal bu aujourd'hui. Ce soir, il ne sera pas possible de faire preuve de modération. Comme il est facile de dire que l'excès en tout est un défaut, et comme il est difficile de suivre ce précepte quand la coutume est la plus forte !

— Oui, fis-je tranquillement, car le vin que j'avais déjà absorbé me conférait jovialité et détachement.

C'est un jour très différent, et il est toujours bienvenu de respecter les coutumes. C'est une bonne chose que Lysippos nous ait invités.

— Je pourrais t'apporter la contradiction sur ces deux points, Stéphanos. Même si j'ergote un peu en te faisant remarquer ceci : c'est une invitation bien peu onéreuse que celle où les hôtes apportent leurs propres victuailles et leur propre vin. J'avoue que ce qui me dérange toujours dans ce festin, c'est le *silence*. J'ai de l'appétit pour la conversation. Comme les hommes faibles qui ne peuvent sauter un repas, je souffre d'une piètre constitution. Une privation : voilà à quoi ressemble d'être contraint de ne rien dire. Je m'étonne toujours que les Athéniens, les plus bavards de tous les peuples, aient pu concevoir les dîners silencieux ! Il me semble pervers de réunir des hommes devant d'aussi bonnes choses pour qu'ils gardent le silence.

— Tu connais l'explication. Cette coutume est née le jour où Oreste est venu à Athènes afin d'y être jugé pour crime de sang. Même s'il se devait de venger son père, Agamemnon, assassiné par sa mère et l'amant de celle-ci, Oreste avait tout de même tué sa propre mère ! Les Athéniens lui ont donné l'hospitalité, mais ils ne purent ni boire ni manger avec lui de crainte d'être souillés. Ils conçurent donc ce mode de réception pour tout le temps où il resta ici : chacun mangeait et buvait de son côté, évitant ainsi la malédiction. C'est ce que nous-mêmes faisons en souvenir de cette époque. C'est également là qu'Apollon et Athéna débattirent sur l'Acropole. Une tradition bien ancienne, oui.

— Tu ne trouves pas étrange qu'on la perpétue au moment de l'année où l'on fête Dionysos ? Et qu'elle se déroule à l'instant même où la Basilinna célèbre son union avec Dionysos au Boukoléion ? À propos, cela n'indique-t-il pas que le Boukoléion a jadis été la demeure des premiers rois d'Athènes ? Ce genre de tradition m'intéresse. Des fragments d'histoire orale...

Quant à Oreste, nous ne craignons certainement plus rien de ce malheureux puisque son cas a été réglé depuis longtemps. À la grande satisfaction des deux parties, dirais-je.

— Prends garde, fis-je en riant. Les fantômes sont de sortie ce soir et Oreste est censé être des leurs. Si le spectre d'Oreste rencontre un Athénien, il risque de lui donner des coups.

— Une façon d'agir peu digne d'un revenant. Les ombres devraient faire preuve de davantage de discrétion. En outre, je suis macédonien et non pas athénien, de sorte qu'Oreste, qui m'impressionne en tant que jeune homme animé du désir de vengeance et perturbé, ne saurait que faire de ma personne.

— Eh bien, moi, je suis athénien, et Oreste mérite tout mon respect.

— Oreste n'est lui aussi qu'un malheureux étranger, ajouta Aristote pour me taquiner. Mais nous voici déjà arrivés à la demeure de Lysippos. J'allais dire « hélas ! ». Le vin a délié ma langue, et je redoute l'instant où il me faudra dire adieu à la suave sonorité des mots — même les nôtres, Stéphanos. J'aimerais continuer à parler d'Oreste, mais peut-être préfères-tu Sophocle ou Eschyle ? Allons mettre nos couronnes. Comme je voudrais que ce fût un vrai banquet !

Il est exact qu'en franchissant le seuil nous laissâmes derrière nous propos et répliques. Même les esclaves étaient silencieux. Lysippos nous donna nos couronnes et, comme en une pantomime, nous conduisit dans la pièce où couches et tables étaient prêtes pour ce dîner où les convives apportaient leurs victuailles. Nous déballâmes les nôtres et, sur un geste de notre hôte, nous mîmes à manger. Les premières coupes de vin furent tirées de grandes jarres disposées près de nous.

Manger s'effectua avec lenteur et cérémonie. Le silence me donna le loisir de regarder autour de moi, d'admirer la belle pièce de Lysippos avec ses peintures murales et son exquis mobilier de bois sculpté. La maison était grande et ancienne, plus encore que la famille qui y vivait aujourd'hui. Diverses modifications y avaient été apportées quand le père de Lysippos l'avait achetée. On pouvait dire que cette salle avait vu nombre de somptueux dîners. Il est un peu gênant, dans ce genre de festin, de sortir ses propres provisions car elles peuvent ne pas faire assez honneur à l'occasion. Je me surpris à penser que mes pains n'étaient pas aussi bons que ceux de Polémon ou de Glaukon, puis de chercher à savoir s'ils l'avaient remarqué. Glaukon avait acheté un grand fromage à l'odeur agréable. Ammonios s'était offert de délicats poissons au vinaigre.

Le repas se déroula lentement, et l'on n'y but pas plus de vin que dans n'importe quel dîner. Mais dès que nous eûmes cessé de manger et que le soleil amorça sa descente, la beuverie commença. Lentement mon âme se détacha du reste de mon corps et je me mis à songer que je flottais dans le silence : je contemplais alors mes compagnons avec une sorte de hauteur spectrale. Même dans l'ivresse, le silence affine le sens de l'observation ; on a même l'impression qu'il est plus aigu que jamais. Je regardai les buveurs et les déchiffrai en silence, de même que certaines personnes lisent un livre sans remuer les lèvres. Le gros Ammonios était empourpré et faisait de grands gestes comme pour faire passer les plaisanteries qu'il ne pouvait raconter. Polémon, son voisin et l'objet de ses coups de coude pleins d'humour, paraissait plus pâle au fur et à mesure que la soirée avançait. À la lueur des lampes, sa chevelure brun doré resplendissait telle une étoile. En face d'eux, Straton semblait regarder l'autre jeune homme avec dédain. Alors que les ombres s'allongeaient dans la salle, j'eus l'impression de voir, plus d'une fois, un sourire méprisant s'afficher sur son visage, mais peut-être était-ce l'effet du vacillement des flammes. Au bout de la pièce, son père, Lysippos, prenait de l'importance sous mon regard aviné : avec sa belle chevelure et sa barbe imposante, il était pareil à une grande statue. Lysippos ressemblait plus à un sage, je dois l'admettre, que mon ami Aristote, lequel semblait s'être retiré en soi-même, pensant peut-être à la ribambelle de mots qu'il ne pouvait prononcer. Mais ses yeux bleus étaient toujours aussi vifs.

Glaukon buvait continuellement, avec nervosité. Il remuait sans cesse les mains, au point de renverser sa coupe par terre. Son visage prit la teinte du vin quand il s'aperçut de ce qu'il avait fait. Bien que la coupe ne fût qu'au quart pleine, il fut pénalisé et dut en boire deux autres à la suite. Ses yeux ronds fixaient Lysippos tandis qu'il s'acquittait de son gage. Qu'éprouvait-il en cet instant : soupçon, colère ? Je l'avais vu jouer avec un petit couteau pendant le dîner et trancher d'un geste vif un œuf dur dans sa coquille. De l'irritation, probablement. Mais pour quelle raison ?

En face du nerveux Glaukon avait pris place le calme Timothéos, le frère de Lysippos. Je ne savais rien de lui. On l'oubliait habituellement quand on parlait de Phérékratès et de Lysippos. Grand et mince, bien fait, d'âge moyen, il avait des cheveux bouclés comme ceux de Lysippos, quoique plus clairs et plus rares. Sa barbe était également moins fournie. Ses yeux gris, grands et écartés, avaient quelque chose de pensif. Timothéos passait beaucoup de temps à regarder le mur comme s'il méditait sur la peinture ou observait une scène idéale. Lui seul paraissait se réjouir du silence, oublieux de ceux qui l'entouraient.

Ses gestes étaient timides. Bien qu'il ne fût en aucun cas mal à l'aise, il m'évoquait un petit garçon perdu au milieu d'un cercle d'adultes. Ou un homme parmi des jeunes gens pleins d'entrain. Différent du reste, en tout cas. Peut-être était-ce parce qu'il avait l'air si peu à sa place à côté de Lysippos. Le rêveur et l'homme d'action, celui qui méprisait l'argent et celui qui en faisait. Lysippos détenait toute l'autorité de cette famille. Du moins, me le rappelai-je, depuis la mort de Phérékratès. Dans cette demeure, au même moment, les femmes cloîtrées dans leurs quartiers préparaient les offrandes qu'elles présenteraient le lendemain aux morts — Hégéso la malade, l'étrange Myrrhine et la belle héritière, Anthia, qui venait de perdre son père. Ce serait leurs premières Anthestéries sans Phérékratès. Lysippos et Timothéos étaient en deuil.

Peut-être se souvenaient-ils de leurs morts en cette nuit où parfois marchent les ombres. Dans cette famille et dans quelques autres d'Athènes, peut-être y avait-il des gens qui redoutaient et souhaitaient à la fois que reviennent des formes aimées. Tous les autels seraient parés et, chez Lysippos, cela signifiait l'autel de Phérékratès, celui de son fils, celui de la femme de Timothéos, mais aussi celui du fils de Lysippos, Gorgias, tué et disparu par-delà les mers. Chaque fête voit des absents qui étaient jadis présents. De sorte que chacune d'elles apporte son lot de tristesse — pour moi, également, car ce n'était que le troisième mois d'Anthestérion depuis le départ de mon père et le premier depuis celui de ma tante Eudoxia. À ce souvenir je sentis les larmes me monter aux yeux. Aristote me regarda et m'adressa un sourire bienveillant. Je pris une autre coupe et me ressaisis.

Le concours de boisson se poursuivait. Je n'étais pas désireux de gagner et Aristote encore moins que moi. Pourtant, nous jouâmes du mieux notre rôle. Je m'attendais que le gros Ammonios, avec son entraînement, finît sa jarre le premier : il avait pris une belle avance pendant les deux premiers tiers, mais, vers la fin, il fut pris de ballonnements. Ses renvois déchiraient malgré lui le silence. Enfin nous eûmes un vainqueur : à la surprise de tous, ce fut Glaukon, l'orfèvre rival, qui termina le premier et nous le prouva en retournant l'amphore vide. Lysippos applaudit poliment cette pantomime et lui offrit la récompense sous la forme d'un gâteau de belle taille. Glaukon s'en empara et le tint devant lui comme un bouclier grotesque. J'entendis Aristote réprimer un petit rire ; moi aussi j'en avais envie. La couronne de Glaukon lui était tombée sur le front et se balançait sur son nez et ses sourcils — ridicule. Son visage était toutefois aussi impassible que celui d'une statue, et ses taches de rousseur pouvaient se dénombrer aussi facilement que des pièces de monnaie.

Tout le monde était rouge et dépenaillé quand on arriva à la fin de la beuverie. La plupart des convives se levaient entre deux coupes et sortaient pour aller se soulager. Les torches éclairaient des visages luisants, et Ammonios transpirait à grosses gouttes. On remplit les lampes ; partout cela sentait l'huile, le vin et la sueur. Les lumières se mirent à danser et à se dédoubler devant mes yeux, et il me parut faire excessivement chaud. Nos couronnes se fanaient. Je fus heureux de voir le dernier d'entre nous, Timothéos, raisonnable et méditatif, arriver au bout de sa jarre. Enfin nous pouvions bouger.

Conduits par notre hôte imperturbable, nous sortîmes dans la nuit, emportant nos amphores ornées de couronnes. Le vent avait tourné et chassé le beau temps. La nuit était noire, tout emplie d'une brume qui portait le parfum de la mer. Nous avalâmes de grandes goulées d'air rafraîchissantes et partîmes en titubant dans les rues. Timothéos se lança dans un chant à la gloire de Dionysos et nous nous joignîmes à lui tandis que nous prenions le chemin du temple de Dionysos aux Marais. Autour de nous, d'autres groupes de fêtards empruntaient la même direction ou s'en revenaient. Je chantais à tue-tête et m'accrochais à Aristote pour ne pas tomber. Nous semblions former une troupe joyeuse. Dégagé des contraintes du silence, je me sentais plein d'amour pour mon prochain.

— Je vais tous les inviter, dis-je à Aristote. Je vais demander à Lysippos. Ce bon Lysippos. Et puis à Ammonios. Et à Glaukon.

— Du calme, mon ami, nous sortons justement d'une fête.

— Un autre ban... banquet, insistai-je.

Devant moi, Ammonios vomissait bruyamment et criait : « Je veux une femme ! »

Straton se mit à rire.

— Ne réveille pas les fantômes !

— Il n'y en a pas, intervint Timothéos. J'ai cru en voir un, mais c'était une erreur.

— Oh, si, il y en a, le corrigea Glaukon. Beaucoup, même.

— Dans ce cas, lui répondit Straton, tu as un gâteau à leur offrir, non ?

C'est avec ce genre de reparties et des bribes de chansons que nous arrivâmes au petit temple, où chacun donna sa jarre et sa couronne à une prêtresse pour en faire offrande au dieu.

— Voilà qui est mieux, dit Aristote. Cette amphore m'avait l'air aussi lourde pleine que vide. Je craignais de la briser.

— Cela ne porte pas chance, répondis-je très sérieusement.

— Qui parle de chance ? demanda Timothéos de sa voix calme. Il n'y a pas de chance, bonne ou mauvaise, il n'y a que le Destin.

Mais cette discussion n'était pas destinée à se poursuivre.

— Je ne me sens pas bien, dit Ammonios.

— On va t'aider à rentrer, proposa Glaukon. Les gros sont rapidement malades, ajouta-t-il à voix basse à l'adresse de Straton.

— Ce vieux débauché a trop demandé à la nature, répondit ce dernier. Une outre à vin sur le point de fuir, oui.

Nous raccompagnâmes Ammonios jusqu'à sa demeure, proche de celles de Lysippos et de Timothéos. C'est ainsi que nous vîmes disparaître le colossal orfèvre et son frère à l'allure frêle avant de nous disperser et d'aller chacun son chemin. Les rues étaient maintenant vides ; notre groupe avait été l'un des derniers, et à présent la fraîcheur qui précède l'aurore emplissait l'atmosphère.

Aristote et moi nous dirigeâmes vers ma maison. J'avais encore le vague désir de me hâter pour préparer une autre fête, c'est pourquoi je fus assez mécontent de constater que j'avais du mal à marcher.

— Quelqu'un m'a empoisonné le pied ! lançai-je à Aristote qui regarda le membre incriminé.

— Qu'as-tu fait de ta sandale ? me demanda-t-il.

— Oh, je l'ai perdue, c'est cela. Ma sandale gauche. C'est drôle de marcher comme ça, avec une seule chaussure, dans les rues humides.

— Je vais t'aider à la retrouver.

Quelque peu dessaoulé par l'examen de mes orteils, je me rendis compte que j'étais fatigué.

— Inutile, je sais maintenant où je l'ai perdue. J'ai senti quelque chose, c'était devant la maison de Lysippos, quand j'ai trébuché sur une pierre. Je m'en occupe. Va chez moi, les esclaves s'occuperont de toi.

— Je pourrais venir...

— C'est ridicule, je me sens parfaitement bien. Je ne vais pas me perdre dans Athènes, même la nuit. Au revoir.

Plein de confiance, je disparus dans la brume. Effectivement, j'avais l'esprit assez clair pour retrouver mon chemin, et mes yeux avaient eu le temps de s'habituer à l'obscurité. Je ne songeais plus aux fantômes. Suivant prudemment un mur puis un autre, je retrouvai assez vite l'endroit que je cherchais, le mur d'enceinte de la maison de Lysippos. Je tâtonnai pour identifier la pierre sur laquelle j'avais buté. Je devais avoir l'air étrange, marchant ainsi à quatre pattes en pleine rue, mais le quartier paraissait désert. C'en était fini des chansons des fêtards et des bruits de pas.

J'avais imaginé que l'endroit n'appartenait qu'à moi seul. Soudain, j'entendis des bruits tout proches, sans les localiser exactement. Des paroles flottaient dans l'air, dans la brume, désincarnées.

— Cette boucle de cheveux sur l'autel, j'en ai reconnu la couleur. Où est mon frère ? Et où est sa tombe ?

— Il n'y a pas de tombe. Seuls les défunts en ont. Regarde, voici la bague que m'a donnée mon père, avec son sceau. Tu peux en sentir le dessin sous tes doigts. Me crois-tu *enfin* ?

— Ô dieux ! Mon cher, cher frère ! Te voici donc revenu ? Tu ne sais pas comment l'on me traite !

— Chut ! Prends garde. Ce n'était pas une erreur, mais une tentative de meurtre.

— De meurtre ? L'idée m'avait effleuré l'esprit.

— Les dieux m'ont ramené à toi.

— Les dieux sont avec nous. Mais que faire ? Nous devons nous venger. Ah, si seulement les femmes étaient des soldats !

— Silence ! Nous n'avons pas le temps. Les femmes aussi ont fait la guerre. Tu auras ta part. Nous nous vengerons ensemble. Ne dis rien. Fais semblant de toujours t'affliger de ma prétendue mort. Quand nous aurons gagné, le temps sera venu de parler et de sourire.

— Feindre ne sera pas difficile. Vois, je pleure de joie. Je serai une Niobé, une pierre, mais je pleurerai toujours. Mais toi, que vas-tu faire ?

— « Non, il ne me trahira pas, le puissant Oracle de

Loxias, qui m'ordonne d'affronter ce péril[1]... » Nous retrouverons bientôt nos droits.

Mes membres s'étaient glacés pendant que j'écoutais ce dialogue mais, aux derniers mots, mes cheveux se dressèrent sur ma tête. Je sentis la terreur sourdre des Enfers, l'arme même de ceux qui gisent sous la terre. Tout le reste m'avait paru familier, mais, à présent, il ne pouvait plus y avoir de doute. Je ne pouvais que reconnaître ces ultimes paroles. Ma main, qui avait par hasard retrouvé ma sandale au début de ce discours, la serrait convulsivement, et je m'enfuis en courant, un pied chaussé et l'autre non, aussi rapidement que si j'étais poursuivi par les Furies.

— Zeus ! Aide-moi ! hurlais-je tout en courant, et je ne m'arrêtai que lorsque je fus assez loin de ces voix. Ô dieux, protégez-moi d'Oreste ! implorais-je — même s'ils étaient plus certainement de son côté.

Ainsi donc la légende du spectre d'Oreste n'était qu'une simple histoire ? Oreste ne hantait pas la ville ? Ce n'était qu'une plaisanterie ? Je savais, pour ma part : Oreste errait par ici. Certes, l'affaire était pire que ce que l'on en disait habituellement. La légende populaire n'indiquait pas que le fantôme d'Électre était lui aussi de sortie. De son vivant, elle n'était jamais venue à Athènes. Mais elle était ici, la question ne se posait pas. C'était normal puisqu'elle avait tant aimé son frère. Ils étaient donc là, répétant cette scène célèbre que les poètes avaient chantée. Peut-être étaient-ils contraints de la revivre à jamais, à l'instar de Sisyphe qui, dans l'Hadès, est condamné à rouler sans cesse son rocher.

Je titubais dans les rues. Non loin de chez moi, je me cognai à Aristote.

1. Eschyle, *Les Choéphores,* traduction d'Émile Chambry. Loxias est le nom donné à Delphes au dieu Apollon. *(N.d.T.)*

— Sauve-toi d'Oreste ! lui criai-je, et je le poussai pour franchir la porte de ma maison.

L'esclave dut m'aider car j'avais la tête qui tournait. Mon pied était froid, écorché et sale. Je me mis au lit... Quelle honte !... incapable de jouer mon rôle d'hôte. Je ne me sentais pas assez bien. Les esclaves allaient... Ma chambre m'était inconnue. Elle tournoyait chaque fois que je tentais d'ouvrir les yeux. Je les refermai donc et plongeai dans un rêve déplaisant, où un Vengeur affirmait que j'étais Œdipe et voulait me trancher le pied, tandis qu'Électre, en haillons et porteuse d'une grosse amphore, ne cessait de répéter qu'elle voulait une boucle de mes cheveux pour compléter sa collection avant que ses hôtes n'arrivent pour la fête.

CHAPITRE III

Génies et disparitions

Le lendemain, j'avais la migraine. Je me sentais alangui, ce qui était bien dans l'atmosphère du jour, laquelle était également empreinte de mollesse. Cette ultime partie de la fête, le Jour des Chytres, ou Jour des Marmites, n'annonce rien de bon car elle est réservée aux esprits des morts. Aucune affaire ne pouvant être conclue ce jour-là — on ferme jusqu'aux sanctuaires pour les protéger des esprits malins —, Aristote fut heureux de demeurer chez moi au lieu de s'en retourner au Lycée à travers une brume épaisse qui refusait de se lever. En cette grise journée, les femmes travaillaient à préparer le repas destiné aux morts, faisant cuire des légumes dans une grande marmite qui serait offerte à Hermès Psychopompe. Les vivants mangent peu ou même rien : il ne serait pas bon de participer au repas des esprits et il est facile de jeûner après avoir fait bombance.

Bien entendu, je ne parlai pas à Aristote de la rencontre faite la veille. Elle m'apparaissait d'ailleurs être le fragment d'un rêve. Quand il m'interrogea sur les mots que j'avais prononcés en franchissant ma porte, je lui répondis que j'avais tout simplement cédé à une peur soudaine d'Oreste et mis cela sur le compte du vin. Je n'étais pas fier de ma conduite. Je ne voulais pas que le philosophe me prenne pour un être superstitieux, à l'instar des femmes et des serviteurs qui respectent les coutumes anciennes et croient sans se poser de questions.

Les esclaves avaient barbouillé notre porte de brai pour empêcher les esprits d'entrer, et les femmes mâchaient du nerprun toute la journée pour porter bonheur. Ce jour-là, il est de bon augure que les jeunes filles se balancent sur des branches ou des balançoires construites pour l'occasion car leurs mouvements repoussent les esprits malins. Mais il n'y avait pas de vierges dans notre famille ou de jeunes esclaves, de sorte que l'on dut fabriquer des masques pour aller se balancer dans les arbres. Ensuite, tout le monde — esclaves, enfants et femmes de la maison, ma mère y compris — s'installa dans la cuisine pour se régaler des plus horribles histoires de revenants et de tours joués par les génies venus des Enfers. Le petit Théodoros écarquillait les yeux et avait peur d'aller se coucher bien qu'il eût près de dix ans. Les esclaves, on s'en doute, apprécient pleinement les Anthestéries. J'étais un peu gêné qu'Aristote, que je recevais pour la première fois, vît la maison dans un tel état et craignais qu'il ne nous prît tous pour des fous. Il s'amusa cependant quand je lui racontai ce qui se passait dans la cuisine. À sa demande, je fis venir Damétas pour qu'il nous répète son histoire. Il s'exécuta avec beaucoup d'enthousiasme, s'arrêtant aux moments les plus impressionnants et changeant de voix à chaque personnage.

— Intéressant, dit Aristote après avoir remercié Damétas et lui avoir fait un cadeau. Les hommes se plaisent naturellement à imiter. Tu vois là l'origine authentique de toute poésie, même des épopées d'Homère ou des drames de Sophocle. Damétas, tu l'auras remarqué, crée des personnages et donne une voix à chacun d'eux. Portée à la perfection, c'est la technique d'Homère, qui passe peu de temps à parler pour lui-même, mais met toujours en avant des personnages qui disent et font des choses.

— Certes, mais la matière du conte de Damétas n'est qu'absurdité — toutes ces vieilleries pleines de fantômes et de surnaturel, nous les avons entendues auprès des nourrices et des paysans.

— C'est vrai, concéda Aristote, mais le merveilleux est utile à la tragédie. Et à l'épopée. Tout récit doit provoquer un certain étonnement. Toutefois, les histoires racontées au coin du feu, celles qui suscitent l'horreur sans déboucher sur une morale, n'appartiennent pas à une forme très élevée, je l'admets.

Il poursuivit ses réflexions sur le sujet en déambulant dans la pièce, ainsi qu'il en avait l'habitude.

— Les auditeurs reconnaissent que leur émerveillement est peu chèrement acheté. Les actions doivent être reliées entre elles par des causes et des effets. Une bonne histoire ne doit *surtout* pas se composer d'incidents aléatoires ou improbables. Il est certes extravagant qu'Ulysse soit rejeté sur les rives d'Ithaque, et ce serait d'une intolérable absurdité si le poète n'était Homère. Quand on joue trop avec notre crédulité, nous perdons confiance en l'œuvre dans son ensemble, cette confiance qui n'est peut-être pas le plaisir véritable en littérature, mais certainement la base de tous les plaisirs.

— Les contes de Damétas ne servent qu'à démontrer le pouvoir digestif de la crédulité, repris-je en prenant soin de rire d'une manière à la fois philosophique et condescendante. Quand on avale une improbabilité après l'autre, même l'impossible peut finalement passer.

J'espérais avoir tenu des propos sensés. Ma propre crédulité me mettait mal à l'aise et je me jurai de ne jamais parler à Aristote des illusions qu'avait suscitées le vin.

Apparemment, ce sujet semblait l'intéresser.

— Nous avons tous aimé ce genre d'histoires quand nous étions enfants. Il faut du temps pour apprendre à faire la distinction entre le possible et l'impossible. Les histoires que l'on raconte au coin du feu recèlent en elles la graine vivante de l'art poétique. Elles incarnent des actions. Des choses *se produisent*. Et là, le plus piètre des conteurs a l'avantage sur le philosophe, car celui-ci discourt sans représenter la vie. Dans ses leçons et dans toutes les pages qu'il écrit, rien ne se passe. Nous évoquons des qualités abstraites, mais dans la vraie vie, les hommes agissent, et c'est en fin de compte à travers les expériences qu'ils vivent qu'ils sont heureux ou misérables. L'épine dorsale de la vie est l'action, quelle qu'elle soit. Une littérature constituée d'œuvres où rien ne se passe — difficile à imaginer ! — serait la plus sinistre du monde. Tu peux concevoir une tragédie sans grands personnages, mais pas sans action. Le goût du vulgaire pour les anecdotes témoigne d'une vérité éternelle. Les enfants et les gens du commun ont toujours raison.

— À t'entendre, dis-je, moqueur, les poètes et les dramaturges doivent être préférés aux philosophes. Je m'étonne que tu n'écrives pas de pièces.

— Tu te rappelles l'histoire du Béotien à qui l'on demandait s'il savait jouer de la flûte et qui répondait qu'il l'ignorait parce qu'il n'avait jamais essayé ? Eh bien, je te dirai que je me suis aventuré dans toutes les formes d'écriture au cours de ma vie, même aux drames, durant ce que j'appellerais ma jeunesse. Tu sais sûrement que Platon en a fait. Je suis l'auteur de deux tragédies *terriblement* tragiques. L'échec, bien entendu. Je balançais quelques calamités sanglantes de temps à autre. Les personnages se ressemblaient tous et débitaient tranquillement de la philosophie. J'ai détruit ces écrits il y a bien longtemps.

— Oh, quel dommage !

— Nullement. Un bienfait pour l'humanité, oui. Et un geste plein de sagesse. Ceux qui fouilleront dans mes textes après ma mort ne pourront me les opposer. Même la métrique n'était pas bonne. J'ai aussi écrit des poèmes, mais je n'ai jamais pu produire une poésie lyrique aussi bonne que celle de Platon. Un jour, peut-être te montrerai-je mon hymne à Hermias.

Le jour touchait à sa fin. Je le terminai de la manière traditionnelle en me rendant aux quatre coins de ma demeure et en criant : « Allez-vous-en, génies mauvais, les Anthestéries sont terminées ! » Le petit Théodoros me faisait écho et criait d'une voix joyeuse « Partez, méchants génies, partez ! » tout en agitant les mains comme s'il chassait des poules. J'étais soulagé de voir s'achever cette journée. Nous nous couchâmes de bonne heure et je me levai à l'aube, heureux de voir le soleil percer les nuages. La brume s'était dissipée. Aujourd'hui, les sanctuaires seraient ouverts et le marché grouillerait de monde. La vie reprendrait son cours ordinaire. Du moins le pensais-je.

Je venais de tirer Aristote de sa couche — il devait rentrer chez lui pour reprendre son enseignement dès l'après-midi —, quand j'entendis des coups sourds frappés à la porte donnant sur la rue. L'esclave vint me trouver pour m'expliquer que les citoyens Cléiophoros et Lysippos souhaitaient nous voir, Aristote et moi-même, sans tarder. Mal réveillés, à peine vêtus, nous allâmes à leur rencontre.

— C'est fort bien que de dire « sans tarder », grommela Aristote, mais je ne vois pas quel peut être le motif en dehors d'un problème philosophique, et un problème philosophique peut toujours attendre qu'un homme ait fait sa toilette.

Cléiophoros et Lysippos ne ressemblaient pas à des hommes qui attendent une solution philosophique : ils étaient décoiffés et la belle barbe de Lysippos n'avait même pas été peignée. Blêmes, anxieux, ils avaient les pieds sales comme s'ils n'avaient pas regardé où ils marchaient.

— Qu'Athéna en soit remerciée, tu es en ville, dit Cléiophoros en découvrant Aristote. Nous avons appris que tu rendais visite à Stéphanos, et c'est tant mieux, car autrement nous aurions dû aller jusqu'au Lycée.

— Bonne journée à toi, Stéphanos, me dit Lysippos, plus pâle mais plus poli que son compagnon. Je suis navré de te déranger à une heure aussi matinale, mais j'ai besoin de ton aide et de ton conseil, ainsi que de l'assistance de ton hôte, de sorte que nous avons pris la liberté...

— Oui, oui, ajouta Cléiophoros, c'est moi qui ai dit que le seul qui pourrait nous aider dans une affaire aussi délicate, c'était Aristote. Et j'ai insisté pour que nous venions immédiatement. Pardonnez-nous, mais cet événement affecte tant Lysippos... Il m'a trouvé au moment où je quittais la Tholos après ma veillée nocturne.

Je me demandai furtivement si Cléiophoros et les autres avaient tourné autour de la Tholos en criant : « Allez-vous-en, génies mauvais ! »

— Quel est précisément le problème ? demanda Aristote.

— Ceci, tout simplement — La porte est-elle bien fermée ? dit Cléiophoros en baissant la voix. La nièce de mon ami Lysippos — Anthia, la fille de Phérékratès — a disparu ! Elle a été enlevée !

— Quoi ? Quand ? En es-tu sûr ? dit Aristote en se tournant vers Lysippos. Es-tu certain qu'il s'agit d'un enlèvement ? N'est-elle pas plutôt allée rendre visite à quelque voisine ?

— C'est ce que j'ai pensé d'abord, répondit Cléiophoros. C'est bien normal. Mais non... il te le dira lui-même.

Je me rendais compte que Cléiophoros, bien que perturbé par son réveil matinal et par toute cette agitation, n'était pas mécontent de vivre un événement d'une telle importance. Que son tour de garde durant la Nuit des Marmites eût débouché sur une véritable urgence ne lui déplaisait pas. Mais Lysippos souffrait vraiment. D'une pâleur extrême, il ne cessait de s'essuyer le front. Il avait les traits tirés. Par charité à son égard, j'envoyai chercher une collation et priai mes hôtes de s'asseoir. Lysippos trempa un morceau de pain dans du vin coupé d'eau et mangea avec lenteur ; peu à peu, son visage se colora, mais il avait toujours l'air crispé, comme un somnambule.

— Anthia a disparu. L'esclave de ma femme, qui est la gouvernante de notre famille, est allée la réveiller peu avant l'aube. Mon épouse, Hégéso, ne se sentait pas très bien et souhaitait sa présence. Anthia n'était pas dans sa chambre. Son lit n'était pas défait. Et la propre esclave d'Anthia a également disparu.

— Quand l'a-t-on vue pour la dernière fois ?

— Hier, dans l'après-midi. Vous savez quel jour particulier c'était : les esclaves n'accomplissent pas leurs tâches et il n'y a pas de dîner familial. Seul, j'ai lu et travaillé pendant des heures. Je me suis couché tôt et, hormis mon épouse, je n'ai vu personne. Les esclaves se sont raconté des histoires jusqu'à une heure tardive. Ma nièce n'était pas avec eux ; Anthia a une chambre à elle au gynécée, et nous avons tous pensé qu'elle s'y trouvait. Elle n'a appelé personne : sa propre esclave, Callirhoé, est toujours auprès d'elle.

— C'est un joli nom, dis-je pour détendre l'atmosphère. Celui d'une naïade. Il y a d'ailleurs aux environs d'Athènes un ruisseau qui porte ce nom. Trop beau pour une servante... Qu'a-t-elle dit quand tu l'as questionnée ?

— Ah, cela m'a été impossible ! Cette fille est également partie. La cousine d'Anthia et sa tante Hégéso, les esclaves également, ne l'ont pas vue depuis le milieu de l'après-midi.

— Une journée sinistre que ce Jour des Chytres, fit remarquer Cléiophoros. Elle a peut-être voulu être seule. Pour pleurer son père, par exemple.

— A-t-elle fait preuve de mélancolie ? Quel était l'état d'esprit d'Anthia ? demanda brusquement Aristote.

— Non, non, j'y ai pensé, protesta Lysippos. Elle était triste, certes, mais résignée. Et elle est en bonne santé. Elle n'aurait pas choisi le suicide. Mais attends, je ne vous ai pas tout dit. Nous avons aussitôt fouillé la maison et ses abords, soigneusement. J'ai vu des traces de pas dans la terre humide, non loin du portail — de petites empreintes, comme celles de deux femmes. Pour moi, ma nièce s'est rendue avec son esclave dans la cour, jusqu'à l'autel des défunts ; il y avait une offrande. Elle a été surprise par un bruit venant du portail et elle est allée voir. À moins que quelqu'un ne l'ait appelée.

— Oui, ajouta Cléiophoros. Juste à cet endroit, j'ai remarqué des traces de lutte. La terre boueuse est retournée, comme par des pieds, et il y avait un morceau d'étoffe sur le loquet, probablement collé par le brai dont on a badigeonné la porte. Regardez.

Il adressa un signe de tête à Lysippos, qui sortit un petit bout de tissu.

— C'est de la belle étoffe de lin. Je suis persuadé que cela vient de la tunique de ma nièce.

— Intéressant, fit Aristote. Vous avez eu raison de l'apporter. Mais ça ne me suffit pas. Es-tu certain qu'il y a eu lutte ? Parfois les habits sont déchirés sans pour autant qu'il y ait violence. Pardonne-moi, mais cette jeune fille aurait pu se sauver de sa nouvelle demeure. Le chagrin lui aura fait perdre la tête. Tu la retrouveras peut-être errant dans Athènes.

— Ah, mais attends d'entendre le reste ! s'écria Cléiophoros qui agitait le doigt comme s'il avait réponse à tout. L'esclave de la maison voisine nous a parlé quand nous avons fait notre enquête — discrète, ça va de soi. Lysippos lui a raconté qu'il attendait quelqu'un hier et que cette personne se serait peut-être trompée de maison. L'esclave lui a dit qu'il avait effectivement vu un homme. Un homme qui marchait *auprès d'une litière* et tournait au coin de la rue, juste après le coucher du soleil. Tu vois ce que je veux dire. Une litière est une chose assez inhabituelle. Les deux jeunes filles, Anthia et son esclave, Callirhoé, auraient très bien pu s'y trouver.

— Je te demande ça à contrecœur, mais n'aurait-elle pu s'enfuir avec quelque amant ?

— Anthia ne commettrait *jamais* un acte aussi déshonorant ! s'écria Lysippos indigné.

Les yeux brillants de colère, il se leva.

— Non ! C'est une jeune fille athénienne, de bonne naissance ! Une bonne fille, une fille obéissante. Ma nièce, que j'ai toujours connue. On ne peut imaginer qu'elle écoute les propos perfides d'un vil séducteur. Ce serait la honte suprême ! Non, elle a été enlevée, la pauvre enfant, par quelque individu au dessein infamant. Qui sait ce qu'elle endure en cet instant !

— Et ce traître, quel qu'il soit, ajouta Cléiophoros plus calmement, cette crapule immonde, envisage peut-être de la mettre dans son lit et l'épouser de force pour s'approprier son héritage.

Lysippos gémit puis s'assit, la tête dans les mains.

— Ma pauvre nièce ! Une aussi jolie fille, avec ses longs cheveux dorés... De quoi tenter une fripouille, oui ! Oh, quelle honte sur ma malheureuse famille !

— Où est Straton ? demanda Aristote. Ne sont-ce pas là aussi ses affaires ?

— Selon la coutume, oui, reconnut Lysippos. Nous ne pourrons lui cacher très longtemps la vérité. Mais Straton est parti avant l'aube pour les mines du Laurion, sans savoir ce qui se tramait. Les nouvelles mettront un certain temps pour l'atteindre. Je crains qu'il ne se montre trop impulsif et pas assez discret, alors que je suis vieux et lent. Il nous faut quelqu'un de posé pour gérer cette affaire. Car si cela s'ébruite, c'en est fini pour nous tous !

— Tu vois, dit Cléiophoros en portant sur son ami un regard plein de compassion, toute la famille peut en être éprouvée. Non, la retenue absolue est de mise si l'on ne veut pas que chacun soit déshonoré, blessé à jamais. Même si, par miracle, elle revenait intacte, la jeune fille ne pourrait plus *jamais* trouver de mari.

— Tu ne peux donc trouver de l'aide auprès de tes familiers, résuma Aristote, et c'est pour cette raison que tu es là.

— Oui, Lysippos ne peut s'adresser à ses amis et à ses voisins. Nous devons garder cette affaire secrète. Nous pouvons te faire confiance. Tu as la réputation d'être mesuré et tu es assez malin pour ne pas laisser les mensonges se répandre. De plus, aimé d'Alexandre, tu peux faire ce qui est interdit à d'autres.

— J'ai confiance en Cléiophoros et je lui ai demandé son aide, intervint Lysippos.

— Dès qu'il a appris ce qui s'est passé, Lysippos est venu directement me trouver, à la Tholos. Il m'a imploré de ne voir là rien d'officiel. Cela ne doit se divulguer que si c'est vraiment nécessaire, si l'affaire tourne au désastre et que nous n'ayons plus qu'à châtier le perfide. Aussitôt, j'ai fait demander aux gardiens des portes de la ville s'ils avaient vu passer une litière. Effectivement, il en est passé une, juste avant que la porte de l'Ouest ne se referme hier soir.

— Tu as une description de l'homme qui l'accompagnait ?

— Pas vraiment, hélas. Un homme habillé en paysan, rien de plus. Avec un capuchon sur la tête. Le gardien n'a pas vu son visage. Toutefois, un esclave a entendu les porteurs de la litière se plaindre de la distance qu'il y a d'ici à Delphes. C'est très clair ! Le ravisseur emmène Anthia à Delphes, pour se réfugier dans le sanctuaire et ainsi nous échapper !

— Je vois, c'est très clair jusqu'à présent, dit Aristote en joignant ses mains. Vous avez fait beaucoup en très peu de temps, citoyens. Vous êtes déjà, semble-t-il, sur la piste du malfaiteur. Je ne vois donc pas en quoi je puis vous assister.

— C'est justement là que tu peux intervenir, Aristote. Tu es sage, observateur et discret. J'ai appris comment tu avais aidé Stéphanos ici présent pendant le procès de Philémon. Quand il a mentionné ton nom, j'ai dit à Lysippos : « Si Aristote te vient en aide, la cause la plus désespérée ne peut être perdue. » Nous sommes donc venus te conjurer de suivre Anthia et son ravisseur sur la route de Delphes, de la trouver et de la ramener.

— C'est plutôt la tâche de son tuteur !

— Oui... mais non. Ne vois-tu pas ce qu'il y a de délicat là-dedans ? Comment Lysippos peut-il dire à ses amis et associés : « Ma nièce a été enlevée, je vous quitte pour aller la rechercher » ? Mais si *toi* tu partais pour Delphes, personne ne se douterait de rien. Peut-être, accompagné de Stéphanos, pourrais-tu aller consulter l'Oracle, pourquoi pas ? Après tout, tu es l'homme le plus sage d'Athènes — ce sont les paroles mêmes de Lysippos que je reprends là — et tu pourrais faire tout ce qui est humainement possible.

— Qu'as-tu exactement en tête ? demanda sèchement Aristote.

— La vengeance peut attendre. Ce qu'il faut, c'est ramener Anthia — intacte si possible — avant que l'affaire ne s'ébruite. Lysippos t'autorise à verser de l'argent à cet infâme si nécessaire — si Anthia n'a pas été touchée, ça va de soi. L'espoir est bien faible, mais le ravisseur peut remettre à plus tard son funeste dessein. La jeune fille peut se défendre, les dieux peuvent l'en empêcher, que sais-je ? Si le pire s'est produit et s'il est d'un rang où le mariage est envisageable, toi, Aristote, pourrais discuter à notre place et arranger une union.

— Ce n'est pas précisément mon...

— Ne refuse pas ! Nous pouvons te fournir des chevaux et rembourser largement les frais de ton voyage. Nous te donnerons tout ce qu'il faut pour convaincre le ravisseur. Le châtiment pour un tel acte est très sévère : Lysippos aurait le droit de le tuer s'il le prenait sur le fait. Cela rendra l'individu plus souple. Toi, ô Aristote, tu as de l'autorité. Tu es éloquent. Tu as de l'influence. Il t'écoutera. Tu le persuaderas et le raisonneras mieux que ne le ferait le pauvre Lysippos dont l'esprit est si ébranlé. Nous avons confiance en toi et nous savons que tu ne commettras pas d'impair.

— Je suis flatté, mais je dois m'excuser : je n'ai pas coutume de pourchasser les voleurs et je ne suis pas une marieuse. Sans parler du Lycée, de mes cours...

— Oui, bien sûr, fit Lysippos en s'essuyant les yeux. C'est trop demander. Je t'en aurais été si reconnaissant, mais hélas... Tout au moins, je vous supplie, Stéphanos et toi, de garder le secret absolu.

— Allons, Aristote, reprit Cléiophoros, tu ne peux refuser ! Ne veux-tu pas aider notre ami en détresse ? Réfléchis, vers qui d'autre pouvons-nous nous tourner ? C'est beaucoup te demander, je le comprends, mais tu auras une récompense. Une donation sera faite à ton école. Certes, nous comprenons que, pour un philosophe tel que toi, l'argent ne compte guère, permets-nous au moins cependant de nous assurer que tu ne subiras aucune perte financière, quelle que soit l'issue de l'expédition. Mais c'est surtout à l'ami que nous nous adressons. Qui peut, mieux que toi, déchiffrer une énigme et faire jaillir la lumière ? Et puis, les autorités macédoniennes ne comptent-elles pas sur toi pour veiller à ce que l'ordre règne en ville ?

Aristote prit l'air grave. Le monde pensait qu'il

adressait régulièrement des rapports à Antipater, lieutenant d'Alexandre et gouverneur de Macédoine, qui surveillait de près chaque ville de Grèce. Athènes, particulièrement, parce que les Athéniens ne se mêlaient pas à ceux qui criaient haro sur le roi Agis de Sparte dans le conflit opposant cette ville à la Macédoine. J'avais moi-même des raisons, à cause des affaires de ma famille, de penser qu'Aristote était effectivement en bons termes avec Antipater. Cette réputation ne plaisait cependant pas à tous les Athéniens, et Aristote n'aimait pas que l'on en fît état. Lysippos dut remarquer la froideur d'Aristote car il changea de sujet et se tourna vers moi.

— Si le jeune Stéphanos t'assistait, ce voyage ne serait pas aussi pénible. Stéphanos, ne pourrais-tu le persuader ?

Cette requête était assez gratifiante. Une telle aventure me permettrait de lier des rapports plus étroits avec les Hommes d'Argent.

— Oui, ce serait assez intéressant, répondis-je. Tu sais, Aristote, ce qui est mystérieux pour autrui ne l'est pas autant pour toi. Et puis, c'est le moment idéal pour aller à Delphes. La ville va consacrer son nouveau temple, nous pourrions y assister.

— Tu penses que ce serait intéressant ? me demanda Aristote. Fort bien, Stéphanos. Puisque tu ajoutes ta voix au débat, je sors perdant de la controverse. Si tu souhaites me voir déchiffrer des énigmes, je suppose que je dois me plier à ta requête. Bien. Je ferai donc ce que vous me demandez et Stéphanos m'accompagnera. Mais je crains de ne pouvoir vous promettre de réussir.

— Excellent, fit Cléiophoros, les yeux pétillants malgré les cernes. Mon ami ici présent vous donnera des chevaux. Vous pouvez partir dès maintenant si vous le souhaitez.

— Certainement, fit Lysippos en se levant. Mes

plus humbles remerciements, ô Aristote. Mais je suppose que tu ne seras pas satisfait tant que tu n'auras pas inspecté ma maison et son jardin, là où le crime s'est déroulé. Ah, quelle honte, quelle horreur ! Pardonne-moi, l'angoisse me fait perdre la raison. Il nous faudra du temps pour vous préparer des montures. Et nous imaginons mal Aristote quittant Athènes sans passer d'abord par le Lycée.

— C'est exact. Allons examiner les lieux, comme le propose Lysippos. Je me rendrai ensuite au Lycée, où je prendrai des dispositions. Toi, Stéphanos, tu iras chez toi et tu en feras autant. Nous nous retrouverons ensuite à la maison de Lysippos et pourrons enfin partir.

Nous sortîmes dans la brume matinale pour accompagner le nerveux Cléiophoros et le soucieux Lysippos. Après la grise journée de la veille, où Aristote et moi n'avions rien trouvé de mieux que d'évoquer de vieilles histoires, ma vie s'engageait soudainement sur un chemin inattendu.

— Je suis enchanté de t'accompagner, bien entendu, dis-je à Aristote. Mais *pourquoi* est-ce que je viens ? Comment vais-je expliquer à ma famille — ou à qui que ce soit d'autre — que je me rends à Delphes ?

Aristote s'arrêta de marcher, éclata de rire et me donna une grande tape dans le dos comme l'aurait fait le jovial Ammonios.

— Mais enfin, Stéphanos, c'est évident ! Tu vas à Delphes consulter l'Oracle à propos de ton mariage ! Quelle bonne idée ! Tu te proposais de faire ce voyage depuis quelque temps (diras-tu) mais tu repoussais sans cesse la date. Or, je dois moi-même aller à Delphes, et nous avons imaginé de voyager de concert. Je parlerai d'affaires officielles. J'y vais aussi pour poursuivre mes recherches. Sais-tu que j'y étais à l'époque de Philippe, juste après les guerres Sacrées ? Je travaillais sur l'histoire de Delphes et des jeux

Pythiques, avec l'aide de mon neveu, Callisthène. Il est aujourd'hui historien d'Alexandre, et il sera facile de dire qu'il m'a écrit pour me demander certaines informations à propos de Delphes. Là, des amis attendent depuis longtemps mon retour. Quant à toi... chacun connaît tes difficultés avec Kallimakhos. Les gens penseront que tu es préoccupé par le mariage et les affaires.

Je rougis. Il était navrant que mes problèmes personnels pussent ainsi servir d'alibi. Cela paraissait réjouir Aristote, d'ailleurs, et cette mission semblait vraiment commencer à l'amuser.

Quand nous arrivâmes à la maison de Lysippos, le maître désemparé nous pria de faire preuve de discrétion et de ne pas parler devant les esclaves. Nous étions des relations d'affaires venues rendre une visite amicale. Il nous souhaita courtoisement la bienvenue et nous fit asseoir avant de nous conduire à l'arrière de sa maison, dans un jardin de belles dimensions. Il montra à Aristote le portail enduit de brai et le loquet poisseux sur lequel on avait découvert le fragment d'étoffe ; en silence, il lui indiqua les empreintes de pas féminins et le petit autel. Lysippos nous laissa tout le temps nécessaire. Je vis Aristote mesurer de son propre pied la distance séparant les traces. À l'intérieur de la maison, il examina les portes principales. Naturellement, nous ne pûmes voir aucune pièce du gynécée.

— Quel dommage que nous ne puissions interroger Hégéso et sa fille ! me chuchota Aristote.

Il ne nous était pas permis de communiquer avec l'entourage féminin d'un citoyen. Nous pûmes cependant interroger une esclave en larmes mais nous ne tirâmes rien d'elle ; ces gens-là redoutent plus que tout la loi qui veut que l'on torture systématiquement un esclave avant qu'il ne témoigne devant un tribunal. Les parties de la maison où nous nous rendîmes ne nous apprirent rien. Dans les couloirs rien ne nous parut remarquable. Sur les murs, aucune inscription pour indiquer le suicide, la fugue amoureuse ou la séduction.

Lysippos nous conduisit enfin dans son cabinet où, une fois de plus, il nous pria de prendre place. Il avait attentivement observé Aristote et interrogeait à présent le philosophe du regard. Aristote secoua la tête. Telle une pellicule, la déception recouvrit le visage de Lysippos.

— Nous savons bien que tout ne peut être réglé en un seul instant, dit Cléiophoros pour consoler le maître des lieux. Une affaire importante prend toujours du temps.

Lysippos nous laissa pour aller quérir des rafraîchissements. Une minute plus tard, Cléiophoros disparut à son tour en évoquant discrètement l'appel de la nature. Nous ne restâmes pas longtemps seuls. Quelqu'un frappa à la porte, murmura « Ce n'est que moi » et entra au même instant avec cet air important que seuls des parents du maître des lieux peuvent afficher. C'était Timothéos. L'absence de son frère ne paraissait pas le déconcerter.

— La philosophie nous honore, dit-il. En fait, ô Aristote, j'ai appris que tu étais ici pour régler les problèmes que connaît notre maison, est-ce bien exact ?

C'eût été le moment idéal pour commencer à dissimuler, mais Aristote hocha la tête, persuadé qu'il serait inutile de tenter de tromper un membre de la famille.

— Je suis au courant de tout, reprit Timothéos. C'est aimable à toi, Aristote, de nous venir en aide. Je suis un grand admirateur de tes premiers écrits, ajouta-t-il de façon assez inattendue. L'*Éthique à Eudème* est excellente.

— Merci, répondit Aristote qui accueillit sèchement les louanges prodiguées à un livre écrit près de vingt ans plus tôt.

— Mais, poursuivit Timothéos sans quitter Aristote du regard, penses-tu que la philosophie puisse avoir un quelconque effet dans le monde concret ? Je... je suis moi-même un ami du Beau, tout simplement.

Il leva la main droite comme pour attester de la véracité de sa déclaration et un bracelet d'argent, jumeau de celui que portait son frère, glissa le long de son bras.

— Ta famille a donné au monde beaucoup de belles choses, lui répondit poliment Aristote.

Timothéos fronça les sourcils comme si les réalisations matérielles des siens lui importaient peu.

— Ce monde de métal et d'ivoire... de briques, de mortier, de chair, d'affaires et de famille. Ce n'est pas le monde *réel*, au sens platonicien du terme, bien entendu, même s'il est tellement visible... Je me rappelle Platon. Tu as été son élève — et aujourd'hui tu es si différent de lui. Comme c'est étrange...

Timothéos se tourna vers la fenêtre, semblant chercher la lumière, et récita à pleine voix :

— « Quel bonheur ce serait pour un homme s'il pouvait voir le Beau lui-même, simple, pur, sans mélange, et contempler, au lieu d'une beauté chargée de chairs, de couleurs et de cent autres superfluités périssables, la beauté divine elle-même sous sa forme unique [1] ! »

Après avoir ainsi cité *Le Banquet*, il hocha à plusieurs reprises la tête comme s'il applaudissait simultanément et Platon et lui-même. Puis il se tourna à nouveau vers le philosophe.

— Ô Aristote, quel bonheur tu as connu d'avoir si longtemps étudié auprès du divin Platon ! Son élève préféré ! Que ne donnerait-on pour une telle bénédiction !

— Tu me fais trop d'honneur.

1. Platon, *Le Banquet,* XXIX, traduction d'Émile Chambry. *(N.d.T.)*

— Pourtant je trouve étrange de te voir si attaché à la chair et aux choses périssables. Ne peux-tu atteindre le monde supérieur, le monde *réel* ? Mais tu diriges une école. Pour toi ce doit être un plaisir.

— Effectivement.

— J'ai souvent songé à en ouvrir une, moi aussi. Je connais par cœur nombre de dialogues de Socrate, et j'ai médité sur eux toute ma vie durant. Mais dans le cas d'Anthia, j'ignore ce qui peut ou doit être fait.

— Je l'ignore aussi, mais je crois que la philosophie n'est pas dépourvue de ressources.

— C'est possible, fit Timothéos qui ne tenait pas en place. C'est curieux, explosa-t-il, curieux, oui ! Je ne suis pas le plus actif de la famille, loin de là, mais parfois je vois des choses. Même moi, je vois les choses lorsqu'elles se trouvent sous mon nez.

Il secoua doucement la tête, rejetant ses fins cheveux comme pour nous permettre de contempler l'organe en question.

— Oui ? l'encouragea Aristote. Les amis de la philosophie voient parfois plus que les hommes d'action.

— Puis-je vous faire confiance à tous les deux ? Rien ne doit sortir de ces quatre murs. C'est à propos de ma nièce. Je me suis demandé... Vous voyez dans quel état se trouve mon frère en ce moment : consterné, désemparé. Ce qui ne lui ressemble pas, croyez-moi. Mais je me demande ceci : pourquoi n'est-il pas *furieux* ? Cela ne ressemble pas à mon frère de faire montre de tant de patience. Pourquoi ne pas chercher à se venger ? C'est une chose qui ne lui vient pas à l'esprit. Je me pose alors d'autres questions.

— Laisserais-tu entendre, demandai-je, qu'Anthia serait partie de son plein gré ?

Timothéos plissa le front comme si j'étais un chien aux pattes boueuses que l'on avait laissé entrer dans la maison.

— Non, certainement pas ! Quel déshonneur, une

telle idée ! Mais je me pose une question, et à toi aussi, je te la pose, ajouta-t-il en s'adressant à Aristote. Elle est fort simple : où est Straton ? Pourquoi n'est-ce pas notre fils et héritier qui se lance à la poursuite du criminel pour sauver sa cousine ? Qui a vu Straton pour la dernière fois ? Voilà ce que je me demande.

Il se leva et enroula son chiton autour de son grand corps maigre.

— Je ne puis rien dire. Si jamais quelqu'un a fait preuve d'impuissance en pleine tempête familiale, c'est bien moi. Personne ne me dit rien. Mais je vois ce que je vois. Et je ne comprends pas pourquoi vous devriez accomplir cette étrange mission sans détenir toute la vérité que nous pouvons rassembler, vous et moi.

Il se préparait à sortir quand Lysippos entra, accompagné de Cléiophoros. Ce dernier eut l'air satisfait de voir Timothéos.

— Excellent ! Des frères doivent s'entraider. Vous verrez que Lysippos tiendra le coup. C'est ce qu'il y a de bien dans une famille, on n'affronte jamais seul les épreuves.

— Oui, reste, Timothéos, dit Lysippos d'une voix lasse. Les dieux savent que je ne désire pas être seul dans l'angoisse.

— Maintenant que nous avons vu ce pour quoi nous étions venus, dit Aristote, nous n'avons plus de raison de nous attarder. Je dois me rendre au Lycée. Théophraste s'occupera des cours des prochaines semaines. Stéphanos, tu vas aussi te préparer.

Nous fîmes nos adieux et partîmes. Aristote s'arrêta un instant pour examiner le portail principal, qui avait un air bien innocent. Nous allions nous en éloigner quand un détail attira son regard. Une bande de terre très étroite séparait le mur du chemin.

— Regarde, fit-il à voix basse.

Je vis alors l'empreinte, à peine visible, de deux

pieds tournés vers le mur. Je parle en fait de deux pieds chaussés de sandales, car seuls les orteils avaient laissé leur marque dans la terre.

— Viens, me dit Aristote, retournons en arrière.

Nous suivîmes donc le mur et arrivâmes enfin — la propriété de Lysippos était de belles dimensions — à la porte du fond. Nous observâmes et Aristote découvrit de semblables empreintes, un peu plus loin du portail, toutefois.

— Quelqu'un s'est mis à deux reprises sur la pointe des pieds, murmura Aristote. Voulait-il voir par-dessus le mur ? Parler à quelqu'un ? Se contenter d'écouter ?

— Pourquoi dis-tu « il » et non pas « elle » ?

— Ces traces correspondent à des pieds d'homme. Ce que nous avons vu à l'intérieur, c'était des empreintes féminines. Il y en a dans le jardin, près des deux portails. Oh, j'imagine que nous ne comprenons pas encore tout ce qu'elles veulent nous apprendre. Nous nous retrouverons ici à midi. Apporte des vêtements chauds pour le voyage. Il fera plus frais une fois que nous serons dans les collines.

Je rentrai chez moi et me préparai le plus rapidement possible. J'expliquai à ma mère que j'avais résolu de me rendre à Delphes et de consulter l'Oracle à propos de mon mariage : je profitais justement de ce qu'Aristote y allait. Elle accepta cette explication. Il est bon d'être le maître car chacun prend vos déclarations pour argent comptant et obéit à vos ordres. Les esclaves empaquetèrent soigneusement mes vêtements de voyage. Mon propre esclave les porta jusque chez Lysippos. Il ne m'accompagnerait pas car je serais à cheval. (De toute façon, le caractère particulier de notre mission exigeait que nous nous débrouillions sans serviteurs.)

C'est seulement en arrivant chez Lysippos que j'accordai de l'importance au fait que je voyagerais sur une monture. Je dus alors attendre Aristote et n'eus rien à faire, sinon écouter les esclaves de Lysippos dire qu'une sacoche en cuir m'était nécessaire. L'air préoccupé, ils m'en procurèrent une et y rangèrent mes affaires pour qu'elles ne soient pas trempées par la pluie ou imprégnées de la sueur et de l'odeur du cheval. De toute évidence, ils avaient du mal à me prendre au sérieux dans mon rôle de voyageur et me prodiguaient toutes sortes de conseils.

Je répondais à leurs civilités avec une calme assurance mais, en réalité, je ne songeais qu'à l'épreuve qui m'attendait. Je n'avais essayé de monter qu'une ou deux fois et ne savais pas grand-chose des chevaux. Mon cousin Philémon aurait apprécié un tel voyage, mais moi, je regrettais sincèrement de ne pas aller à pied.

Aristote arriva enfin, parfaitement équipé, avec un sac de cuir râpé et un épais manteau de laine bien pratique. Il s'excusa pour son retard. « J'ai dû parler à Théophraste », se contenta-t-il de dire. Cette explication me suffit.

Théophraste n'était pas loquace mais seulement pointilleux. Dès qu'il abordait un sujet, il aimait en connaître le moindre détail, et cela le rendait ennuyeux. Ce pénible personnage — c'est ce que je pensais de lui, quand il m'arrivait d'y penser — était un ancien élève dont Aristote était très fier. Il m'était arrivé de me demander s'il n'appartenait pas à sa famille. Théophraste avait une belle voix, utile pour donner ses cours, et il faisait preuve de dévouement envers son travail et Aristote, qu'il aidait à classer les plantes. Théophraste adorait dresser des listes. En moi-même, je me disais qu'il n'était bon qu'à ça. (Franchement, il ne m'intéressait absolument pas, mais je m'efforçais de ne pas le montrer à Aristote.) Sa belle voix ne l'empêchait pas d'être un piètre orateur : il parlait de manière trop emphatique. Il n'avait pas l'esprit vif — le genre de personne à qui il faut tout répéter. Il avait toutefois une excellente mémoire. Théophraste avait écrit des *Caractères* très admirés, mais je sais que ses descriptions ne sont que des compilations de remarques pleines d'esprit d'Aristote, lancées jour après jour dans la conversation. Théophraste se les répétait, les mémorisait puis les notait dans l'espoir de classifier l'humanité comme il le faisait de ses spécimens d'horticulture. Enfin, la plaisanterie n'était pas son fort. Je devais toutefois reconnaître qu'il était admirablement consciencieux : Aristote pouvait être rassuré, son école fonctionnerait parfaitement en son absence.

Maintenant qu'Aristote était arrivé, je crus que nous allions partir, mais non, Lysippos nous invita à entrer et Cléiophoros nous donna une lettre d'introduction destinée au représentant d'Athènes à Delphes, au cas où nous aurions des problèmes. Il s'avéra alors que Lysippos avait oublié de demander à un esclave de nous amener les chevaux. Il nous fallut donc marcher jusqu'aux écuries, assez éloignées de la maison. En chemin, les esclaves révélèrent non sans humour à Aristote les problèmes gastriques d'Ammonios. Quant à nous, nous parlions de chevaux, pour faire accroire que, obligés de partir en voyage, mon compagnon et moi-même avions décidé de louer ceux de Lysippos. L'excuse était excellente, mais cela voulait dire que la conversation tournait continuellement autour de ces bêtes, ce qui n'apaisait en rien mes angoisses. Une fois parvenus aux écuries, il fallut encore passer la bride à ces créatures, leur jeter une couverture sur le dos et les obliger à se tenir tranquilles pour que nous montions dessus.

D'emblée mon cheval ne me plut pas, de même que je n'aimais pas le chevaucher ou voir la terre si loin de moi. Je ne fus pas plus heureux quand nous partîmes au trot et que chacun — Cléiophoros ainsi que Lysippos et sa maisonnée mâle — nous souhaita très sincèrement un excellent voyage. Mes sacs ballottaient devant moi, et j'en faisais tout autant. Je ne comprenais pas pourquoi les riches citoyens accordaient tant d'importance à des bêtes uniquement conçues pour leur briser les os. Je ne faisais pas confiance à l'intelligence de ma monture ni à celle des chevaux en général. Pour moi, c'était folie que d'entreprendre ainsi un tel voyage alors que nos pieds auraient très bien fait l'affaire.

Un des esclaves de Lysippos nous guida dans le dédale des rues jusqu'à la porte de l'Ouest. Là, Aristote lui donna quelque chose pour sa peine et l'homme s'en alla, non sans nous avoir conseillé une dernière fois de ne pas laisser boire les bêtes si elles avaient trop chaud.

Aristote parla au gardien et s'enquit comme il se devait de l'état de la route de Delphes ou du départ d'autres voyageurs à qui nous aurions pu nous joindre. Il ne nous fournit que peu d'informations. Un homme était bien passé, avec une litière portée par deux esclaves. Il y avait quelques autres personnes, principalement des citoyens qui n'allaient pas très loin. Également un cordonnier et son apprenti qui regagnaient leur village après avoir acheté du cuir à Athènes et un marchand de parfums itinérant, mais pas de citoyens. Aristote remercia le gardien, lui donna une demi-obole et grimpa sur son cheval. Je l'imitai — avec plus de difficulté.

— Au moins, la litière, c'est quelque chose, dis-je. Et si le ravisseur emmène deux prisonnières, il commencera certainement par prendre la direction de l'ouest pour profiter du plat de la route avant d'obliquer au nord à hauteur d'Éleusis.

Nous franchîmes, plus ou moins dignement, la haute porte et quittâmes Athènes, en route pour notre étrange quête. Les préparatifs avaient traîné en longueur et le soleil amorçait déjà son déclin. Devant nous la route me paraissait longue et solitaire. Moi qui avais tant désiré l'aventure et m'étais tant échauffé à l'idée de voir le monde, j'éprouvais à présent une sensation désagréable en voyant les murailles disparaître dans le lointain. Je me consolais en me répétant que, contrairement à mon précédent départ d'Athènes, celui-ci ne marquait pas le début d'une aventure désespérée. Je m'en allais aujourd'hui en pleine lumière, à la manière des riches voyageurs.

— Et voilà, dis-je sans grand enthousiasme. Nous voici sur la route de Delphes. Comme c'est extraordinaire... Ce matin même, je ne savais rien de tout ça !

— Oui, nous sommes sur la route de Delphes, répéta Aristote. Et pourquoi suis-je — pourquoi sommes-nous — justement sur cette route ? Pour retrouver une jouvencelle qui a peut-être, mais peut-être pas, pris cette direction. Qui est peut-être, mais peut-être pas, partie de son plein gré. Cléiophoros sait se montrer très persuasif. As-tu remarqué à quel point il aime à s'entretenir avec moi ? Pas à cause de ma beauté ou de ma grâce, je m'en doute, mais plutôt parce qu'il voit en moi l'ami de la Macédoine. Cléiophoros a une personnalité étonnante. Je me demande si toi et moi sommes les seuls qu'il exhorte à tant d'activité.

— Pourtant nous ne sommes pas partis très vite.

— C'est vrai, Stéphanos. Est-ce un détail auquel nous devons accorder de l'importance ? Lysippos est en grande partie responsable de ce retard. Je me remémore les propos de Timothéos. Pourquoi Lysippos n'est-il pas *furieux* ? Et où est passé Straton ?

CHAPITRE IV

Un personnage déplaisant

La route d'Éleusis était large et bien entretenue, et Aristote espérait pouvoir chevaucher à belle allure pendant cette première partie du voyage. Mais nous en étions empêchés par mon aptitude à l'équitation qui, disons-le, était assez piètre. Je passai donc le restant de cette courte journée à apprendre. Malgré son âge, Aristote allait à cheval sans problème apparent, mais il est vrai qu'il avait déjà monté dans sa jeunesse. Je m'efforçais de lui dissimuler mes souffrances — surtout cette tension dans le dos et les cuisses —, mais ne pouvais lui cacher le fait que ma monture s'écartait sans cesse du chemin en dépit de mes efforts acharnés. Cette jument échappait totalement à mon contrôle. Les philosophes vous diront que l'on doit maîtriser ses passions ainsi qu'un aurige ou un cavalier le fait d'un cheval. Pour ma part, je trouve que l'un et l'autre sont aussi difficiles.

Nous couvrions tout de même quelque distance. Tout d'abord, nous entrevîmes la mer bleue, sur notre gauche. Puis nous arrivâmes près de ce bosquet où l'on raconte qu'une nymphe fut changée en laurier par Apollon. Au couchant, nous nous trouvions très près d'Éleusis. La grande procession qui se rend aux Mystères met une journée entière pour relier Athènes au site sacré de Déméter, même s'il ne faut qu'une demi-journée à un homme bien entraîné. Deux cavaliers sur une route déserte pourraient avoir des ailes — du moins le croirait-on. Ma monture finit par se débarrasser de moi. Nous passâmes donc la nuit dans une petite auberge des abords d'Éleusis, où nous dînâmes d'œufs durs, de figues et de petits gâteaux que nous avions emportés. Aristote avait pensé à prendre avec lui deux couvertures — heureusement, car je n'en avais pas. Le tissu était mince et le sol dur, mais du moins avions-nous un toit sur notre tête et même une chambre pour nous seuls. Plus tard, me prévint Aristote, nous n'aurions que le sol nu de la cour d'une auberge encore plus modeste que celle-ci. Ensuite, nous pourrions descendre chez des amis qu'il avait à Phokis. Il en avait également à Éleusis, mais notre mission exigeait le plus grand secret. Car tout ce qui se disait à Éleusis se répétait à Athènes.

La tenancière de l'auberge était une brave femme qui nous proposa du vin et envoya un garçon s'occuper de nos chevaux. Aristote chercha à s'informer des autres voyageurs : la femme était assez bavarde, mais rien ne correspondait à la description de nos fugitifs. Elle avait bien vu un marchand de parfums itinérant, qui d'ailleurs lui en avait vendu, mais il allait livrer dans quelque grande maison d'Éleusis. Sinon, son établissement abritait un riche citoyen de Corinthe et sa suite ainsi que quelques Athéniens de basse souche qui festoyaient dans la cour autour d'un feu.

— Selon toi, où se trouve le ravisseur à présent ? demandai-je à Aristote une fois que nous fûmes seuls.

— Toujours loin devant. Je pense que nous sommes au point où lui-même se trouvait à midi, peut-être même en fin de matinée.

— Nous n'avons donc pas avancé !

— C'est suffisant pour l'instant, fit-il, à moitié endormi. En allant deux fois plus vite que lui, nous finirons par le rattraper — à condition bien entendu de suivre la même direction. C'est une question de mathématiques.

— Que fais-tu d'Achille et de la tortue ? répliquai-je avec finesse, mais il ne crut pas bon de relever mon propos.

Et comme je dois toujours prendre un temps d'arrêt pour me rappeler les termes de ce remarquable paradoxe, je fus heureux qu'il ne m'interroge pas.

Le lendemain matin, je me réveillai tard, raide et endolori. Nous avions l'intention de partir de très bonne heure, mais il me fallut d'abord acheter de la pommade auprès de la tenancière. J'utilisai ce baume de sa propre composition pour enduire ma peau irritée avant de remonter sur mon cheval. Nous dépassâmes enfin Éleusis et son temple magnifique et nous nous dirigeâmes vers le nord-ouest. Oubliant un instant la douleur, je pus apprécier la beauté de l'aurore et voir la lumière étinceler dans les gouttes de rosée. Il faisait frais — dans les champs, le bétail s'ébrouait dans des nuées de vapeur —, mais c'était le type de matinée qui fait apprécier les dons de l'existence. Nous mangeâmes encore quelques fruits secs puis la soif s'empara de moi, ainsi que le désir de me laver. Nous nous arrêtâmes pour réfléchir à la question. Il n'y avait ni ville ni village dans les environs.

— Regarde, dis-je en tendant la main. Ce bosquet abrite un petit temple dédié aux nymphes. Il doit y avoir une source. Nous allons trouver de l'eau.

— Ces terres appartiennent à quelqu'un. Il faut demander la permission au paysan.

— Prenons tout de même garde de ne pas ruiner notre hôte, lui rappelai-je. L'hospitalité athénienne est proverbiale, et il est bien connu qu'il suffit de demander un peu d'eau à une famille pauvre pour qu'elle vous régale en vous donnant son propre repas — quand elle n'abandonne pas les provisions d'une semaine entière pour vous traiter comme un prince. Car nous autres Athéniens savons que Zeus est le protecteur de l'étranger et du voyageur.

— Dans ce cas, espérons que c'est là un paysan prospère ! Non, même ainsi, nous ne prendrons rien de plus que de l'eau — ou un bol de lait de chèvre, peut-être —, et tant pis s'il insiste. Et puis, il est temps que nous commencions à poser des questions. Après tout, nous sommes des *chasseurs*, pas seulement des voyageurs.

À cet instant, nous aperçûmes un petit garçon qui jouait au cerceau sur la route poussiéreuse. Il le faisait rouler comme s'il s'agissait d'un cheval ou d'une cohorte de soldats, à la manière des enfants. Il nous vit et regarda les chevaux avec admiration.

— Ami, lui dit doucement Aristote, connais-tu quelqu'un dans les environs qui offrirait du lait à des voyageurs ? Ou un peu d'eau pour se laver ?

— Peut-être mon oncle. Je lui rends visite. Je n'habite pas ici. Je viens d'un dème urbain, ajouta-t-il.

Il parlait avec l'accent athénien et portait de beaux habits. De toute évidence, il était de bonne famille.

— Où habite ton honorable oncle ? demandai-je.

— Sa maison, elle est à de nombreux stades d'ici, là-bas. Je me promène tout seul.

— Je vois, fit Aristote. Mais je me demande... as-tu vu des voyageurs hier soir ou ce matin en te promenant ? Des gens qui iraient dans la même direction que nous ?

— Eh bien, j'ai vu un colporteur. Et l'intendant des voisins. C'est tout, je crois.

— Tu en es sûr ? insistai-je. Tu n'as pas remarqué un homme marchant à côté d'une litière, hier ou peut-être ce matin ?

Je me rendis compte que j'avais trop parlé, mais le mal était fait. L'enfant parut intéressé.

— Je n'aurais pas oublié ce genre de chose, lança-t-il avec assurance. Mais, vous savez, la seule personne à qui rien n'échappe, c'est le vieux Smikrénès. Il habite là-bas. Ses terres longent la route, sa maison et sa grange n'en sont pas très loin. Les gens racontent qu'il ne dort jamais — enfin, presque — et qu'il a l'œil sur tout.

— Voilà qui me semble très intéressant, me confia Aristote. Nous pensions justement nous rendre chez ce brave homme pour lui demander à boire. Ce garçon pourrait nous y emmener et nous faire entrer.

— Oh, fit l'enfant avec désinvolture, je peux vous conduire à sa porte, mais je ne le connais pas... pas vraiment. Mon oncle et lui sont voisins, mais ils ne se parlent pas — pas souvent, tout au moins. Il ne fréquente pas ses semblables tant qu'il n'y est pas obligé. Mon oncle dit que Smikrénès est plus dur que le silex et avare comme personne. Il goberait une olive desséchée plutôt que de la donner, c'est ce que raconte mon oncle. Smikrénès déteste tout le monde. Tous les gens du coin le savent. Il s'est disputé avec sa femme — il y a des années de ça — et elle est allée vivre dans sa belle-famille ou chez son père, je ne sais plus. Il habite là avec sa fille et il fait le travail tout seul. Selon mon oncle, il est assez riche pour avoir des esclaves ou des journaliers, mais il ne veut même pas sortir une obole. Il ne fait jamais de sacrifice et n'invite jamais ses voisins.

— Il y a pourtant un temple sur ses terres, objectai-je.

— Deux, même. Un dédié aux nymphes — il est dans la grotte, là, derrière le bouquet d'arbres —, et l'autre à Pan. Et ça l'ennuie. Un temple, ça suffit, voilà ce que dit le vieux Smikrénès. Deux, c'est la ruine.

— Comment donc ?

— Vous voyez, il y a toujours des gens qui viennent, qui offrent des sacrifices, qui font des fêtes, et cela veut dire qu'ils marchent sur ses terres, ce qu'il déteste. Certains envoient leurs esclaves lui emprunter des marmites ou des cruches. C'est normal qu'il surveille la route si attentivement ! Mon oncle dit qu'il a toujours un œil fixé sur la route afin de voir si des gens arrivent pour faire des sacrifices, comme ça il peut les chasser. Il agite les bras, il pousse des cris, parfois il menace même de lâcher son chien. Il n'est pas question que le chien les morde, naturellement, à cause de Pan. Tenez, mon oncle m'a raconté que Smikrénès a ainsi chassé deux femmes riches et la famille d'un marchand ainsi que leurs cuisinières. J'aurais bien aimé voir ça, ajouta l'enfant, songeur.

— Hum, fit Aristote, voilà qui n'est pas très engageant. Ce Smikrénès m'a malgré tout l'air d'être un admirable observateur. J'ai quand même envie de lui demander l'hospitalité.

— Oui, dis-je sans réfléchir. Nous pourrons lui parler poliment et lui proposer de l'argent s'il ne se montre pas hospitalier.

La perspective d'un bol de lait de chèvre, ou tout au moins d'eau, était des plus séduisantes. En outre, j'aurais l'occasion de descendre de cheval.

— Parfait, dit Aristote.

L'enfant entra immédiatement dans son rôle de capitaine ou de pilote et, le cerceau sur le bras, marcha d'un pas assuré vers un portail délabré. Nous mîmes pied à terre, ce que j'entreprenais toujours avec une certaine difficulté ; après avoir attaché nos chevaux aux montants, nous suivîmes notre guide, tous égaux maintenant que nous étions sur nos deux jambes.

Le jeune garçon nous entraîna sur un chemin de terre. Nous passâmes devant la maison. Son air morne contrastait avec la splendeur du tas de fumier qui s'élevait derrière et exhalait ses vapeurs dans l'air matinal. Çà et là couraient quelques poulets ; je vis — sentis aussi — des porcs tandis que chèvres et moutons paissaient à flanc de colline. De toute évidence, Smikrénès n'était pas pauvre. Ses champs me paraissaient en bon état en dépit de sa dureté à l'égard des nymphes et de son manque de courtoisie envers les dieux en général. La terre labourée rayonnait. Nous dépassâmes deux ou trois petits champs, puis l'enfant s'arrêta et tendit la main.

— Là, c'est le vieux Smikrénès, en train d'ôter des pierres du terrain en jachère.

Nous vîmes un personnage courbé, vêtu d'une vieille tunique grisâtre. Il nous tournait le dos et ressemblait à un rocher perdu dans le paysage.

Bien que me sentant assez ridicule, je m'approchai de la jachère et appelai l'homme.

— Ô Smikrénès !

Le rocher gris se redressa et se retourna, révélant une barbe et des cheveux ébouriffés. Par précaution, l'enfant se cacha derrière moi. Aristote fit un pas en avant et parla de cette manière distinguée qui le faisait apprécier des rois et des philosophes.

— Pardonne notre intrusion sur tes terres ancestrales et pardonne-nous également d'abuser de ta bonté, ô Smikrénès, mais nous sommes des voyageurs venus d'Athènes. Nous désirons très humblement te demander de boire l'eau de ta source ainsi que la permission de nous reposer ici un court instant.

— Hein ? fit l'homme en portant la main à sa grosse oreille rougeâtre.

Grand et mince, il avait les bras et le cou décharnés, mais son visage était cramoisi comme si le vent et le soleil lui fouettaient le sang.

— C'est quoi, ça ?

— Pardonne-nous, ô citoyen Smikrénès, mais nous sommes des voyageurs d'Athènes et nous te demandons...

— Par les dieux, s'écria le paysan, voilà que ça recommence ! Il vous en faut encore ?

Et avant même que l'on eût pu répliquer quoi que ce

soit, il ramassa une motte de terre bien grasse et la lança. Elle atterrit sur ma tunique.

— Allez voir chez Hadès si j'y suis ! nous conseilla-t-il. Mais on s'en débarrassera jamais, de la populace d'Athènes ! Me déranger sur mes propres terres, c'est ça ? Pas question !

Le visage empourpré, Smikrénès ramassa une autre motte. Nous fûmes contraints de battre en retraite, mais toujours face à notre ennemi qui marchait sur nous, la motte à la main. Ses récriminations variaient au fur et à mesure qu'il avançait.

— C'est une chose, et puis c'est une autre. De l'eau de mon puits ! Des marmites pour la cuisine ! Des sacrifices, des repas chauds ! Vos sacrifices, vous pouvez aller les faire chez vous ! Vous vous croyez au marché ou quoi ? Allez, ouste ! Chez Hadès ! Par les grenouilles du Styx, j'aurais plaisir à vous mettre en terre, tous tant que vous êtes !

Nous parvînmes à la limite du champ (avec une hâte manquant singulièrement de dignité) et tentâmes à nouveau de nous expliquer auprès de ce désagréable individu.

— Nous aimerions simplement dire...

— Oh, vous voulez dire quelque chose ? Eh bien, moi aussi, je veux dire quelque chose : je m'occupe de moi, moi. Et j'aimerais bien que les autres en fassent autant. Tout ce que je demande, c'est qu'on me laisse tranquille. Vous allez continuer longtemps à m'empoisonner l'existence ?

— Allons...

— Bouclez-la ! Je ne vous demande rien. Et je n'ai besoin de personne. Ça fait quarante ans que je travaille cette terre, oui, et je n'ai rien demandé à personne, pas même un escargot ratatiné ! Mêlez-vous de vos affaires ! hurla-t-il en guise de péroraison.

Il fulminait comme un taureau et brandissait sa houe. De toute évidence, rien ne le satisferait hormis notre départ. Nous battîmes donc en retraite. Quand nous tournâmes la tête, ce fut pour voir Smikrénès regagner son champ, le regard toujours rivé sur nous.

Alors que nous repassions furtivement devant sa maison, quelqu'un dit « Pst ! » et nous nous arrêtâmes. Une jeune fille sortit de la maison ; vêtue d'une robe de laine grise, elle tenait un fuseau à la main. Le capuchon qui faisait office de voile s'était écarté de son visage et je pus constater qu'elle était jolie, avec des yeux gris-vert et des cheveux bruns lustrés.

« Pst ! » fit-elle à nouveau, joignant le geste à la parole, et nous nous approchâmes de la porte, hors de vue du vieillard insensé.

— Je vous ai entendus, murmura-t-elle. Zeus vient en aide au voyageur et à l'étranger. Je vous donnerai de l'eau, même un peu de lait et peut-être un petit gâteau. Mais vous devrez vous hâter, ajouta-t-elle en désignant le champ.

— Merci, ma fille, lui répondit Aristote. Tu es bonne, et puissent les dieux te bénir, mais cela ne te vaudra-t-il pas des ennuis ?

— Ça ne me dérange pas. N'en veuillez pas à mon père. C'est un brave homme, mais il a connu beaucoup de déboires. Pour ma part, j'aide les voyageurs — sans qu'il le sache, bien sûr. Ainsi les dieux et les nymphes ne nous châtieront pas. Et puis, c'est si calme par ici...

Elle rentra dans la maison pour en ressortir aussitôt, porteuse d'une belle cruche de bronze. Une vieille femme l'accompagnait, de toute évidence une servante soucieuse de préserver les apparences.

— Ce ne sera pas long, dit l'adorable fille du désagréable bonhomme. J'ai coutume de lui apporter un peu d'eau à ce moment de la matinée. C'est ce que je vais faire. Pendant ce temps, ma nourrice vous donnera le reste de l'eau plus quelques gâteaux d'orge. Notre puits est profond et l'eau y est fraîche et douce.

La femme sortit trois bols. La jeune fille en prit un,

ainsi que la cruche ; escortée de la servante, elle se dirigea vers le puits, une fontaine entourée d'un muret de pierre, loin du tas de fumier et tout près du bosquet. Aristote, le petit garçon et moi-même les regardions faire sans dire un mot. Nous nous sentions gênés.

— Penses-tu... commençai-je.

Je fus interrompu par un bruit métallique et deux cris perçants suivis de lamentations sonores de la part de la servante.

— Oh, pauvre de moi ! La belle cruche du maître est tombée dans l'eau ! Oh, Pan, qu'allons-nous devenir ?

— Chut, lui dit la jeune fille. On va le dire à mon père, c'est tout. Il la récupérera avec sa houe. Ne pleure pas, Géta, je prendrai ça sur moi.

Les deux femmes partirent en courant vers le champ. Nous restâmes sur place. En reprenant la route, nous risquions d'être vus du paysan colérique quand il se rendrait au puits. Et puis, je voulais également faire mes adieux à la charmante hôtesse aux yeux gris-vert et aux cheveux lustrés. Je me sentais étonnamment responsable de cet incident mais aussi inquiet pour la jeune fille. S'il retournait contre elle sa colère, je ne pourrais rester silencieux — bien que n'éprouvant nullement le désir d'affronter à nouveau cet irascible personnage.

Assez vite, étant donné la distance qu'il lui fallait couvrir, on entendit le maître des lieux beugler ses imprécations.

— Et voilà ! Mais comment peut-on engendrer une fille ? Seule une fille pourrait perdre une cruche dans ce puits ! Que les nymphes la gardent, tiens ! Et que Poséidon maudisse ce puits ! On ne peut donc avoir un instant de tranquillité ?

Nous ne pûmes résister à l'envie de faire le tour de la maison pour voir Smikrénès repêcher sa cruche.

Notre curiosité fut récompensée. Il s'approcha du

puits et se pencha. Lentement, il descendit sa houe dans le puits, au point de toucher l'eau. Puis il la descendit un peu plus, et un peu plus encore, jusqu'à ce que... *plouf*! Cul par-dessus tête, Smikrénès était tombé dans son propre puits, comme s'il n'était là que pour ça.

Les deux femmes hurlèrent. Abandonnant notre cachette, nous courûmes tous trois vers le puits en criant, nous aussi.

— Silence ! fis-je en m'approchant. Ho, tu vas bien ?

Cette question était ridicule, car j'étais certain en cet instant que Smikrénès s'était tué en tombant.

— Naturellement, que je vais bien, par Hadès ! lança une voix bourrue venue des profondeurs.

Je me penchai et vis deux yeux luisants au milieu d'une chevelure humide. Ses mains agrippaient les briques moussues. Smikrénès ne semblait pas blessé.

Je ressortis ma tête du puits, comme Aristote et l'enfant au même instant. Nos regards se croisèrent. L'enfant éclata alors de rire, sautant sur le sol et battant des bras. La joie lui faisait oublier ses manières policées. Nous considérâmes d'un air réprobateur le gamin irrespectueux, mais son plaisir était contagieux et nous nous mîmes aussi à rire comme des bossus.

— C'est ça, disait la voix venue du fond du puits, amusez-vous. Ne vous occupez pas de moi. Tant pis si je crève là-dedans...

Une grenouille lui sauta sur la tête, lança un « ké-ké-ké » joyeux et bondit à nouveau. Pris de hoquets nerveux, le jeune garçon se tordait sur le sol en continuant de rire. Je me serais conduit de même sans la présence des deux femmes apeurées.

— Y a-t-il une corde dans la grange ? demandai-je à la jeune fille.

— Oui, oui, je vais te montrer, répondit-elle avant de détaler, vive comme l'éclair, et je la suivis.

Nous trouvâmes une bonne longueur de corde solide et nous la rapportâmes. Je l'enroulai autour de ma taille et autour de celle d'Aristote, à plusieurs reprises chaque fois. À l'autre extrémité, je fis une sorte de nœud coulant que je laissai tomber dans l'eau afin de capturer Smikrénès. Il y glissa les épaules et, péniblement, un bras.

— Bon, fis-je d'un air sombre pour ne pas céder à l'envie de rire, accroche-toi bien. Tu ferais mieux d'implorer Pan et les nymphes. Promets-leur des libations. Tu n'es pas sorti d'affaire.

— D'accord, grogna-t-il.

— Parfait. Quand je te le dirai, hisse-toi. Mais ne bouge pas tant que je n'ai rien dit.

Je criai « ho hisse ! » et tirai en même temps qu'Aristote. Lentement Smikrénès remonta le long des parois gluantes du puits, et je tirai et criai de plus belle, tandis qu'Aristote en faisait autant derrière moi. L'homme émergea, comme un bouchon hors d'un flacon — d'abord la tête broussailleuse (et dégoulinante) puis les épaules et le torse ; enfin, dans un ultime effort, les cuisses et les genoux. Je l'attrapai et le fis basculer, sain et sauf.

— Là, dis-je en lui ôtant sa tunique et en lui tapant dans le dos. C'est fini.

Il posa sur moi un regard sévère.

— Où est ma houe ? Et ma cruche ? Hein ? J'aimerais bien le savoir.

— Oh, père ! protesta la jeune fille.

— Je m'en occupe.

Sans hésiter, je descendis dans le puits, trouvant au passage dans les briques des encoches où mettre les pieds, pendant que la jeune fille et Aristote tenaient la corde. Sincèrement, je ne pense pas que j'aurais tenté pareille aventure si la demoiselle n'avait été là.

Je retrouvai la houe, coincée entre les pierres, et dus me plonger dans l'eau jusqu'à la taille pour récupérer la cruche en bronze. J'eus du mal à remonter les deux objets, mais y réussis tout de même.

— Voilà, dis-je au paysan en lui rendant son bien.

— Elle est cabossée ! fit-il, indigné, en voyant sa cruche.

— Eh bien, c'est comme ça, répliquai-je, perdant patience. Si tu veux mon avis, les nymphes se sont montrées clémentes envers toi. Tu as dit « Que les nymphes la gardent ! », et c'est ce qu'elles ont fait — avec toi en prime. Mais elles ont tout rendu. Elles t'ont joué une bonne farce, l'ami, et je ne peux les blâmer. Souviens-toi que tu leur dois des libations. Bon, à présent, nous devons nous en aller.

Aristote et moi jetâmes la corde à terre et nous préparâmes à partir, tout dégoulinants.

— Père, s'écria soudain la jeune fille, ce n'est pas bien, c'est même indécent ! Ces gens t'ont sauvé la vie. Suppose que ce brave jeune homme n'ait pas été là quand tu as fait cette chute ? Tu veux qu'il tombe malade maintenant ? Je le jure devant Zeus, nous devons nourrir ces voyageurs et leur proposer abri et vêtements secs !

— Ah, ma Philoméla, répondit Smikrénès avec une douceur inattendue, tu as peut-être raison. Je ne suis pas mécontent d'être sorti de là, c'est la vérité.

L'enfant se mit à glousser, mais Aristote lui fit les gros yeux.

— Il est vrai que je vous dois l'hospitalité, poursuivit Smikrénès avec plus de raison que je n'en espérais de sa part, et j'ose dire que cela ne me ruinera pas pour une fois. Ah, mes amis, au temps de mon père, les choses étaient différentes. Pardonnez-moi mes manières un peu rudes, mais je ne suis qu'un vieux paysan, et bien des choses m'ont contrarié ces dernières années.

— Mon ami, dit Aristote en effleurant l'épaule humide de Smikrénès, qui pourrait dire le contraire ? Nous avons tous notre lot de désagréments. Tu es béni d'avoir la force et la santé, ainsi que de belles terres et une fille aimable. Loue les dieux et ne les invoque pas pour jurer. Pense aussi — permets-moi de te parler librement car toi et moi sommes d'un certain âge — que nul n'est réellement dispensé du besoin d'autrui. Moi aussi, j'ai été tenté de mépriser mes semblables et de vivre seul, mais ce n'est pas dans la nature d'un mortel qui se nourrit de pain.

— À propos de pain, dit Smikrénès d'un ton enjoué, y en a-t-il dans la maison, Philoméla ? Cet exercice m'a ouvert l'appétit comme si j'étais allé nager. Et j'ose dire que ces gens peuvent en avoir leur part. Allez, bouge-toi, ma fille, et vois ce que tu peux nous apporter. Mais entrez dans la maison, mes amis...

Ce qui nous aurait paru impossible plus tôt eut pourtant lieu, et l'on nous proposa un abri, de l'eau chaude pour nous baigner et une bonne nourriture campagnarde composée de pain, d'huile et de fromage de chèvre. Le lait me fit du bien — je n'avais plus envie de l'eau du puits, y ayant déjà goûté. La belle jeune fille sécha elle-même ma tunique. Elle avait remis son voile et retrouvé la pudeur inhérente à toute Athénienne bien née pour s'occuper elle-même de ses hôtes comme le faisaient les dames nobles aux temps héroïques. J'avais vu son visage avant qu'il ne fût voilé et savais que sa peau était blanche, avec quelques taches de son sur le nez, comme de la poussière d'or. Elle avait les chevilles et les poignets fins et se mouvait avec grâce. Si elle était bien traitée, et non exploitée par son géniteur revêche, elle deviendrait une femme digne qu'on posât les yeux sur elle.

Il y avait également de la bonté en elle. C'était de toute évidence une fille douce et obéissante, pourtant je l'admirais de tenir tête à son père ainsi qu'elle l'avait fait pour nous. Même si son comportement était aussi solennel et convenable que possible (alors qu'il lui fallait converser avec des étrangers), sous la gravité je crus déceler une pointe d'amusement. Elle avait probablement peu d'occasions de rire. Le petit garçon s'était repris : il était aussi sérieux qu'un citoyen et mangeait à petites bouchées en nous observant.

— Regardez-moi ce petit vaurien, grogna Smikrénès, maintenant de bonne humeur. De la racaille. Il s'étranglait de rire, et le voici en train de nous étudier comme s'il faisait partie d'un jury !

— C'est un jeune garçon très attentif, acquiesça Aristote. Et ses manières ne pourront que s'améliorer avec le temps, ajouta-t-il en adressant à l'enfant un regard faussement sévère. Mais à propos d'observation... Nous voulions te demander si tu avais vu des voyageurs prendre cette même direction. Il y a quelqu'un que nous désirons rattraper, si possible.

L'homme gratta sa barbe hirsute.

— Hum... Oui. Hier, à la nuit tombante, il y avait un jeune homme, un peu dans ton genre, fit-il en se tournant vers moi. Un Athénien, il suffisait de l'entendre. Mais pas bien habillé : il portait des vêtements grossiers, avec un capuchon baissé. Il a parlé à celle-ci, dit-il en désignant la servante, qui renifla nerveusement. Il a demandé du lait et de l'eau du puits. Il disait qu'il voulait à manger et à boire pour ses amis. Pas question que je laisse des étrangers traîner par ici, surtout la nuit. Des voleurs, oui. Alors j'ai sifflé mon chien et il a déguerpi.

— À quoi ressemblait-il ? Tu pourrais nous en dire plus ?

— Un jeune, répéta Smikrénès. Un grand escogriffe, le genre qui ne fait rien de ses dix doigts. En tout cas, quand on a causé, il parlait comme un riche, si vous voyez ce que je veux dire. Bien bâti, les cheveux noirs. Peut-être un soldat désœuvré. On en voit pas mal traîner ces temps-ci. Il était un peu hautain — des jurons, il en connaissait —, mais, le chien et moi, on lui a rabattu son caquet, pas vrai, Argos ? dit-il au bâtard galeux qui remua la queue. Oui, il a dégagé, et on ne le reverra pas de sitôt, croyez-moi.

— As-tu remarqué quelqu'un d'autre ?

— Rien que des esclaves, du coin, pour la plupart. Et puis mon voisin, celui qui a le vieux bœuf cagneux. Pas beaucoup d'étrangers ces jours-ci, en dehors de vous. Ah oui, il y a eu aussi ce colporteur, ce matin. Un grand gaillard qui portait un paquet. Quand il nous a vus, il a eu la mauvaise idée de me demander d'acheter des parfums et des bracelets, en vue de son mariage, fit-il en se tournant vers sa fille. Le mariage ! C'est pas demain la veille, oui ! Remarquez, il faudra bien qu'elle y passe. Les mariés et les mariages, j'en ai assez vu, moi. Mais toi, tu es marié ?

Il s'était brusquement adressé à moi et je ne pus m'empêcher de rougir. Je fis non de la tête.

— Fais attention. Ne tombe pas dans le piège. Un mariage, ça ne fait pas de survivant. Le colporteur se rendait à une noce, assez loin d'ici. Enfin, c'est ce qu'il a dit. Il y a des imbéciles qui se marient. Je l'ai expédié. Par ici, quand une fille veut se parfumer, elle prend des herbes, et il y a assez de glands pour lui faire un collier. Il n'y a que les insensés qui achètent ce dont ils n'ont pas besoin, avec de l'argent qu'ils n'ont pas, qui plus est...

Il continua un instant sur ce thème avant de se reprendre.

— Voilà, c'est tout pour les passants que j'ai vus. Il y a bien les voisins, mais moins je les vois, mieux je me porte.

Aristote et moi lui adressâmes des commentaires polis à propos de sa maison, de sa prudence financière et de l'état de ses terres. Je me rendais compte que mon compagnon avait hâte de s'en aller, et moi tout autant. Car la description du jeune homme aux cheveux sombres alimentait nos spéculations. Nous devions non seulement voyager, mais encore le rattraper.

Nous fîmes nos adieux non sans difficulté, car le paysan taciturne s'était fait bavard à notre contact. Ceux de Smikrénès furent bruyants et appuyés, à la mode de la campagne. Sa fille, Philoméla, se contenta de s'incliner pudiquement. Il y avait quelque chose de royal dans cette paysanne, le fuseau à la main, le soleil tombant sur une mèche de cheveux rebelles : on eût dit une princesse rustique du temps d'Alcinoos.

— La journée est déjà bien avancée, lui fis-je remarquer, car il me fallait trouver une excuse à mon départ.

— C'est vrai, le soleil resplendit sur votre route.

Et d'un geste de la main, elle indiqua la direction que nous allions suivre. Je compris qu'elle avait peut-être le désir de quitter sa ferme et de voir le monde, tous ces beaux endroits qu'elle ne connaissait pas.

À nouveau sur la route, Aristote et moi convînmes qu'il était de notre devoir de ramener l'enfant chez son oncle. Il semblait tout heureux de l'aventure du matin, et le petit festin de pain et de fromage ne lui avait pas déplu. Il le fut encore plus quand Aristote le fit grimper sur son cheval : nous eûmes alors droit à ses commentaires sur les lieux où nous passions, l'état des terres et le caractère des habitants.

— Quand je serai grand, je voyagerai, annonça-t-il. Moi aussi, j'irai à Delphes, dans pas très longtemps, et quand je serai plus vieux, j'irai à Olympie et à Épidaure et peut-être même à Rhodes.

— Voyager n'est pas aisé, lui fis-je remarquer. Les chevaux coûtent cher et les routes sont longues. Et comment te rendras-tu à Rhodes ?

— En bateau, naturellement, répliqua-t-il sèchement comme s'il me prenait pour un imbécile. Je ne vois pas pourquoi les gens restent chez eux. Même si j'étais pauvre, je serais colporteur. Il ne faut pas grand-chose : des pieds et un sac, voilà tout. Tout le monde peut faire ça. Mais je préférerais être riche et voyager convenablement.

— Il y a beaucoup de vrai dans tes propos, lui dit Aristote. Mais qu'en est-il de l'éducation, mon garçon ? Sais-tu lire ? As-tu l'envie d'apprendre ?

— Oh oui, je sais lire — enfin, un peu. Et je lirai tous les grands livres, les poèmes et les pièces. Et puis j'écrirai moi aussi, je serai célèbre et je remporterai des prix comme Euripide.

— Voilà une belle ambition dans un corps aussi frêle. Écoute, mon petit ami, quand tu auras l'âge et si tu penses vouloir aller au Lycée d'Athènes, viens me trouver — je suis Aristote — et tu pourras être l'un de mes élèves. Ou, si je ne suis plus là, adresse-toi à Théophraste. Je lui parlerai de toi, il veillera à ton admission et te donnera une bonne éducation. Tu es observateur et tu as l'esprit vif, tu nous ferais honneur en venant.

— Oh, merci. D'accord, je viendrai, répondit l'enfant qu'un tel privilège n'impressionnait nullement. Ah, voici la maison de mon oncle. Et voici ma tante.

Il sauta à terre et courut vers la femme, qui pressa le pas dès qu'elle le vit.

— Ménandros ! Mais où étais-tu ? Nous t'avons cherché partout !

— Oh, je me promenais...

Aristote et moi nous empressâmes de fournir des explications, insistant sur l'aide que nous avait apportée l'enfant et sur le caractère anodin de la matinée. (Nous laissâmes à Ménandros le soin de relater personnellement l'épisode du puits.) La femme se calma et regagna la ferme en discutant avec son neveu. C'était de toute évidence un enfant aimé, qui ne craignait pas le châtiment. Il se retourna et nous lança un au revoir en agitant la main. Ce matin-là, nous avions rencontré trois amis (très différents) et avions fait par trois fois nos adieux. C'est ce genre de chose qui rend fatigants les voyages.

Aristote et moi étions heureux de nous retrouver enfin seuls pour évoquer le voyageur qu'on nous avait décrit.

— Un jeune homme, grand et brun. Aristote, sais-tu à qui cela me fait penser? Straton. Et quand il a demandé à boire « pour ses amis », il s'agissait peut-être des esclaves, d'Anthia et de l'esclave personnelle de celle-ci. Dans ce cas... Straton est le ravisseur.

— Oui, c'est ce à quoi j'ai tout de suite pensé. Mais pourquoi enlèverait-il sa propre cousine? Ne pourrait-il l'épouser plus normalement? Cela m'intrigue.

— Peut-être, proposai-je, ce jeune voyageur est-il Polémon. Je ne sais si l'on peut vraiment se fier à Smikrénès pour la couleur des cheveux, d'autant plus qu'il commençait à faire sombre. Polémon était pratiquement fiancé à Anthia : il l'aurait épousée si le père de la jeune fille n'était mort avant que l'affaire fût réglée. Il se sent des droits sur elle. Polémon s'est peut-être enfui avec elle en apprenant qu'il ne pourrait l'avoir.

— C'est vrai, mais rien n'est certain. Tu l'as dit, nous avons peut-être tort d'accorder trop d'importance à la couleur des cheveux. Ceux de Polémon sont brun doré, mais ils peuvent passer pour noirs dans certaines circonstances. Ce qu'a dit Smikrénès de plus intéressant, c'est que ce jeune homme lui faisait penser à un soldat. Il y avait en lui quelque chose de militaire. Cela pourrait correspondre à Straton ou à Polémon, l'éphèbe. Mais à bien d'autres hommes aussi. Si nous voyons Straton ou Polémon, nous les identifierons puisque nous les connaissons déjà. De même pour tout

Athénien susceptible d'être mêlé à l'affaire. Mais pour ça, il faut trouver *quelqu'un.* Commençons par là et nous imaginerons ensuite ce qui s'est passé.

Nous poursuivîmes notre chemin, mais je ne cessai pas pour autant de réfléchir à cette énigme.

CHAPITRE V

Un homme dans le paysage

La campagne se fit plus sauvage. Quand la route se fraya un chemin parmi les collines, nous quittâmes les exploitations tracées au cordeau des plaines. Nous laissions l'Attique pour nous approcher lentement de la Béotie. Dans cette région montueuse, on trouve moins de fermes et de vastes propriétés. Les gens y élèvent chèvres et moutons au lieu de cultiver le grain.

Dans un premier temps, le beau temps fut de la partie. À midi, alors que le soleil brillait au-dessus de nos têtes, nous eûmes presque chaud au point de rejeter capuchons et lourds manteaux. Il y avait quelques nuages : les plus petits se déplaçaient à vive allure et projetaient des ombres violettes sur le flanc des coteaux couverts d'ajoncs, de nerprun et de fougères sèches. Ce ciel bleu souriant, ces petits nuages, ce soleil, tout évoquait le printemps.

Pendant plusieurs heures, nous cheminâmes d'un bon train, la tête pleine de spéculations et la vigueur du printemps dans nos veines. Il était facile de croire que le monde ne se consacrait qu'à la paix, d'oublier la désagréable vérité, à savoir qu'au sud, dans la lointaine Arcadie, les hommes rassemblés par le roi Agis de Sparte autour de Mégalopolis lançaient une ultime tentative contre l'indomptable et énergique Antipater.

En ce jour où la nature semblait prometteuse de bonheur, même notre étrange quête ne nous paraissait pas impossible. Le soleil commençait à décliner quand nous envisageâmes de nous arrêter à nouveau pour prendre un peu de nourriture et peut-être poser à des villageois nos sempiternelles questions. C'était une idée saugrenue : autour de nous, il n'y avait que des chèvres. Nous fîmes halte malgré tout, pour nous soulager, étirer nos membres crispés et terminer nos gâteaux.

— Au prochain village, dit Aristote, je m'achèterai une outre. Celle-ci contient trop peu.

— Et la mienne est chaude. Il y a là assez de chèvres pour en fabriquer une centaine. Tiens, voici un ruisselet qui court le long du chemin. L'eau n'est pas limpide mais en le remontant, nous pourrions trouver mieux, un torrent de montagne, pourquoi pas ?

Nous fîmes donc ainsi, menant nos chevaux par la bride et marchant à pied le long du ruisseau pour découvrir la source ou le torrent qui l'alimentait. Mais il coulait paresseusement, trop boueux pour notre goût, bien que les chevaux s'en satisfassent quand nous les laissâmes boire. Nous continuâmes, loin de la route ; il y avait là une sorte de chemin, comme si chèvres et chevriers avaient foulé la végétation. Le sol était couvert de broussailles avec, çà et là, des bosquets, de noisetiers principalement, et même quelques arbres accrochés à flanc de colline.

— Il y a un chêne sacré, fis-je remarquer en apercevant le noble arbre qui élevait sa ramure vers les cieux.

Il était entouré de rubans offerts par des admiratrices ou des suppliantes. Non loin de là se dressaient un buisson et un petit tertre, mais on n'apercevait ni source ni torrent.

— Cet arbre m'a l'air bizarre, dit Aristote. Vois toutes ces corneilles noires. Et pourquoi un vautour perche-t-il sur ce monticule ? Grande Athéna, viens vite !

Il détala, aussi vite que la hauteur de l'herbe le lui permettait. Sur son ordre, j'attachai les chevaux à l'arbre et le suivis. Les corneilles s'envolèrent et Aristote chassa le vautour, qui tournoya au-dessus de nous, l'air indigné. Nos montures gémissaient de terreur. Quand je rejoignis Aristote, il était à genoux près du tertre, occupé à rejeter la terre, les feuilles mortes, les herbes et les brindilles qui le recouvraient. Je l'imitai. Ce curieux travail ne dura pas longtemps.

À travers les feuilles de chêne, nos mains effleurèrent — j'en frissonne encore — de la chair morte, froide et humide. Je tirai sur une main, une main d'homme. Très blanche. Une corneille cria de colère. Du haut de l'arbre, le vautour nous scrutait en tendant le cou de convoitise.

Pris de frénésie, nous dégageâmes l'endroit où aurait dû se trouver la tête — et elle était bien là. Un visage mort nous contemplait. Un œil en avait été arraché par le rapace. Pourtant il était encore reconnaissable. C'était le visage de Straton.

— Ainsi donc, le voilà, fit Aristote. Nous disions que nous le reconnaîtrions si nous le rencontrions, eh bien, c'est chose faite. Même s'il a adopté l'ultime déguisement et qu'il est désormais étranger à tous ses amis. Rien ne change plus un homme que le trépas. Mais comment est-il mort ?

Sous mes yeux horrifiés, Aristote souleva le cadavre et se mit à l'examiner comme s'il s'agissait d'un patient bien en vie. Straton le borgne semblait nous adresser un regard malveillant. Une petite pièce d'argent tomba de sa bouche, comme s'il recrachait de la monnaie.

— Il n'est pas difficile de voir comment il est mort, dit Aristote.

Effectivement, même pour une personne aussi peu

entraînée que moi. Je vis dans la poitrine de l'homme une large blessure, longue comme mon index, et quelques taches de sang plus claires sur le chiton déchiré qui l'entourait. L'épaule gauche portait également la marque d'une blessure faite au couteau. Mais Aristote était derrière le cadavre et en inspectait le dos. Il le tenait par les épaules, et le corps raidi formait un angle avec le sol, comme une planche.

— Non, pas ceci, Stéphanos. Regarde plutôt ici. Je crois que c'est celle du dos qui a été fatale.

Je me déplaçai et constatai que le dos avait été sérieusement poignardé, entre les omoplates. De grandes quantités de sang avaient souillé le chiton avant d'imprégner le sol.

— Beaucoup de sang derrière, réfléchit Aristote, et très peu devant. Straton a été frappé par-derrière, entre les côtes et droit au cœur. Apparemment par un grand couteau ou une dague. Quand on l'a poignardé par-devant, le poumon a été touché. C'est pour ça qu'il y a moins de sang et la présence de substances plus claires. Mais quel coup a été porté en premier ?

— Je l'ignore, dis-je en détournant les yeux. Quelle importance ?

— C'est peut-être capital. Le poumon a été touché en premier : l'homme a pu encore saigner abondamment quand l'ultime coup lui a ôté la vie.

Aristote était du clan d'Esculape : il était donc médecin. Il pouvait parler sans gêne de ce genre de chose. Quant à moi, voilà qui m'importait peu, mais j'admirais son talent. J'aurais dit que le coup porté à la poitrine avait tué l'homme, cela me semblait plus naturel. Et j'aurais ajouté que la blessure dans le dos — si j'avais pris la peine de la remarquer — ne marquait que le point de sortie du couteau. Mais Aristote m'expliqua qu'il ne pouvait en être ainsi.

— Les blessures ne sont pas alignées. De plus, quand un homme est poignardé, la lame pousse la chair à l'intérieur de la blessure. Il s'agit ici de deux pénétrations distinctes. Il y a également une troisième petite blessure à l'épaule. Là, le sang a peu coulé avant de se coaguler. L'homme était bien en vie quand il a reçu celle-ci, et il a survécu. La peau a eu le temps de boursoufler. Ce n'est qu'une égratignure, qui ne date pas de cette agression. C'est l'ultime coup de couteau, celui porté dans le dos, qui l'a tué. Je ne suis pas certain que les trois blessures aient été infligées par la même arme.

— En tout cas, il ne s'agit pas d'un suicide, dis-je.

Le philosophe eut un rire un peu forcé et laissa le cadavre retomber sur son lit de feuilles. Sur son bras raidi, le bracelet d'argent resplendit aux lueurs du couchant.

— Il est mort il y a quelques heures, ajouta Aristote. Le corps est raide. Mais il est si droit, si bien allongé... Quelqu'un l'aurait-il couché ainsi ? Ça se complique.

— Le meurtre du fils de notre ami Lysippos — l'héritier de celui que nous étions censés aider — constitue une complication, sans aucun doute, répondis-je, conscient de l'ironie de mes propos. Surtout pour Lysippos. Sans parler de Straton, bien entendu.

— Surtout pour Lysippos, oui. Il va falloir le prévenir.

À contrecœur, mais poussé par une étrange curiosité, je soulevai la main du mort et contemplai le bracelet d'argent. Je me souvenais de l'avoir déjà vu sur lui ; son père, Lysippos, portait le même, et Timothéos en avait un également. Celui qui avait tué Straton n'avait pas pris la peine de dérober ce bijou de valeur. Flasque et blanc malgré son hâle, le bras mort se ratatinait déjà dans le cercle d'argent. Les doigts étaient refermés sur une masse molle de... je ne savais quoi. Cela me souleva le cœur. Espérant ne pas vomir devant Aristote, je m'obligeai à regarder. Je reconnus cette matière brune et poisseuse. La main du mort serrait des figues séchées : elles remplaçaient les gâteaux au miel ou les grenades dans les offrandes faites aux Enfers. J'étais révolté et empli de pitié, pourtant. La vue de ce cadavre me rappelait les funérailles de mon propre père.

— Du moins Straton a-t-il reçu une sépulture décente ! m'écriai-je.

— Voilà une chose étonnante, approuva Aristote. On a pris soin de le recouvrir de terre, pas seulement de feuilles. Pourquoi ? Qui a fait ça ? D'ordinaire, les meurtriers ne sont pas si pieux ou si préoccupés de l'âme de leur victime.

Les obsèques de mon père me revenaient en mémoire — la grenade, la pièce d'argent destinée à payer la traversée de la sombre rivière des Enfers, le bruit de la terre tombant sur le corps enveloppé. Et puis ma tante Eudoxia, son gâteau au miel préféré à la main, son fils Philémon jetant des babioles sur son petit corps couché dans la tombe, la terre qui la recouvrait. Sans terre, l'âme malheureuse ne peut accéder au domaine des ombres. La pièce d'argent que le cadavre avait rejetée... on l'avait placée dans la bouche du défunt pour payer son voyage sur le Styx.

— C'est étrange, fis-je. Ce sont d'ordinaire les proches qui veillent au bon déroulement des enterrements.

Straton avait reçu tous les soins nécessaires à la satisfaction des dieux et des démons. Des corneilles aussi.

— Il faut le remettre en terre, dit Aristote. Ne perdons pas de temps. Vite, Stéphanos, recouvre-le, soigneusement. Je ne veux pas que toi ou moi portions la moindre trace de sang. Où est la pièce de monnaie ?

Il la retrouva et la replaça dans la bouche froide. À voix basse nous murmurâmes des prières et des lamentations pour le défunt. Bientôt le tertre eut de nouveau son allure originelle. L'argent était retourné à la terre.

Aristote veilla à ce que nous ne laissions pas la moindre trace de notre présence, en dehors de l'inévitable piétinement de la terre et de l'herbe. Du mieux possible, il effaça les traces de nos pas. Puis nous nous éloignâmes prudemment de ce sinistre tumulus. Ce faisant, nous cherchâmes la marque du passage de celui ou ceux qui nous avaient précédés.

— Nos chevaux ont piétiné des empreintes, dit Aristote, soucieux. Et témoigné de notre présence, ajouta-t-il en désignant le crottin de ma jument. Mais regarde, quelqu'un est venu par ici...

Il avait découvert une piste, herbe foulée et branches brisées, conduisant à la route.

— Il n'y a pas grand-chose à trouver, reprit-il. Tout ce que l'on peut affirmer, c'est qu'une, peut-être deux personnes, mais pas forcément des hommes, sont passées par ici. Il, ou elle et lui ont sauté par-dessus le ruisseau et effacé leurs traces. Près du chemin, on ne remarque rien de particulier. En tout cas, je ne vois rien qui indique le passage d'une litière. Or, c'est ainsi que notre héritière a été emmenée.

— Le milieu de la route a été foulé bien des fois, et le flanc des collines est recouvert d'une bruyère qui ne conserve pas les traces. Les chèvres s'y couchent et y paissent. Une litière pourrait être passée par ici.

— C'est exact. La route est très fréquentée et je n'y découvre pas le genre d'empreintes qu'auraient pu laisser des esclaves portant une litière — deux séries de traces de pas, assez marquées, toujours à la même distance, plus des pas d'homme. Non, je ne vois rien de tout cela, mais ça ne signifie pas que des esclaves porteurs d'une litière ne sont pas passés par là. Revenons sur nos pas.

Ce que nous fîmes. Et non loin de l'endroit où nous nous étions arrêtés la première fois pour observer le ruisselet, nous vîmes des marques qu'auraient pu produire les porteurs en question : deux séries de traces, l'une recouvrant l'autre, à égale distance. La bruyère était écrasée près de la route et l'on pouvait imaginer qu'on y avait posé quelque chose — mais il passe ici tant de gens, et nombreux sont ceux qui avaient pu s'y reposer. Les pas des porteurs semblaient s'arrêter pour ne pas repartir.

— Cela laisse entendre que la litière est arrivée jusqu'ici avant de s'engager dans la bruyère... et de disparaître. Il est vraiment dommage que nous ne puissions tout fouiller, mais c'est là un texte que nous devons abandonner avant de le déchiffrer. Allons retrouver nos chevaux. Peut-être verrons-nous autre chose.

Il avait raison. Non loin de la route, j'aperçus des gouttes de sang qui tachaient les cailloux et les feuilles des plantes poussant au bord du ruisselet. Je ne les aurais pas vues si je ne les avais cherchées. Il était donc normal qu'elles nous aient échappé lors de notre premier passage.

— Voilà bien ce dont nous avions besoin pour compliquer encore les choses, dit Aristote. À qui est ce sang ? Et depuis quand est-il là ?

— Peut-être, suggérai-je, Straton a-t-il été tué ici. Son corps aura alors été emporté dans la colline pour y être dissimulé.

— Non, non, je ne le pense pas. Il a dû rencontrer la mort là où nous l'avons découvert. As-tu remarqué tout le sang qui imprégnait la terre ? C'est étrange. Straton s'est-il battu ? A-t-il attaqué quelqu'un ? Quelqu'un qui, blessé et furieux, l'aurait suivi dans la colline pour l'assassiner ?

— Comment le saurais-je ?

— Stéphanos, te rappelles-tu ce que Patrocle a dit en mourant ?

— Le moment n'est pas propice pour citer Homère.

— Peu importe. T'en souviens-tu ?

— Eh bien, Patrocle reçoit un coup de lance — de

la part d'Hector, mais seulement après avoir été attaqué par Phoebus Apollon et également frappé par Euphorbos. C'est pourquoi Patrocle dit à Hector : « Mais toi, tu n'es venu que le dernier. »

— Exact. « C'est la Moire violente et le fils de Létô, et, parmi les hommes, Euphorbos, qui me tuent ; mais toi, tu n'es venu que le dernier[1]. » Intéressant, non ?

— L'heure n'est pas à la poésie. Je suis fatigué. Nous devrions partir d'ici.

— C'est assez vrai. Moi aussi, je veux quitter cet endroit même s'il est très riche en signes révélateurs. Tu remarqueras que le sang n'est pas ancien et que la sépulture est récente. Quelqu'un peut arriver à tout moment. Et il n'est jamais très bon d'être aperçus auprès d'un cadavre.

Nous grimpâmes chercher les chevaux. Comme je les détachais du chêne, je remarquai un détail. Un des rubans disposés autour de l'arbre était encore intact — un ruban féminin, finement tissé et orné d'un motif. Je le dénouai.

— Regarde, dis-je à Aristote, il a dû être placé aujourd'hui ou hier. Peut-être même par Anthia. Tu remarqueras qu'il n'est pas décoloré. Il n'a subi ni la pluie ni le vent.

J'étais heureux de me livrer à une interprétation, car Aristote était plus prompt que moi à déchiffrer les blessures et les traces de pas. Ses louanges me firent chaud au cœur, même en un lieu aussi étrange. Il décida cependant de remettre le ruban en place, m'expliquant que cela pouvait porter malheur de prendre quelque chose sur un tel site.

— Porter sur nous ce ruban pourrait nous attirer des

1. Homère, *Iliade*, chant XVI, traduction de Leconte de Lisle. *(N.d.T.)*

ennuis en nous associant trop étroitement au meurtre. L'important, c'est de savoir qu'il était là.

Au pied de la colline, nous enfourchâmes nos montures et nous nous éloignâmes rapidement de cet endroit qu'une mort violente avait rendu si déplaisant. Le chêne était toujours aussi beau, mais j'entendais déjà les oiseaux de mauvais augure impatients de reprendre leur place.

— Bon, fit Aristote à voix basse bien qu'il n'y eût personne alentour. Nous voici en proie à l'angoisse, sommés de prendre des décisions. Que devrions-nous faire, Stéphanos d'Athènes ?

— Je pense qu'il nous faut revenir en ville, car quelqu'un doit prévenir Lysippos. Ô détresse ! Qu'allons-nous dire ? « Nous avons fait un bon voyage. Nous n'avons pas retrouvé ta nièce mais savons où se trouve son bandeau. À propos, ton fils est mort. »

— Oui, ce sera difficile, effectivement.

— Je suppose que nous devons nous rendre dans le village le plus proche pour leur dire qu'il y a un corps dans les collines et un meurtrier qui se promène dans la nature.

— Allons, Stéphanos, tu crois que des villageois voudront entendre ce genre de propos ? Tu crois aussi qu'ils nous laisseront partir une fois le crime signalé ? Non, nous serons retenus, jetés en prison, plutôt. On pourrait nous renvoyer à Athènes dans l'attente d'un jugement. Autre complication : sommes-nous encore en Attique ou déjà en Béotie ? Quoi qu'il en soit, le meurtre a été perpétré contre un Athénien, et les autorités locales voudront se débarrasser de tous les Athéniens. On nous soupçonnera certainement.

— Une fois à Athènes, chacun saura que nous ne sommes pas des assassins. Et nous avons pour nous Cléiophoros et Lysippos...

— C'est possible, mais même si tout se passe aussi

bien que tu le prétends, songe au temps que nous aurons perdu ! Le véritable meurtrier sera bien loin. Et je ne te parle pas de la dame qu'il nous faut retrouver.

— Oui...

J'hésitais. Si je devais porter cette horrible nouvelle à Lysippos, je pouvais dire adieu à tout espoir de remporter la fille de l'Homme d'Argent.

— Je préfère ne me fier à personne, poursuivit Aristote. Athènes est loin d'ici. Et comment savoir si l'on n'a pas *voulu* que nous trouvions le corps ? Ou qu'il soit découvert alors que nous étions à proximité, précisément pour que nous puissions être les premiers accusés ? Lysippos a-t-il souhaité la mort de son fils ? Et enfin, cet enlèvement est-il réel ?

— Aristote, voilà que tu déraisonnes ! Ton imagination t'emmène trop loin. Lysippos est un bon père et un bon tuteur, un citoyen important, un Athénien de bonne naissance.

Il haussa les épaules.

— Peut-être que tout ce sang m'a empoisonné l'esprit. Alors, que fait-on ?

— Commençons par nous laver. La manipulation de ce cadavre nous aura pollués.

— Tu as raison, nous allons nous arrêter pour nous laver. Même si nous sommes innocents de ce crime horrible et que quelqu'un d'autre porte sur lui la véritable pollution qu'aura causée ce meurtre. Aucun villageois ne voudra accueillir un criminel ou même un accusé. Je ne suis pas Oreste, moi ! Les villageois — nous parlons de ce village comme s'il existait, alors qu'il n'y a par ici que des chèvres ! —, les habitants du prochain village, quel qu'il soit, seront certainement bien plus heureux de ne *rien* savoir.

— Quoi ? m'étonnai-je. Allons-nous faire halte et nous laver comme si de rien n'était ?

— La victime n'est pas des leurs, après tout. Et il est clair que cet acte n'a pas été commis par quelqu'un d'ici. Cette mort violente est associée trop étroitement à l'enlèvement d'Anthia. Puisque ni le mort ni le meurtrier ne sont du cru, laissons les villageois tranquilles. Ils sont bien plus heureux ainsi. Enfin, au lieu de nous aider à traquer des meurtriers inconnus, ils risqueraient de nous soupçonner.

Il me semblait anormal de garder pour soi la nouvelle d'un tel événement, mais je cédai. Nous continuâmes notre route en silence. Les nuages paresseux se poursuivaient toujours dans le ciel bleu alors que le soleil approchait de l'horizon. Je ne pus m'empêcher de repenser à Straton, que j'avais vu à la procession de Dionysos, avec qui j'avais partagé ma bonne humeur à l'issue du dîner silencieux. Je repensai aux quelques phrases échangées après la procession : « Nous pourrons alors amener nos rejetons aux festivités », avait-il dit. Il était mort avant de se marier et d'avoir une descendance. Cette année, Straton ne verrait pas les vergers en fleurs, lui qui était tombé dans un hiver éternel (ah, la pâleur de ses mains !) aux premiers frémissements du printemps. Perséphone déteste les violettes car c'est cette fleur qu'elle cueillait quand Hadès l'enleva. Peut-être l'ombre de Straton se rappelait-elle à présent avec amertume la beauté de ce jour qui l'avait vu courir vers la mort...

Un village apparut, bien entendu. Aristote et moi y entrâmes comme de riches voyageurs épuisés qui souhaitaient se laver et se restaurer. Les gens se montrèrent aimables et nous dûmes nous plier à un cérémonial avant de procéder à nos ablutions. Il y avait un petit temple et, par respect pour nos hôtes innocents, nous achetâmes un chevreau que nous sacrifiâmes : les dieux furent apaisés et nous pûmes offrir un repas de viande aux villageois. « Dans le doute, me murmura Aristote, montre-toi dépensier. » Les villageois admiraient notre générosité et notre courtoisie. Aristote leur expliqua qu'il était en ambassade. J'étais heureux que personne ne pût lire en moi.

Avant de dormir, Aristote trouva le temps d'écrire quelques lettres sur les tablettes de cire qu'il emportait toujours avec lui. Au matin, il engagea pour une belle somme un jeune homme robuste (et complètement illettré, Aristote s'en était d'abord assuré) afin qu'il portât ses messages à Athènes. Je remarquai qu'il scellait les tablettes avec des nœuds compliqués et il accompagna le porteur jusqu'à la limite du village — de toute évidence pour empêcher qu'on s'en emparât. Dans les parages, ici même peut-être, il y avait certainement une ou deux personnes capables de lire.

Comme d'habitude, nous glissâmes dans notre conversation des questions discrètes relatives aux autres passants, mais nous n'en tirâmes pas grand-chose — moins que je l'espérais. Maintenant que nous étions sur la piste d'un meurtrier, des signes et des informations auraient dû nous favoriser. Apparemment, plusieurs voyageurs étaient passés par là. Les habitants du village nous abreuvèrent de détails relatifs à des personnes dont nous n'avions que faire et ne souhaitions nullement rencontrer : des colporteurs, des bergers et des hommes couverts de lourds manteaux ainsi que des pèlerins se rendant à Delphes. Pour ce qui est de la litière, nous fûmes déçus... par une pléthore d'informations. Une, deux, plusieurs litières, toutes portées par des esclaves et suivies ou précédées d'un homme. Puis la conversation dériva sur la femme de Philoklès, un propriétaire terrien, une malheureuse percluse de rhumatismes au point qu'elle ne pouvait plus se lever. Nous fîmes alors nos adieux à ces aimables personnes et jouîmes de la beauté d'un nouveau jour printanier. Mais la veille au matin, nous ne détenions pas un secret aussi lourd.

— Qu'as-tu écrit dans ta lettre à Lysippos ? demandai-je dès que nous fûmes assez loin pour ne plus être entendus.

— Je lui ai seulement dit que j'avais le triste devoir de lui annoncer la mort de Straton dans des circonstances peu claires et qu'il entendrait à nouveau parler de nous quand nous serions à Delphes. Je n'ai pas précisé où se trouvait le corps. C'est mal, je sais, mais on n'est jamais assez prudent. Le porteur du message peut être intercepté. Il est probable qu'un habitant de la région tombera tôt ou tard sur le corps, et je ne veux pas que l'on fasse le rapprochement avec nous. Dans ma lettre, j'ai également dit que j'écrirais à Antipater — et au Basileus. C'est surtout pour me protéger que je ferai cela. Je ne sais si tu l'as remarqué, Stéphanos, mais certains Athéniens ne portent pas les Macédoniens dans leur cœur.

— Je l'ai remarqué, en effet, fis-je sèchement. Lysippos sera très triste.

— Oui. Ah, comme j'aimerais me trouver en deux lieux en même temps ! Il est inutile de te demander de retourner à Athènes, Stéphanos, puisque j'ai besoin de toi ici. Et je ne peux revenir en ville, car j'ai encore plus besoin de ma propre personne !

— Tu as écrit deux lettres. À qui était donc destinée la seconde ? lui demandai-je sans tenir compte de ses énigmes.

— À Théophraste, bien sûr. Je lui ai seulement demandé de se rendre chez Lysippos et de le soutenir dans cette épreuve.

— C'est très aimable de ta part.

— N'est-ce pas ? C'est un atout que d'avoir Théophraste sur place — quand je n'y suis pas moi-même. Après tout, les amoureux de la philosophie doivent s'entraider dans leurs études et leurs recherches. Et puis, Théophraste est capable de distinguer un faucon d'un vautour. Il a des yeux, et il sait s'en servir.

— Ne me parle pas de vautour, je t'en prie.

CHAPITRE VI

Intermèdes ruraux

C'était une magnifique journée, comme celles que les dieux accordent parfois, étincelante comme la vallée souriante où nous chevauchions. Il était dur de se rappeler que Straton gisait désormais, enfoui sous une colline, comme un secret. Le soleil brillait et les ruisseaux chantaient tandis qu'une brise légère caressait les feuilles naissantes. Dans les champs de blé les mieux abrités, les pointes des jeunes pousses traversaient la terre et luisaient tel du métal. Dans les prés, les troupeaux paissaient. Nous regardions toutes ces choses et nous nous efforcions de repousser les ténèbres qui enveloppaient notre esprit. Il semblait étonnant, impossible, que Straton fût mort — comme s'il s'agissait de l'élément d'un conte ou d'un rêve.

Dans un hameau, nous tombâmes sur une procession composée de garçons et de filles très jeunes. Le plus grand portait sur une perche l'image grossièrement sculptée d'un oiseau paré d'une couronne. Les autres enfants suivaient, souriant sous les couronnes maladroites qu'ils s'étaient fabriquées. Ils chantaient d'une voix claire une vieille chanson :

Elle est venue, l'hirondelle,
L'été sur ses ailes,
Pour nous apporter
Jours et années de bonheur.

Sortez de vos riches maisons
Pour offrir des fruits et du vin :
Notre oiseau prendra le gros pain
Et les gâteaux si fins.

Je ris en voyant ces visages épanouis et me rappelai l'époque où, moi aussi, je fêtais l'arrivée des hirondelles.

— Je trouve cette célébration prématurée, fit remarquer Aristote. Je ne crois pas avoir encore vu d'hirondelle. Il est possible que ces enfants entreprenants organisent de telles processions pour ceux qui passent sur la grand-route, rien de plus.

— Peut-être, répondis-je en souriant, mais le printemps est pourtant là.

Nous ne pouvions puiser dans nos provisions et je donnai aux enfants une petite pièce qu'ils acceptèrent sans problème. Pour exprimer leur joie, deux petits garçons firent la roue. Quand nous nous en allâmes, les enfants s'alignèrent le long de la route et nous adressèrent des signes de la main jusqu'à ce que nous ayons pratiquement disparu. Leurs jeunes voix s'élevèrent à nouveau et la mélodie flotta dans l'air telle l'hirondelle elle-même.

La terre semblait déborder d'activité comme si l'appel des enfants avait éveillé chaque créature. Des animaux quittaient leurs cachettes, attirés par les pousses tendres, et leur présence excitait les chasseurs. Un lièvre dévala la colline, de gauche à droite, et surgit devant nous avant de galoper dans le champ qui longeait la route. Puis il en vint un autre — et, derrière, couraient des petits garçons et de jeunes hommes qui agitaient les bras en criant à pleins poumons :

— Là ! Un lièvre ! Deux lièvres ! Ohé ! Allez, courez, mes jolis... vers le filet !

Sans cesser de rire et de vociférer, ils passèrent devant nous, si près des naseaux de nos montures que celles-ci eurent un mouvement de recul. Les chasseurs allaient si bon train que ce n'était qu'une confusion de corps vêtus de brun et de jambes nues. Ils se dirigeaient vers l'endroit où le filet avait été tendu ; les lièvres, terrorisés, arrachés à leurs tanières, couraient à leur perte. D'où nous étions, nous voyions parfaitement le piège, constitué de pieux et de brins d'osier grossièrement tressés. Les hommes près du filet criaient : « Et de trois ! On va se régaler, les amis ! Et de quatre ! » Les rabatteurs et les autres se jetèrent sur leurs proies et nous vîmes s'abattre les massues. L'un d'eux brandit une timide créature, crâne brisé, fourrure ensanglantée. Et les chasseurs entonnèrent un air joyeux :

Le lièvre m'a donné un bonnet de fourrure,
Le lièvre m'a donné un bon repas de viande.
N'est-ce pas aimable à lui, les amis,
De me vêtir et me nourrir ainsi ?

J'étais heureux de voir que ces gens de la campagne avaient de quoi se rassasier. En temps normal, je n'avais rien contre la chasse, mais l'idée d'une créature innocente qui se précipite vers le trépas avait de quoi me déranger en ce moment.

La rencontre suivante nous retarda davantage, et là encore elle ne fut pas de notre fait. Nous avions traversé en silence une étendue désertique, où les collines à notre gauche se faisaient de plus en plus hautes, et on ne voyait que des troupeaux, quand nous parvînmes près d'un petit bosquet au bord de la route. Près de la coudraie, deux hommes discutaient âprement, car nous entendions leurs voix avant d'arriver à eux.

— Chacun sait que je suis le meilleur, c'est moi qui te le dis. Le meilleur du village. Les femmes demandent toujours après moi ! Et il n'y a personne de mon âge — ni même plus vieux — qui m'arrive à la cheville.

— Balivernes ! Avec ce pipeau ? Moi je fais mieux quand tu veux.

— Parce que tu crois, chevrier à tête de chèvre, que quelqu'un va te préférer ? Ton haleine sent le bouc, et moi je pourrais continuer jour et nuit alors que ton souffle fétide serait bientôt tari !

Nous arrivâmes à hauteur des querelleurs, surpris de voir des étrangers à cheval. C'étaient des paysans, nul doute là-dessus. Ils étaient tous deux sains et jeunes, avec des cheveux longs et emmêlés, mais la ressemblance s'arrêtait là. Grand et musclé, le premier portait sur le dos une lourde peau de chèvre, tandis que le second, plus petit et plus maigre, avait les jambes arquées. Une barbiche rouge poussait sous une bouche aux dents abîmées et un nez retroussé ; il était vêtu d'un manteau de laine.

Nous n'avions nullement l'intention de faire halte, mais le grand gaillard nous cria de nous arrêter, ce que nous fîmes.

— Voilà, fit-il, absolument pas décontenancé par notre allure importante, on a besoin d'un juge. Ce sera toi... le plus vieux, là, fit-il en désignant Aristote. Tu seras notre arbitre.

— Oh non, merci, répondit mon compagnon, embarrassé. Ne vaut-il pas mieux demander à une femme ?

Comme moi, il avait sa petite idée sur le sujet de leur discussion. Mais apparemment, nous avions tort.

— Attends, laisse-moi t'expliquer, reprit l'individu à la peau de chèvre. On n'a pas besoin de femmes, et ce n'est pas une question de terrain ou de choses comme ça. Il y a seulement que moi — je m'appelle Anaxagoras — et mon ami Lykidas le berger voulons savoir qui est le meilleur chanteur. Nous organisons donc un concours de chant, et il nous faut un juge. Ce sera toi. D'accord ?

— Ça ne prendra pas longtemps, ajouta Lykidas au nez retroussé.

— J'accepte, dit Aristote, mais hâtez-vous car mon compagnon et moi-même sommes pressés et des amis nous attendent.

J'avais compris qu'il ne voulait pas que ces deux individus nous prennent pour des voyageurs solitaires et sans relations. Les deux rustres me parurent toutefois assez pacifiques une fois que nous eûmes accédé à leur requête.

Nous mîmes pied à terre et attachâmes nos chevaux aux arbres pour qu'ils puissent paître l'herbe tendre. Nos hôtes, les concurrents, nous firent asseoir sur une peau de bête afin de nous protéger de l'humidité. Ils nous proposèrent aussi du pain et du fromage aigre.

— Après tout, me murmura Aristote, on nous récompense pour notre bonne volonté. Et puis, quand la « polémique » sera achevée, nous pourrons les interroger sur les éventuels passants.

C'était assez agréable de voir le soleil resplendir sur les noisetiers. À leurs pieds poussaient de petites scilles et des crocus couleur safran. La butte sur laquelle nous étions installés s'ornait de violettes odorantes. Quoi qu'en pense Perséphone, ces fleurs étaient les bienvenues car l'odeur des concurrents était plutôt puissante — surtout le chevrier, dont le vêtement embaumait la charogne et le lait aigre. Aristote réussit avec tact à obtenir d'eux qu'ils s'éloignent un peu de nous. Ils prirent donc place, solennels comme des acteurs mais rougissant comme des enfants.

— Quelle est donc la récompense ? demanda Aristote.

— La récompense, dit Anaxagoras, c'est un chevreau de ma part si je perds, et un agneau de la sienne s'il perd — et c'est ce qui va se passer !

— Non, s'écria Lykidas, ce n'est pas juste ! Mon père va me tuer si je touche à son troupeau.

— Bon, d'accord, ce sera mon bol en bois de bouleau, tout gravé, contre ton jeu de flûtes.

Anaxagoras sortit sa flûte, un fût unique taillé dans du bois de noisetier, et Lykidas produisit une belle flûte de Pan. Ils en essuyèrent les embouchures sur leurs chemises crasseuses, en tirèrent un son ou deux puis déclarèrent qu'ils étaient prêts.

— Que l'offensé commence, déclara Aristote.

— C'est moi, répondit Anaxagoras, le grand chevrier, qui débuta ainsi :

Venez, ruisseaux, et vous nymphes célestes,
Si vous aimez la musique comme moi.
Favorisez mes bêtes et affamez les siennes
Jusqu'à ce que la mer se tarisse.

Le couplet suivant revint bien entendu à Lykidas, qui plissa son nez retroussé et joua la mélodie sur sa flûte de Pan avant d'entonner :

J'en fais bien plus que ne le sait ce chevrier
Car, sur la colline, j'ai embrassé Alkippé.
Dans les violettes je l'ai prise.
Elle m'a aimé et m'aime encore.

Anaxagoras, avec énergie :

Elle ne vaut rien, l'étreinte d'Alkippé,
Et ce n'est qu'une insensée.
J'irai trouver son père, Lykidas,
Et lui raconterai ton exploit.

Va donc pleurer, nez retroussé,
Car j'épouserai sa brebis
Et avec moi, dans les prés,
Lykidas, elle va t'oublier !

Et ainsi de suite. Les couplets étaient un mélange de

vieilles citations et de références plus personnelles. Anaxagoras était le plus injurieux mais le moins inspiré. Le concours s'acheva ainsi :

Lykidas (non sans grâce) :

L'été vient avec le rossignol
Et les fraises sauvages dans la rosée.
Jour et nuit, avec elle je m'amuserai,
Tandis que tu resteras seul,
Sous les étoiles, à te lamenter.

Lykidas termina par un long morceau à la flûte de Pan tandis qu'Anaxagoras s'essoufflait, ainsi que l'avait prédit son adversaire.

Aristote et moi applaudîmes, comme au spectacle, avant de nous relever.

— Alors, fit Anaxagoras en venant vers nous, qui a gagné ?

— Oui, ajouta Lykidas en ramassant son bâton en bois d'olivier, qui est le vainqueur ?

— Vous avez été tous deux excellents, répondit Aristote en se dirigeant vers son cheval (je l'imitai). Une belle prestation ! s'écria-t-il avec enthousiasme tout en détachant sa monture. Quel talent, quel choix dans la métaphore ! Et surtout, quelle mélodie ! On se serait crus revenus à l'Âge d'Or !

Il enfourcha son cheval. Moi aussi.

Les concurrents n'étaient pas satisfaits. Anaxagoras posa lourdement la main sur la bride.

— C'est toi le juge, alors réponds. Il faut bien qu'il y ait un vainqueur. C'est là le but.

— Oui, fit Lykidas, pourquoi crois-tu qu'on t'a nommé juge ?

— Vous avez été tous deux superbes, dit Aristote, chacun à sa façon. Dans ma longue existence, je n'ai rien entendu de pareil. Mais, après un douloureux débat intérieur et beaucoup de réflexion, vous le comprendrez, je dois annoncer que le vainqueur est

Lykidas. À l'issue d'une compétition très serrée, il est vrai, ajouta-t-il en incitant son cheval à démarrer.

Aristote avait raison, sans aucun doute. Lykidas chantait assez bien, dans un style campagnard évidemment, alors qu'Anaxagoras avait une voix de crapaud enrhumé. L'écouter était presque aussi pénible que le sentir.

— C'est tout ce que vous vouliez savoir? leur demanda-t-il, et je m'étonnai qu'il ne leur pose pas d'autres questions. Mille mercis pour votre hospitalité, mais mon ami et moi sommes attendus.

Nous partîmes au trot, surpris qu'Anaxagoras ne cherche pas à se jeter sur nous. Mais nous entendîmes parfaitement le perdant lancer au doux berger : « Ce vieux, il s'y connaît en musique autant que mes fesses, oui ! » Le ton monta. Nous n'étions pas encore au tournant de la route que déjà les deux hommes s'empoignaient et roulaient à terre.

— Et voilà pour l'arbitrage, soupira Aristote.

— On ne devrait pas les séparer?

— Non. Ils se lasseront vite. Et puis, j'en ai assez de leurs vocalises rurales. La voix de cette brute m'a assommé.

— L'Âge d'Or, oui ! fis-je en riant. Quelle canaillerie, Aristote ! Je croyais que tu voulais les interroger sur les passants ?

— Tu n'as jamais songé que l'Âge d'Or pouvait être, disons, pénible ? De toute façon, ces deux individus n'écoutent qu'eux-mêmes. Ils nous rappellent cependant que la lutte pour la suprématie est un désir profondément humain.

Nous étions contents d'échapper à ces rustres irascibles. La journée s'étirait en longueur et notre progression ralentissait au fur et à mesure que la route grimpait. Nous fûmes heureux de nous arrêter pour la nuit dans une petite maison : le sol était recouvert de paille propre, et il y avait à manger du pain et du fromage de chèvre. Pour nous protéger du froid, nous nous enroulâmes dans les peaux de mouton que ces braves gens nous avaient prêtées.

Le lendemain matin, nous reprîmes la route dans l'odeur des pins. Le soleil printanier resplendissait. Le monde s'épanouissait dans cet espace éloigné de toute cité. Le chemin se perdait dans les hauteurs et, devant nous, se dressait le Parnasse couronné de neige. Des rus nés des pluies de printemps dévalaient un peu partout. Çà et là, les vestiges de tours de guet rappelaient les conflits qui s'étaient déroulés dans cette région — les guerres Sacrées, celle contre Thèbes et la prise de Chéronée par Philippe. Les ruines avaient été démantelées par les paysans, qui récupéraient les blocs de pierre pour construire des maisons, des étables ou des murets destinés à ceindre leurs champs. Un jour, ces frêles structures disparaîtraient complètement à moins qu'une nouvelle guerre ne les remît en service.

Les ruisseaux chantaient, les oiseaux s'interpellaient dans le ciel. Soudain, nous découvrîmes un spectacle extraordinaire — ou plutôt, nous entendîmes avant de voir. Ce fut d'abord des voix dans le lointain, un piétinement, puis assez près un bruit de sabots et un souffle lourd. Nous tournâmes la tête et vîmes, quasiment sur nous, un sanglier. La bête avait dû s'approcher très près d'un village en quête de nourriture et chargeait maintenant avec la fureur d'un cheval de guerre. La hure baissée, son groin et ses défenses écumaient. Nos chevaux terrorisés se cabrèrent. Les petits yeux de la bête nous lancèrent un regard farouche puis elle traversa la route en direction de la colline toute proche. Derrière venaient des hommes et des jeunes garçons, certains à pied, d'autres à cheval, armés d'épieux. J'avais l'impression de me retrouver brutalement au beau milieu d'une bataille.

La chasse nous entoura, puis elle s'éloigna pour se perdre dans la colline. Après avoir fait demi-tour à flanc de coteau, l'animal haletant chargea encore une fois, à bonne distance de nous heureusement. Nous eûmes beaucoup de peine à calmer nos montures, qui nous avaient entraînés loin du chemin.

— C'est superbe, dit Aristote. J'ai vu une peinture semblable. Ça fait bien longtemps que je n'ai pas participé à une chasse au sanglier, ajouta-t-il avec mélancolie. Le porc sauvage se fait rare dans ce coin, mais en Macédoine, ah, si tu voyais les bois, les rochers, et des bêtes plus grosses et plus sauvages que par ici... Jeune homme, j'ai passé des heures à chasser ainsi. Et maintenant, je trottine doucement sur la route.

— Moi aussi, j'aimerais participer à une telle chasse. Mais n'oublie pas, nous aussi nous traquons un gibier.

— C'est vrai, et le plus gros de tous, le plus féroce. Un homme, un meurtrier. Toutefois, notre proie ne peut à la fois se dissimuler et s'enfuir ; cet individu ne peut se cacher qu'en lui-même. Nous ne saurons pas si c'est lui quand nous le verrons. Les personnes que nous avons rencontrées ne nous ont pas été d'un grand secours, n'est-ce pas ? Elles n'avaient ni la disposition d'esprit ni la condition pour répondre à des questions. Chacun est en mouvement, comme les chasseurs, ou prisonnier de ses propres paroles, comme les chanteurs.

— Regarde par ici. Ceux-là ne se sauveront certainement pas.

J'avais aperçu un groupe joyeux sur la place d'un village situé non loin de là. Un chemin y conduisait.

— C'est un mariage. Les invités d'une noce sont toujours accueillants, rappelai-je à Aristote. Les chevaux pourront manger et se reposer. Et quelqu'un trouvera bien le temps de répondre à nos questions.

Il est exact que ces gens se montrèrent hospitaliers. Nous nous étions à peine présentés que déjà l'on nous souhaitait la bienvenue et on nous offrait de quoi nous restaurer. Le mariage était celui du fils et de la fille de deux propriétaires du village : le père du garçon était légèrement plus riche que celui de sa promise, et cela se voyait. Ils auraient dû s'unir plus tôt : on nous expliqua pourquoi il avait fallu attendre Anthestérion au lieu d'organiser la cérémonie pendant Gamélion, traditionnel mois des mariages au cours duquel l'on célèbre l'anniversaire nuptial de Zeus et de Héra. « On aurait dû faire ça l'année dernière, précisa l'oncle du jeune homme, mais le papa de Diphilos était malade, tu comprends ? Complètement perclus de rhumatismes, il ne pouvait même pas se redresser. Quand Gamélion est arrivé, on a laissé Zeus et Héra faire la fête seuls. Mais ce n'est pas grave, la faim renforce l'appétit, hein, mon garçon ? » ajouta-t-il en se tournant vers le jeune marié qui rougit.

La noce durait déjà depuis deux jours. Le père de la fille avait donné son consentement à l'issue d'une longue cérémonie. On attendait maintenant la tombée du jour pour que la mariée soit conduite à sa nouvelle demeure. Personnage jovial, Diphilos poussait ses amis à boire et eux-mêmes l'incitaient, dans les termes traditionnels, à bien tenir son rôle dans les mystères du mariage ; certains annonçaient un fils avant l'année suivante.

Aristote et moi-même murmurâmes des félicitations avant de nous asseoir au soleil pour boire et manger. Nous étions traités comme des invités d'honneur, ce qui nous interdisait de poser des questions. Nous engageâmes la conversation avec les convives. Les gens étaient heureux de nous voir, nous leur apportions de la nouveauté. Mais les sujets de conversation de ces Béotiens étaient assez limités. À plusieurs reprises nous eûmes droit au calcul du montant exact de la fortune des deux familles. Nous connûmes l'étendue de la dot jusqu'à la dernière demi-obole, jusqu'au plus petit agneau. On nous vanta le trousseau que la jeune fille avait confectionné du haut de ses quinze ans et demi et l'on nous exhiba même une tapisserie faite de sa propre main. Les exploits de cultivateur et de chasseur du jeune homme furent célébrés comme s'il s'agissait d'un héros. Ses amis pleins de fierté le poussèrent à se mettre en avant.

— Combien de concours de lutte as-tu remportés, Diphilos ?

— Euh, je l'ignore.

— Douze ! s'écria son interlocuteur, un homme au visage rubicond qui devait être de sa famille. Et combien de lièvres as-tu attrapés la dernière fois ?

— Euh, je n'en sais rien.

— Six ! Et combien y a-t-il de moutons dans le troupeau que te donne ton père ?

— Au juste...

— Cinquante ! s'écria son parent en nous prenant à témoin. En voilà un homme, que ce Diphilos. Et même à la ville, vous ne trouverez pas plus modeste que lui.

Je m'adressai à un vieillard assis sur un rocher, un chien couché à ses pieds. Lentement, il faisait tourner un morceau de pain dans sa bouche édentée. Il était l'image même de la sérénité.

— As-tu vu des étrangers, récemment ?

— Je dirais que oui.

— Combien étaient-ils ? Quand ? À quoi ressemblaient-ils ?

— Eh bien, aujourd'hui. Un jeune et un vieux. Même que c'est vous autres.

Il rit longuement de son trait d'esprit ; je ne pus rien en tirer d'autre. Il répéta sa plaisanterie à un ami et éclata à nouveau de rire. Aristote ne s'en sortit pas mieux que moi.

— Ces deux derniers jours, as-tu vu un homme accompagner une litière sur la grand-route ?

— Une quoi ?

Aristote répéta patiemment sa question.

— Non. Une litière, on ne sait pas trop ce que c'est, par ici. Ils devaient venir de loin, Thèbes par exemple. Misérable Thèbes...

Dans leurs villages, les paysans avaient au moins échappé à la terrible destruction imposée par les rois macédoniens à cette ville infortunée, ancienne capitale de la Béotie. Thèbes, fameuse dans l'histoire, jadis gouvernée par le malheureux Œdipe. La cité se dressait, fière et prospère, il y avait six ans encore. L'épouse de mon cousin avait échappé au sac de la ville et au carnage qui s'ensuivit. Aristote et moi avions vu la route menant à cette ruine grandiose. Non, le sac de Thèbes n'est pas une chose dont on aime discuter avec des Macédoniens, et je compris qu'il ne serait pas très avisé que quelqu'un découvrît la présence de l'un d'eux.

Nous revînmes à la charge avec nos questions, sans plus de succès. Mais l'on nous dit comme si c'était une chose capitale que la danse allait commencer. Nous ne pouvions plus interroger, encore moins prendre congé. L'inconvénient, quand on est invité à une noce, c'est qu'on ne peut plus la quitter. Mais je ne dis pas que ce fut déplaisant. Avant peu, je me retrouvai pris dans une longue chaîne d'hommes qui frappaient la terre de leurs pieds. Le rythme et le mouvement m'enivraient. Je n'avais pas dansé depuis si longtemps. Oui, je voulais danser. Et oublier la mort.

Les femmes, jusque-là enfermées dans la maison avec la mariée, sortirent danser, puis ce fut encore à nous. Malgré ses articulations douloureuses, Aristote se laissa entraîner — il se mit alors à sauter en tout sens, ensorcelé comme moi-même par cette danse qui avance tels le soleil, la mer et les étoiles, bénissant les hommes et la terre. Le jour cédait la place au crépuscule. Le moment était venu.

On alluma des torches. La musique s'arrêta un instant. Chacun retint son souffle. Puis la porte s'ouvrit et la jeune fille s'avança sur le seuil de la maison paternelle, poussée avec une violence amicale par ses compagnes. Ce furent des pleurs et des lamentations. Resplendissante, la tête recouverte d'un voile et d'une couronne, la mariée fut hissée dans une charrette décorée de feuillage et tirée par une mule. Les fleurs de sa couronne étaient encore fraîches, mais celles de la décoration de la charrette se fanaient déjà pour avoir passé la journée au soleil.

Le marié prit sa place, avec ses amis, pour conduire la charrette nuptiale vers sa propre maison. En regardant ce jeune homme gauche, je songeai à Polémon à qui siérait mieux ce rôle si la jeune fille voilée était Anthia et non cette paysanne. Polémon avait toujours des raisons d'espérer... À la lueur des torches, nous entrâmes dans la procession et chantâmes nous aussi « Ô Hymen, ô Hyménées ! ».

Bien que tous ces gens fussent pour moi des étrangers, je chantais comme si je les avais toujours connus alors que nous défilions devant les maisons. Celle du marié se trouvait si près que, pour donner tout son sens à la procession, il nous fallut faire le tour du village avant de la rejoindre. La charrette s'arrêta devant la porte. Le marié au visage poupin dut alors jouer son rôle : sautant dans la charrette, il empoigna la jeune fille et, après une courte lutte, réussit à l'arracher à ses amies puis lui faire franchir le seuil — une nouvelle demeure, un nouveau foyer, des dieux nouveaux. Par un tel rapt, l'étrangère est intégrée à ce qui sera sa famille désormais. Dans le cas présent, la mariée était apparemment très satisfaite de ce qui lui arrivait — je la vis chuchoter quelques mots à son mari avant que la porte ne se referme. Les rites sacrés pouvaient commencer.

Les torches brûlaient toujours avec une senteur d'épices. Les invités s'installèrent devant la nouvelle demeure de la mariée et l'on apporta encore une fois à boire et à manger. Et les danses reprirent. Les jeunes mariés ne dormaient pas — d'ailleurs comment auraient-ils pu avec tout ce bruit ? Nous attendions tous l'instant capital, qui arriva enfin. Une femme (la mère du jeune homme, probablement) se pencha par la fenêtre et agita triomphalement un drap : nous y vîmes la tache de sang qui démontrait que la jeune fille avait été vierge et qu'elle ne l'était plus.

— Et voilà, fit Aristote, ainsi naît une nouvelle famille. Je leur souhaite bonne chance. La mariée me semble très jolie, ajouta-t-il à l'adresse d'un des villageois.

— Ah oui. C'est ma nièce. Diphilos a bon goût. Naturellement, dit l'oncle en riant, ses amies s'occupaient d'elle depuis une semaine, elles l'oignaient et la coiffaient pour qu'elle plaise à son époux. C'est pour ça que ce matin, quand ce colporteur étranger est passé, elles ont dépensé leur argent en futilités. Une broche en argent, du parfum. Les femmes ne résistent jamais. Ah, elle s'est présentée à la cérémonie aussi parée qu'une fille de la ville, c'est moi qui te le dis.

— Un colporteur ? Un marchand de parfums ? Quand est-il venu ?

— Attends, laisse-moi réfléchir. Vers le milieu de la journée. Puis il est reparti. Pour Thèbes, je crois.

Aristote se tourna vers moi.

— Stéphanos, nous allons devoir faire nos adieux à ces braves gens. Il faut vraiment que nous partions.

— Quoi, maintenant ? En pleine nuit ?

— Chut... Oui, ajouta-t-il avec une grimace.

— Mais bien sûr, nous devons retrouver nos amis, un peu plus loin, dis-je tout haut, satisfait de pouvoir mentir avec autant de facilité.

S'en aller ne fut pas chose aisée. Les villageois avaient l'intention de festoyer jusqu'au lever du jour et au-delà, et nous fûmes couverts d'aimables invitations.

Nous acceptâmes un seau empli de braises afin d'avoir du feu et de la lumière sur notre chemin. Aristote offrit au père du marié un petit présent sous forme pécuniaire afin d'augmenter la fortune des jeunes gens.

Les oreilles bourdonnant des bons vœux des villageois, nous quittâmes les festivités. Aux abords du village, j'entendis une femme qui chantait. Elle avait dû participer aux réjouissances et était rentrée à la maison pour filer ou tisser, afin de rattraper son retard, tandis que son époux s'amusait encore. D'une voix agréable, elle égrenait une ancienne ballade :

Amour s'en vint frapper à ma porte.
« Ouvre et laisse-moi entrer ! »
« Qui donc vient frapper si tard
Et briser tous mes rêves ? »
Au plus sombre de la nuit
Amour s'en vint frapper à ma porte.

« Je ne suis qu'un petit enfant.
Me voici sous la pluie,
Par cette nuit sans lune, et je suis perdu.
Ne m'abandonne pas ainsi. »
Au plus sombre de la nuit
Amour s'en vint frapper à ma porte.

Alors je fus prise de pitié.
J'ai allumé la lampe et tiré le loquet.
Et j'ai vu l'enfant ailé,
Ses flèches, son arc, son carquois.
Au plus sombre de la nuit
Amour s'en vint frapper à ma porte.

Je l'ai installé près du feu
Et ses mains j'ai réchauffé.
Doucement j'ai séché
Ses cheveux bouclés.
Au plus sombre de la nuit
Amour s'en vint frapper à ma porte.

« Vois mon arc, me dit-il,
La pluie l'aura détendu. »
Quand il m'a visée en plein cœur,
J'ai senti une grande douleur.
Au plus sombre de la nuit
Amour s'en vint frapper à ma porte.

Riant aux éclats, l'enfant s'est levé.
« Je suis Amour, contemple mon art !
Ce que j'ai souffert sous l'orage,
À jamais tu l'endureras ! »
Au plus sombre de la nuit
Amour s'en vint frapper à ma porte.

Voilà le genre de vieille chanson que les femmes, jeunes ou vieilles, chantent en filant. Elle avait quelque chose d'obsédant et je ne pus m'empêcher de la fredonner tandis que nous rejoignions la route principale.

La nuit m'apparut sombre et glaciale loin de la chaleur du village. Elle luttait contre la venue du jour, et la lune était absente. Le ciel s'ornait d'étoiles pareilles à des milliers de lampes, des milliers d'yeux. J'avais l'impression d'être sans cesse observé, j'étais enclin à regarder par-dessus mon épaule. Mais aucun villageois ne nous avait suivis, et les yeux célestes étaient indifférents, plus pâles seulement à l'approche du matin.

— C'est une curieuse idée, grommelai-je, de quitter un village où l'on nous offre l'hospitalité pour affronter la nuit. On n'y voit goutte et les chevaux risquent de trébucher. N'aurions-nous pu attendre demain ?

— Tu n'as pas tort, Stéphanos, j'en conviens, mais je dois t'avouer que je brûle de curiosité de voir ce marchand de parfums. Si nous nous attardons, je crains qu'il ne prenne trop d'avance. Je ne serai pas satisfait tant que nous ne l'aurons pas rencontré.

— En quoi ce colporteur t'intéresse-t-il ?

— Parce que ce « marchand de parfums » semble être une constante. Combien de fois avons-nous entendu parler de lui ? Certes, il peut s'agir de personnes différentes, mais j'en doute. Non, ce marchand laisse derrière lui une drôle d'odeur, si tu me permets ce jeu de mots.

— Il n'a pas de litière — ni de fille avec lui.

— C'est exact, mais il a peut-être remarqué *quelque chose*. En fait, Stéphanos, j'ai soif d'action. Nous venons de voir une mariée emmenée dans sa nouvelle maison, et nous étions censés chercher cette pauvre Anthia, qui a peut-être été enlevée — de sorte que personne ne l'épousera jamais. Ou a-t-elle été épousée avec une violence non feinte lors d'un faux mariage ? Qui connaît son destin ? C'était notre mission, mais que faisons-nous ? Nous errons dans la campagne, écoutons des ballades et assistons à une noce. Même après avoir découvert un cadavre. Comme si nous partions en villégiature ! Le printemps nous aura rendus indolents. Mais je me sens brusquement l'envie d'agir — même si cela se limite à nous traîner sur une route à la lueur des étoiles.

— Je pensais que tu voulais dormir.

— Oui, mais plus tard. Nous aurons le temps de nous reposer quand nous aurons interrogé ce colporteur.

Les chevaux allaient au pas. Déjà le ciel se faisait moins sombre.

— Devant nous, m'expliqua Aristote, dans cette gorge, se trouve un important carrefour. C'est là que la route de Daulis rejoint celle de Delphes. On ne peut le manquer. Nous saurons alors où nous nous trouvons. Ah, nous allons si lentement...

— C'est parce que nous sommes à cheval. Ces animaux sont surestimés. À pied, je serais allé bien plus vite. Ils ont toujours envie de manger et de boire, quand ce n'est pas de pisser.

— Les hommes en seraient donc exempts ? fit-il en riant. Regarde, le ciel blanchit. N'est-ce pas le carrefour, près de cet amas rocheux ?

— Cet endroit est fameux. C'est là qu'Œdipe a rencontré Laïos. Œdipe revenait de consulter l'Oracle de Delphes quand il a rencontré son père, qui voyageait en chariot et qu'il ne connaissait pas. Ils se sont querellés et il l'a tué.

— C'est exact. Et Laïos fut enterré ici. Mais aujourd'hui, pas trace de chariot — ou de litière. Dommage...

L'aurore aux doigts de rose effleura le ciel. Au-dessus de nous, nous distinguions les formes tourmentées des tours de guet ravagées par la guerre et le temps. Devant nous chaque chose sortait de la brume et prenait forme. Un peu plus loin se dessinait la troisième route, celle qui menait à Thèbes, la malheureuse cité. Le carrefour tristement célèbre se trouvait donc à quelques pas de nous. Mais en son milieu gisait une masse sombre, tassée sur le sol. Celle d'un homme.

Nous pressâmes nos chevaux mais les bêtes hennirent et se cabrèrent en approchant de l'obstacle. Nous mîmes donc pied à terre et les laissâmes errer au bord de la route, où elles trouvèrent à manger une herbe mouillée de rosée.

Je m'approchai de la forme.

— Par Zeus !

Le cadavre était allongé, moitié sur le ventre, moitié sur le côté, la tête tournée vers le petit tumulus de pierre qui marquait l'emplacement de la tombe de Laïos. Nous ne pouvions voir son visage, rien que ses membres, son torse et son dos recouverts d'une tunique de laine brune. Les premiers rayons du soleil levant se reflétèrent sur la longue hampe de bois poli qui le transperçait. Prudemment, je touchai la lance.

— Attends, il n'est peut-être pas mort ! me dit Aristote. Même si ça me semble improbable. Voyons.

Il tira sur une épaule et le visage nous apparut. Une face morte, sans le moindre doute possible. Les yeux vitreux étaient exorbités. Les lèvres bleuies ne nous apprendraient rien. L'homme était bien mort, et, pour la deuxième fois, il s'agissait de quelqu'un que nous connaissions. Au milieu de ce carrefour, là où Œdipe avait tué son père, gisait le cadavre d'Ammonios. En ce lieu où le roi Laïos avait perdu la vie, était étendu le lascif marchand athénien qui rêvait de devenir un Homme d'Argent. Il était encore tiède, mais plus jamais son sang ne bouillonnerait de désirs et de passions.

CHAPITRE VII

Dans les collines

Aristote empoigna la lourde lance afin de l'arracher du dos de la victime mais n'y réussit pas. Curieusement, il n'y avait que peu de sang sur le tissu brunâtre.

— Elle est enfoncée très profondément, dit-il, et l'a sûrement transpercé. La pointe doit se trouver dans la cage thoracique. Ça ne sert plus à rien de l'enlever.

— Cette arme, qu'est-ce au juste ?

— Un épieu à sanglier. Les chasseurs que nous avons croisés en avaient. C'est une arme solide, qui ne casse pas facilement. Elle peut venir à bout de n'importe quel animal. On traque un étrange gibier dans les collines de Béotie...

— Qui voudrait tuer Ammonios ? Ce n'est pas un accident de chasse.

— Certainement pas. Mais que faisait-il ici ? J'aimerais bien le savoir. Hum, il dégage une odeur plutôt sucrée... Y a-t-il quelque chose sur lui ? Aux alentours ?

Heureux de pouvoir détourner les yeux du cadavre, qui émettait un parfum puissant et agréable, je cherchai au bord de la route, près des chevaux. Et je trouvai un flacon d'albâtre brisé — ou plutôt, un fragment de flacon, le fond hérissé d'un bord à peine plus haut que mon ongle.

— Regarde ! dis-je. Ce n'est pas là depuis longtemps, il y a encore de l'huile odorante. Sens !

— Hum... oui. De l'huile de nard. Mais où sont les autres marchandises de notre colporteur de parfums ?

Je regardai derrière les rochers, sans grand espoir de trouver quoi que ce soit, il est vrai. Cependant, je mis la main sur un sac en cuir de marchand ambulant. Il contenait de nombreux objets : plusieurs fioles et flacons ; une boîte de myrrhe ; des bâtons de cannelle ; des remèdes aussi, telle cette décoction qu'on donne aux enfants pour les coliques et aux hommes pour l'indigestion. Bien qu'entourés de mousse, certains étaient brisés ou fêlés. Des liquides en suintaient, qui mêlaient leurs fragrances comme si l'on procédait à des préparatifs funèbres. On retrouvait quelques-unes de ces odeurs sur Ammonios. Les flacons s'étaient-ils cassés pendant la lutte fatale, de sorte que leur contenu avait imprégné le mort ? Ou le « colporteur » les avait-il essayés avant de périr ?

— Ce sac n'est pas venu là par accident, dit Aristote en l'examinant. Une fois son forfait commis, le meurtrier a, probablement, tranché les bretelles de cuir qui le retenaient à la taille de sa victime. Il s'en est débarrassé au lieu de l'emporter. Curieux... ces flacons ont de la valeur. Tiens, un remède contre les maux de ventre... intéressant.

— Il n'en reste plus beaucoup, observai-je.

— Ammonios avait des problèmes intestinaux. Le meurtrier a fouillé là-dedans. Mais que cherchait-il ? Aïe ! J'ai failli me couper. Regarde !

Du fond du sac, il sortit un poignard nu, couvert de vilaines taches de couleur brune.

— Voilà l'arme que nous cherchions ! m'écriai-je. Mais alors... Ammonios est l'assassin de Straton ?

— Comme c'est étrange ! dit Aristote en sortant la protection de mousse et en examinant attentivement les flacons. Ce poignard a goûté au sang, de toute évidence. Mais il n'a pas été mis dans le sac juste après avoir été souillé, car le sang qui a taché la lame et le manche aurait certainement décoloré la mousse et laissé des traces sur les fioles. Ammonios avait-il autre chose sur lui ? Examinons-le encore une fois.

Nous nous astreignîmes donc de nouveau à cette désagréable tâche. Je ne pouvais chasser l'impression d'être observé, comme si les tours de guet en ruine avaient des yeux. Nous promenâmes notre regard sur le visage blafard, sur les ruisselets écarlates qui sortaient du nez pointu et des lèvres déformées. Étonnamment, seule une petite tache rougeâtre souillait le devant de la tunique poussiéreuse.

— Je m'attendais à quelque chose de plus impressionnant, dis-je.

— Non. L'épieu n'a pas totalement transpercé le corps. Il n'est pas ressorti par la poitrine. C'est curieux, deux armes si différentes... je crois que je vais dissimuler le couteau sous une pierre. Il faudra que l'on trouve le sac près du corps. Je me demande ce que faisait Ammonios, si simplement vêtu et à pied.

— Ce n'est pas lui qui nous le dira, répondis-je sèchement. Il faut retourner au village. Nous allons interroger tout le monde, les esclaves principalement, à propos du marchand de parfums. Il faut aussi envoyer un mot aux parents d'Ammonios. Le seul que je connaisse, c'est Polémon.

— Stéphanos, ne comprends-tu pas que cela nous est impossible ? Ça l'était déjà dans le cas de Straton, mais là, c'est encore pire. Je crains que l'on ne nous accuse de ce meurtre. C'est ma faute. Si seulement nous étions restés à la noce jusqu'au matin, quelqu'un d'autre aurait trouvé le corps. Maintenant, on va nous soupçonner.

— Non !

— Et pourquoi pas ? Quoi de plus facile que d'accuser un étranger ? Les Béotiens ne se soucient pas de nous — pas plus que du marchand de parfums. Nous sommes des étrangers ! Mais ils nous en voudraient d'avoir souillé la noce. Meurtriers et cadavres polluent l'air et déplaisent aux dieux. Nous aurions jeté la malédiction sur ce jeune couple. Les villageois nous lapideraient sans état d'âme.

Que pouvions-nous faire ? Aristote et moi nous trouvions en cet endroit fatal où Œdipe avait retrouvé son père. Il avait su résoudre l'énigme du Sphinx, mais qu'allions-nous faire de celle-ci ? En regardant l'épieu puissant qui jaillissait du corps, je me pris à penser stupidement : « Ammonios marche maintenant sur trois pattes. » Comme Œdipe, nous étions prisonniers d'un piège que nous avions nous-mêmes confectionné.

— Il faut partir, dis-je. Éloignons-nous de cet endroit affreux. Le jour se lève.

La lumière, dorée et non plus rose, se déversait impitoyablement sur le corps gisant à nos pieds.

Nous partîmes au plus vite, mais l'ombre de la dépouille privée de sépulture semblait nous suivre. Je ne pouvais m'empêcher de penser aux traces des sabots de nos chevaux, si visibles dans la poussière — lien ténu mais robuste qui ne cessait de nous unir à Ammonios. « Que ne connais-tu des gens importants ! » m'avait dit ma mère. Eh bien, je connaissais des cadavres importants. À chaque foulée, le fil s'allongeait mais était toujours aussi solide que celui de Lachésis. Mon dos était baigné de sueur et j'étais nerveux, comme si l'on observait ma retraite. Je me retournai pour voir si personne ne nous poursuivait.

Aristote arrêta son cheval.

— Il ne faut pas, Stéphanos. J'éprouve les mêmes choses que toi. Nous avons laissé nos empreintes près du corps, et toute personne vaguement observatrice comprendra que deux hommes étaient là. Pis encore, nos chevaux aussi ont laissé des traces. Il ne faudra pas être d'une intelligence lumineuse pour rechercher deux cavaliers. Devant nous, probablement, il y a un meurtrier. Et derrière nous, certainement, des gens qui nous prennent pour des assassins. Nous ne sommes que trop visibles. Jusqu'à présent la chance a été avec nous. Mais à tout moment nous pouvons rencontrer des voyageurs qui vont dans une direction ou une autre. Surtout des pèlerins qui, comme nous, se rendent à Delphes. Ils nous remarqueront. Galoper ne ferait qu'accroître les soupçons. Non, nous ne pouvons que disparaître.

— J'aimerais bien, mais je vois mal comment.

— Une autre route mène à Delphes. Là, j'ai des amis influents et nous ne risquerons plus d'être accusés de meurtre ou de vol aggravé. Nous allons passer par les collines.

— Les collines ?

— Oui, fit Aristote en désignant la montagne sur sa gauche. Ce n'est pas une mince affaire pour un vieil homme perclus de rhumatismes, mais tu devrais te réjouir, Stéphanos. Le cheval ne te plaisait pas et tu voulais aller à pied. Tu vas être comblé.

— Mais...

— Hâtons-nous. Nous n'emporterons qu'un sac et laisserons l'autre sur le cheval. Prends des vêtements, le strict nécessaire seulement. Sacrifions le reste. Je laisserai une petite somme dans le sac. Heureusement, les villageois nous ont donné des vivres et du feu. Ils ont aussi rempli nos outres.

Nous mîmes pied à terre et divisâmes nos biens. Aristote claqua les chevaux sur le flanc et les envoya sur la route de Daulis. Ma jument me regarda avec étonnement, s'attarda pour manger un peu d'herbe, puis détala.

— Allons-y, dit Aristote en prenant la direction de cette colline qui me semblait brusquement très impressionnante.

Je portais les affaires et Aristote, son seau plein de braises.

— Ridicule, fit-il. Je me fais l'impression d'être l'un des vieillards de *Lysistrata* quand ils montent à l'assaut de l'Acropole.

Ni lui ni moi n'avions assez de souffle pour bavarder — et ce n'était pas une partie de plaisir. Notre premier objectif était d'aller le plus haut, mais aussi, pour ne pas être vus, le plus loin possible de la route tortueuse qui conduisait à Delphes. L'ascension fut pénible, après tout ce temps passé à cheval. Aristote haletait. Je dus l'aider sur la fin et le tirer. Enfin nous atteignîmes un petit plateau. Nous nous assîmes pour nous reposer, cachés par des ajoncs.

— C'est dur, dit Aristote quand il eut repris son souffle. Je déteste qu'on me rappelle mon âge. Ces bagages nous gênent, Stéphanos, nous aurions peut-être dû tout abandonner.

— Je ne comprends pas très bien pourquoi tu as laissé de l'argent dans le sac. Et nous avons perdu deux chevaux de valeur. J'espère que Lysippos ne nous les fera pas payer.

— Nous raconterons que nous avons été attaqués par des brigands, qui nous ont pris nos montures et la plupart de nos biens. Nous avons eu si peur que nous nous sommes cachés dans les collines, bien avant l'endroit où les trois routes se rencontrent. Ce sont peut-être ces mêmes brigands qui ont tué Ammonios. Difficile de prouver que notre histoire est inventée. J'espère en tout cas ne pas avoir à la servir.

— Pauvre Ammonios. Pas d'argent — et tout ce parfum dont il ne jouira pas.

— Pourquoi parles-tu d'argent ?

— Eh bien, lui expliquai-je, la dernière fois que je l'ai vu, avant le dîner silencieux, il attendait le résultat de l'attribution des mines du Laurion. Son ami Pataikos est venu lui apporter de mauvaises nouvelles.

Ammonios n'a obtenu aucune concession ; il avait l'air déçu, même s'il s'en défendait.

— Intéressant, dit Aristote.

Posant son menton sur ses mains, il adopta cette posture pensive qui lui allait si bien dans son cabinet mais paraissait si étrange ici.

— Mais pourquoi les mines l'intéressaient-elles ?

— Pour s'enrichir, naturellement, fis-je avec impatience.

— Oui, mais l'exploitation d'une mine ne va pas sans risques. Et Ammonios n'a pas... n'avait pas assez d'esclaves pour lui servir de main-d'œuvre. Ils travaillent tous pour son bordel. C'est très rentable, à mon avis. Son ami Pataikos a le même genre d'activité. Je crois d'ailleurs que certaines de ses relations ont un établissement de cette sorte entre ici et Daulis. Si nous pouvions trouver cette maison et questionner les gens, nous apprendrions sans doute quelque chose. Ammonios a dû y passer la nuit.

— C'est trop risqué, et de toute façon nous avons changé notre itinéraire.

— C'est vrai. Ammonios voulait donc se lancer dans les mines d'argent... Je me demande si cela a un rapport avec sa mort. La réponse à cette question nous donnerait peut-être le nom de son assassin. Ammonios voulait peut-être se faire de meilleures relations. Mais, en y réfléchissant bien, Stéphanos, les mines apportent d'autres avantages. Elles permettent d'échapper à l'impôt de guerre. C'est peut-être important pour quiconque a des biens de côté, des biens qu'il préférerait cacher. Ammonios a participé au dîner silencieux dans la maison de Lysippos. Cherchait-il à s'intégrer aux exploitants des mines d'argent ?

— D'après ce qu'il a dit à Polémon, il aurait voulu épouser Anthia, la fille de Phérékratès. Ce que Polémon a très mal pris.

— Vraiment ? Mais Ammonios n'a rien d'un rival,

question mariage. Bon, ce n'est pas le moment de discuter. Mettons-nous à l'abri — je vois venir des pèlerins. Il vaut mieux s'en aller.

Il se leva et je l'imitai.

— Qu'allons-nous faire ? Tu sais quelle direction prendre ?

— Eh oui, justement. Je ne suis pas aussi arriéré qu'on pourrait le croire. Ces collines — ces montagnes plutôt — mènent directement à notre destination. D'ici à Delphes, il y a une sorte de chaussée faite de calcaire. Il y a quelques villages, mais pas trop. Il doit être facile d'éviter la société des hommes pour s'en tenir à celle des chèvres. J'espère que nous ressemblons à des chevriers.

Aristote ressemblait à tout hormis un chevrier, mais je n'avais pas envie de le contrarier.

— Il nous faudra économiser nos provisions, ajouta-t-il. Car il n'y aura ni puits, ni jeunes vierges, ni mariages, ni chansons pour nous retarder. La faim nous tenaillera. Il se peut que nous allions plus vite qu'à cheval, malgré mes rhumatismes. Hélas ! La sagesse a dû m'abandonner. Espérons qu'elle reviendra, Stéphanos — si jamais elle m'a habité. Me pardonneras-tu ?

— Marcher n'a rien de désagréable, dis-je avec détermination. En mettant un pied devant l'autre, comme disent les enfants, nous y arriverons. Allons !

Nous reprîmes notre ascension. Bientôt, non sans difficulté, nous pûmes suivre un étroit chemin qui longeait la crête. Il descendait ensuite dans une petite vallée pour s'élever à nouveau.

C'est ainsi que nous passâmes notre temps, à suivre lentement un sentier qui montait et descendait au fil des collines. Nous avions pour uniques compagnons les chèvres et les moutons qui sautaient de rocher en rocher ou paissaient calmement.

Il nous fallait économiser l'eau de notre outre, chaude au point d'avoir un goût désagréable. Un hameau apparut dans le lointain, mais Aristote trouva peu sage de manifester notre présence. En contrebas, nous apercevions des voyageurs sur la grand-route, et je n'étais pas mécontent de me trouver à l'écart.

J'avais toujours la désagréable sensation d'être espionné. Un caillou qui dévala la colline me fit sursauter. Je n'en dis rien à Aristote. Plus tard, une cascade de petites pierres me fit le même effet. Certaines touchèrent même nos pieds. Nous nous écartâmes, craignant un glissement de terrain, mais cela cessa. Je mis l'incident sur le compte des chèvres.

Ce qui est désagréable quand on se réfugie dans les collines, c'est de s'abandonner à la merci de la hauteur. Je n'apprécie pas particulièrement de me tenir sur un pic et de regarder en contrebas — on pense que l'on va tomber, tout naturellement. Ici, il suffisait d'un faux pas pour être précipité dans le vide comme Icare et s'écraser sur les rochers. Je décidai que mon angoisse provenait de cette peur, et non de l'idée que l'on nous observait, sachant que c'était impossible.

Pourtant, dans l'après-midi, alors que les ombres s'allongeaient et que mon regard se portait sur un éperon rocheux, je crus voir un visage qui nous guettait. La face pâle, imberbe, d'un garçon espiègle, un capuchon fait d'une étoffe brune et grossière. Je ne fis que l'entrevoir, comme si c'était le dieu Pan, mais je la vis tout de même — avant qu'elle ne disparaisse derrière la paroi rocheuse. Je continuai de marcher en silence, en proie à la réflexion. Puis je finis par parler à mon compagnon.

— Aristote, fis-je à voix basse, je crois que nous sommes suivis. Je viens de voir quelqu'un qui nous observait. Penses-tu que nous sommes en danger ici ? Le meurtrier aurait-il pu venir dans ces collines, avant nous ?

— C'est possible. Mais noüs surveillerait-il si nous ne le cherchions pas ?

— Il l'ignore, et nous le cherchons.

— C'est assez vrai. Mais de ces hauteurs, nous pouvons avoir l'œil sur ceux qui foulent la route tout autant que sur ceux qui errent par ici. En bas, arrêtés par des villageois — ou attaqués par des meurtriers —, nous n'aurions pas la moindre chance. Ce n'est pas comme ici. Ce serait intéressant si l'assassin se présentait à nous, mais je ne pense pas qu'il le fera.

La nuit venait et un vent glacé soufflait. Le soleil avait lutté contre les nuages pendant la dernière partie de la journée et n'était revenu en force que pour se coucher. La nuit apportait avec elle le vent de la mer. Il faisait plus frais en altitude que dans la plaine. Nous trouvâmes à nous abriter — pas vraiment une grotte, un abri sous roche plutôt. Grâce à notre seau, nous pûmes allumer un feu. Nous mangeâmes du pain et du fromage et admirâmes les étoiles. De gros nuages se profilaient, plus nombreux que je ne l'aurais souhaité.

— Nous allons devoir établir des tours de garde, comme les soldats, me dit Aristote. Nous dissimulerons le feu derrière une pierre pour qu'on ne le remarque pas de loin. Quel dommage que nous n'ayons pas de chien !

Je pensai de même quand ce fut à moi de veiller. L'atmosphère était sinistre et, stupidement, j'avais peur. De quoi, je l'ignorais. Une fois, je crus entendre des pas au-dessus de nous, mais c'était certainement une chèvre. Plus tard, ce furent une conversation et des rires portés par le vent. Je songeais à Pan, le dieu aux jambes de bouc qui provoque des peurs soudaines et sans fondement. Mais non, ces bruits émanaient certainement d'innocents bergers. J'étais fatigué, et Aristote me permit de dormir assez tard, jusqu'à ce que le jour fût bien installé. La lumière chassa les terreurs de la nuit.

Ce jour-ci ne ressemblait pourtant pas au précédent. Le ciel était bas. Le brouillard nous entourait et troublait la vision. Nous avions l'impression de toucher les nuages, de marcher entre eux ainsi que des fantômes. Au moins, l'eau ne nous manquait pas, grâce aux innombrables ruisseaux alimentés par la neige des sommets. Mais tout paraissait étrange. Un bouquet d'ajoncs ressemblait à une vieille qui remet sa sandale, un rocher à une chèvre immobile. Sur notre chemin, je ne cessais de voir des personnages qui, bientôt, se fondaient dans la brume.

Nous avancions comme dans un rêve. Les nuages s'amoncelaient au-dessus de nous avec leur ventre noir, menaçant. Il était difficile de s'orienter. Notre sentier disparaissait par endroits sous un ruisselet. Une chèvre fonça et, surprise presque autant que nous, nous évita au dernier moment. Plus tard, je perçus une voix et une galopade : tout un troupeau de chèvres dévala la colline. Nous nous protégeâmes hâtivement mais je reçus tout de même un coup de sabot. Un vieux bouc puant revint à la charge mais la braise qu'il reçut le fit détaler.

— On croirait que la montagne se moque de nous, dis-je, l'air sombre.

Nous continuâmes, mais j'avais sans cesse l'impression qu'un regard me transperçait le dos.

— À ton avis, le ravisseur aurait-il pu emmener Anthia ici ? On peut facilement dissimuler une femme dans ces collines — ou son cadavre. Dans ce cas, nous ne la retrouverons jamais.

— En effet, me répondit Aristote. Elle ne serait pas venue en litière, évidemment. Elle aurait pu gagner les hauteurs de son plein gré.

— Tu crois alors qu'elle se serait échappée ?

— C'est improbable, mais possible. Une chose m'a frappé : la mort de Straton et la fuite d'Anthia pourraient être les deux facettes d'un même événement. Si Straton est le ravisseur, bien entendu. Anthia l'a-t-elle tué avant de s'échapper ? Cette interprétation présente quelques difficultés. Quoi qu'il en soit, si Anthia n'est pas l'assassin de Straton — ou son alliée —, les dangers qu'elle court sont plus grands encore.

— Nous savons que rien n'arrêtera cet individu, dis-je en exprimant tout haut ma pensée. Il a déjà tué deux personnes. Deux citoyens d'Athènes. Je ne puis imaginer que la mort de Straton et le meurtre d'Ammonios ne soient pas liés.

— Moi non plus. Mais pourquoi tuer Straton et prendre soin de l'enterrer selon les rites ? Et pourquoi tuer Ammonios en laissant son cadavre à découvert ? Pourquoi offrir des funérailles au premier et pas au second ? J'imagine mal une jeune fille comme Anthia plonger un lourd épieu dans le dos d'un homme aussi robuste qu'Ammonios. A-t-elle un sauveteur, quelqu'un qui l'aide ? Dans ce cas, tous deux pourraient se cacher dans les collines.

— Il y a quelqu'un d'autre, lui rappelai-je. Cette esclave, comment s'appelle-t-elle ? Callirhoé. Que lui est-il arrivé ?

— Elle se trouve auprès d'Anthia, où qu'elle soit, si elle n'a pas été tuée, elle aussi. Il se peut aussi que Callirhoé soit impliquée dans les crimes et qu'elle ait été libérée par un complice. Mais ne laissons pas notre imagination battre la campagne ! Allez, en route.

Nous continuâmes donc en direction de Delphes sur l'échine des montagnes. Le jour s'assombrit bien avant le coucher du soleil et nous cheminâmes dans le brouillard. À nouveau, j'avais le sentiment que quelqu'un progressait derrière nous ou à côté de nous, telle une ombre. Finalement les nuages crevèrent. La pluie s'avança comme une colonne de soldats avant de s'abattre sur nous et de nous transpercer. Il était difficile de protéger nos braises sous un tel déluge.

— Nous aurons à boire plus qu'il ne nous en faut, dit Aristote. Mais nous devons chercher un abri.

Nous nous hâtâmes. Une partie du chemin était

constituée de pierres brisées, inégales, posées sur un pont de terre naturel en corniche au-dessus d'un torrent que gonflaient les pluies d'orage. Je sautai sur une pierre plate : elle avait dû se déplacer avec le temps et je fus déséquilibré. Je dévalai la colline mais finis par me rattraper à un buisson et m'arrêtai, pas trop loin du chemin. Mon bras gauche me faisait souffrir et la douleur irradiait dans mon épaule. Je suppose que je dus m'évanouir un bref instant, car j'entendis dans ma tête des rugissements et, curieusement, une sorte de rire.

Aristote s'empressa de me rejoindre et m'aida à me relever. Il s'inquiéta aussitôt de mon épaule et de mon bras.

— Il faut vraiment trouver un abri, dit-il.

Nous repartîmes donc, mais moins vite. J'étais soudainement accablé de fatigue.

— Ah, fit Aristote, que les dieux soient remerciés ! Il y a là-bas une vieille hutte. L'endroit a l'air désert. Nous pouvons y aller.

Il me guida vers cet abri grossier fait de branches, de terre et de pierres. Le toit était constitué de fougères et de broussailles maintenues aux quatre coins et au milieu par de lourds cailloux. Nous entrâmes. Cela sentait l'humidité, mais c'était un abri, un sol couvert de vieilles peaux de vaches et de feuilles séchées.

— Ce sera mieux que la nuit dernière, dit Aristote d'un ton qui se voulait enjoué. C'est une bonne chose que nous ayons conservé le seau. On va pouvoir faire un vrai feu ! On nous a même laissé du combustible. Enlève ton manteau, Stéphanos, que je voie ton épaule.

De la main droite, je me débarrassai de mes effets trempés ; mon bras gauche pendait, inutile et douloureux.

— Ah, c'est bien ce que je pensais...

Aristote faisait courir ses doigts sur mes os tandis que je grimaçais et haletais.

— L'épaule est certainement démise, mais il n'y a

rien de cassé, que les dieux soient loués. Respire bien à fond, Stéphanos. Tu auras mal, mais ça ne durera pas longtemps.

Il s'adossa à la paroi de la hutte, plaça son pied ou son genou dans mon dos et empoigna fermement mon bras et mon épaule. Il y eut une douleur fulgurante pareille à un éclair et je hurlai ; le temps de quelques battements de cœur, la souffrance fut presque intolérable, puis elle se calma. Mon épaule et mon bras étaient heureux d'avoir retrouvé leur place.

— Bon, fit Aristote. Nous avons de la chance. Je vais aller chercher de l'eau et la faire bouillir dans cette vieille marmite cabossée. Tu apprécieras une toilette bien chaude.

Bientôt, il eut fait chauffer l'eau prise dans les flaques (un peu boueuses), puis il me lava le dos et baigna mon pied endolori.

— Je suis désolé que tu doives faire tout ça, lui dis-je. Si Anthia se trouvait dans ces collines désolées, je ne sais comment elle ferait pour survivre. Sans seau de braises, sans aliments. L'esclave Callirhoé est peut-être avec elle, mais que peuvent deux filles contre les éléments ?

— On ne peut préjuger des ressources d'autrui, dit Aristote en se lavant à son tour. Et tu sais, soldat, on aurait pu trouver pire comme bivouac.

Je m'efforçai de sourire, mais m'endormis avant même d'absorber quoi que ce soit. Ce ne fut pas un sommeil paisible, non, mais plein de rêves étranges et de demi-éveils. Tout le long, je ne cessai d'entendre cette chanson entendue lors de notre départ du village :

Amour s'en vint frapper à ma porte.
« Ouvre et laisse-moi entrer ! »

J'essayais de me rappeler les paroles, mais elles couraient dans mes rêves comme la navette d'un tisserand. Je revoyais la fille de Smikrénès, qui traversait une plaine fleurie. De gigantesques anneaux d'argent tournoyaient dans cette prairie, mais bientôt ils se rejoignaient pour essayer de me prendre au piège. Je m'enfuyais, terrorisé, loin de cette chaîne d'argent. Je marchais seul, mais deux étrangers vêtus de brun ne tardèrent pas à m'accompagner. Leurs visages m'étaient cachés. Je cherchai à les voir et ils disparurent. Quelque part un chevrier jouait de son pipeau, et sa chanson était *Amour s'en vint frapper à ma porte*. Je la chantai tout en dormant et Aristote me fit « chut ! », dans son sommeil également.

Et puis, je ne sais pourquoi, je me réveillai. J'étais là, dans cette étrange pièce éclairée par notre petit feu. Sous son manteau de laine, Aristote reposait paisiblement. Je m'étirai sur mon lit de paille et de feuilles. C'est alors que j'entendis un bruit. Quelqu'un frappait à la porte.

Je me levai doucement, traversai la hutte en deux enjambées et j'entrouvris à peine la porte. Devant moi, à la lueur de notre feu, je voyais une silhouette.

Un jeune garçon, presque un enfant, aux jambes et aux bras nus ; son beau visage rond était rosé dans cette étrange lumière. Sa chevelure humide avait la couleur de l'or sombre ; dans ses boucles, les gouttes de pluie étincelaient et scintillaient.

— Qui es-tu ? demandai-je.

— Ouvre et laisse-moi entrer. Je suis tout mouillé et j'ai froid.

CHAPITRE VIII

Récit de l'esclave

— Entre donc, dis-je prudemment comme si je considérais qu'il était dangereux.

Je fis signe à l'étranger de s'approcher de notre feu qui grésillait. Il s'assit avec grâce et secoua ses cheveux pleins d'eau. Maintenant que je le voyais en pleine lumière, il m'avait l'air plus âgé. Il possédait une grande maîtrise de soi — un talent que les dieux accordent à certains et que l'art seul ne peut enseigner. Je crus bon de réveiller Aristote.

Il grommela, ouvrit les yeux et, bouche bée, contempla ce jeune homme qui semblait tombé du ciel dans notre modeste demeure.

— Qui... qui est-ce ?

— Ne crains rien, lui dit le nouveau venu, je ne vous veux pas de mal. En réalité, j'ai besoin de votre aide — et je veux vous assister. Nous pouvons collaborer.

— Est-ce déjà le jour ?

— C'est encore le milieu de la nuit, Aristote. Ce garçon a frappé à la porte pour s'abriter avec nous.

— Eh bien, puisque c'est fait, on pourrait peut-être se rendormir ?

— J'ai du vin avec moi, dit le jeune homme. Je vais

en boire si vous n'y voyez pas d'inconvénient, mais je serais honoré si vous le partagiez avec moi.

La nuit était si fraîche et la hutte si peu confortable que son offre fut la bienvenue. Aristote s'assit. Quant à moi, les questions que m'inspirait l'étranger avaient chassé le sommeil.

— Je suis désolé de n'avoir rien d'autre à t'offrir que du pain d'orge.

— Merci, mais je ne veux rien, c'est moi qui peux vous proposer à boire et à manger. Vous ne regretterez pas de m'avoir permis d'entrer, je puis vous l'assurer, dit-il en montrant un sac en cuir empli de gâteaux plats et de fromage.

Il nous tendit sa bouteille, très courtoisement, et nous bûmes. La chaleur du vin nous requinqua. Je ne fus donc pas aussi surpris que j'aurais dû l'être quand il déclara :

— Je sais le but du voyage que vous entreprenez, voyez-vous. Peut-être puis-je vous aider à trouver ce que vous cherchez.

— Par le grand Pan ! Mais comment ? Et qui es-tu ?

Ce garçon me surprenait. Il y avait chez lui l'élégance de ceux qui pratiquent les bonnes manières, même si ce qu'il avait dit aurait pu paraître impudent, dans une autre bouche. Sa voix était mélodieuse et plaisante, c'était celle d'une personne de bonne naissance et il parlait grec couramment ; il y avait toutefois quelque chose de curieux dans sa façon de prononcer les mots — il ne parlait ni comme un Athénien ni comme un Béotien.

Il soupira.

— C'est une longue histoire. Mais je sais que vous recherchez l'esclave Callirhoé — entre autres personnes. Moi, je ne cherche qu'elle. Nos destins se rencontrent. Et comme ma quête est pratiquement de même nature que la vôtre, je pense que nous pourrions la mener de concert.

— Mais nous ne connaissons rien de toi, lui dis-je. Quel est ton nom ? D'où viens-tu ? Et pourquoi cherches-tu cette fille ?

— Oui, ajouta Aristote. Et n'es-tu pas un esclave ? Moi aussi, j'avais remarqué son collier de fer.

— Et tu es lydien, poursuivit Aristote, si j'en crois ton accent. Que fais-tu seul ici ?

Le jeune garçon courba la tête et la tristesse se lut sur son visage. Malgré le collier de métal et la tunique grossière qui lui laissait bras et jambes nus, rien en lui ne rappelait l'esclave. Ses manières n'étaient certainement pas serviles.

— Laissez-moi vous expliquer, car je vois que vous ne me permettrez pas de vous aider et ne m'assisterez pas dans ma quête tant que vous ne saurez pas tout. Je vais donc vous raconter — si je puis aller au bout de ce long récit.

Nous étions à présent parfaitement réveillés. Enveloppé dans son himation, Aristote s'approcha du feu. Je remis du combustible sur les flammes mourantes et proposai à l'esclave la moitié de mon manteau pour qu'il se sèche la tête. Nous étions tous les trois assis, et l'esclave offrit à nouveau à boire.

— Fort bien, dit Aristote, il semble que le destin nous refuse une vraie nuit de sommeil. Ton vin est le bienvenu et les longues histoires conviennent bien aux nuits de pluie. Nous t'écoutons, mon garçon.

L'étrange jeune homme se redressa non sans fierté et pointa son menton imberbe. Vue de profil, cette jeune tête bien dessinée était aussi arrogante que celles représentées sur les pièces de monnaie.

— Il est vrai, commença-t-il, que par les caprices du Destin je suis désormais un être méprisable, un esclave, mais je ne suis pas né ainsi. Mon nom est Corydon. Je suis le fils d'Aganippos d'Éphèse, en Lydie. Connaissez-vous la glorieuse Éphèse ? Notre ville est renommée pour son temple d'Artémis, qui fut entièrement détruit par le feu — la nuit même où naquit Alexandre, dit-on parfois. Il est certain qu'Alexandre ne fut pas clément pour notre ville. Mon père était l'un des hommes les plus riches, de ceux qui, à ce titre, dirigeaient la ville.

— Un oligarque, m'expliqua Aristote à voix basse.

— J'ai reçu l'éducation qui convient à un bon Hellène. Je puis réciter l'*Iliade* et la lire aussi. Je peux vous décrire dans le moindre détail le bouclier d'Achille et vous faire le récit des voyages d'Ulysse. Je sais composer une harangue. Je monte à cheval, je lance le javelot et peux vaincre mes adversaires à la course. Mon père m'aimait beaucoup. Si j'avais su ce qui lui arriverait !

Il s'arrêta un instant et reprit :

— Le meilleur ami de mon père s'appelait Habrokomès : il était riche et c'était le général de la garnison. Vous devez savoir qu'Éphèse passa sous la domination de la Perse et que ses soldats se battirent pour le roi de ce pays. D'où mes chagrins et ceux de tant d'autres et les malheurs de Callirhoé. Habrokomès avait déjà trois fils adultes lorsque sa femme donna le jour à une fille qu'il se prit à adorer. C'était justifié. Callirhoé fut belle et adorable depuis le berceau. Elle naquit près de deux ans après moi et nous fûmes camarades de jeu dans l'enfance. Même alors, Callirhoé était très belle. Mais ce ne sont pas seulement ses traits qui la rendent belle, ni même ses grands yeux aux longs cils, ni sa peau à la texture de rose. La beauté elle-même vit en elle, resplendissante comme une flamme prisonnière d'un vase. La plupart des gens, garçons et filles, ne sont pas beaux à certains âges mais le deviennent ensuite, alors que Callirhoé fut depuis sa naissance marquée chaque jour par la beauté.

— Elle devait faire bien des jalouses, murmurai-je.

— Les gens se sont mis à dire qu'elle était Aphrodite en personne. Elle avait à peine onze ans quand elle se promena, un jour d'été, au bord de la mer, ses pieds charmants dans l'écume, ses longs cheveux défaits flottant autour d'elle. Des villageois qui l'aperçurent s'écrièrent : « C'est la déesse ! » Callirhoé était — ou plutôt est, car elle vit toujours ! — douce, généreuse et bonne. C'est une fidèle et chaste servante d'Artémis. Elle porte à la déesse un amour tout particulier depuis qu'elle est en âge de comprendre. Elle faisait régulièrement des sacrifices au nouveau temple. Mais je me demande si Artémis elle-même n'était pas jalouse du pouvoir d'Aphrodite, au point d'accabler de malheurs sa servante Callirhoé, et moi avec.

« Oui, j'aimais cette fille qui était ma compagne de jeu préférée. Nous partagions chaque jouet. Mais le temps vint, quand elle marcha vers l'âge adulte, où il lui fallut prendre le voile et ne plus s'amuser comme une enfant. J'avais près de quatorze ans et elle douze quand je la vis lors d'une fête, parmi les vierges qui dansaient pour Artémis : elle éclipsait les autres jeunes filles comme la lune fait pâlir les étoiles. Je sus alors que je l'aimais — que je mourrais d'amour pour elle. Je composai une chanson pour elle :

Quand je t'ai vue danser,
Callirhoé, Callirhoé,
Quand je t'ai entendue chanter,
Callirhoé, Callirhoé,
Quand je t'ai vue danser
Comme une fontaine
Éclaboussée de soleil,
Tout mon cœur a dansé pour toi,
Callirhoé, Callirhoé.

« Cette chanson, souvent je la lui ai chantée. Et aujourd'hui je sais que, si nous sommes proches l'un de l'autre, elle reconnaîtra ma voix, et peu importe la grossièreté de mon déguisement.

— Bah, fis-je avec plus de dédain que je n'en ressentais, un tel amour chez des personnes aussi jeunes ne dure pas longtemps, habituellement. Quelles que soient les coutumes d'Éphèse — chez les amis des Perses —, cet attachement ne vous aurait menés à rien de bon, n'est-ce pas ?

Le jeune garçon m'adressa un regard de réprimande.

— Nous ne pouvions encore nous marier, hélas ! Quand je me confiai à mon père, il rit, mais l'idée ne lui déplut pas. Habrokomès était riche et important. Il lui parla donc et ils décidèrent de nous unir quand nous en aurions l'âge.

— L'âge ! À Athènes, les hommes se marient rarement avant trente ans. Une fille de vingt-huit ou vingt-neuf ans serait alors trop âgée pour...

— Eh bien, m'interrompit-il avec insolence, il n'en va pas comme ça chez nous. Pour chaque famille, c'eût été un bon parti. Mais nos fortunes ne sont plus ce qu'elles étaient. Mon père était riche, le sien aussi, mais maintenant nous ne possédons rien.

« Nous étions destinés l'un à l'autre. Je *savais* que Callirhoé éprouvait également de l'amour pour moi. Elle fit sa propre version de ma chanson et me la chantait. "Quand je t'ai vu danser, Corydon, Corydon..." Nous nous étions juré devant Artémis de ne jamais épouser quelqu'un d'autre, quoi qu'il arrive. Et nous avons scellé notre serment d'un baiser. Nous nous retrouvions parfois, sous la surveillance de sa vieille nourrice, nous échangions des cadeaux et nous nous embrassions. Je lui ai offert un bracelet d'or pur qu'elle m'a promis de porter à tout jamais.

— C'est très touchant, fit Aristote en s'étirant et en bâillant discrètement.

— Vous souriez ? dit-il en nous lançant un regard accusateur. Vous vous amusez de nos baisers. Mais c'est cela l'amour. Je suis esclave aujourd'hui, pourtant, si nous l'étions ensemble, je serais plus heureux que le Grand Roi. Oui, je suis esclave, et elle l'est aussi, mais Callirhoé est loin de moi.

— Comment as-tu été asservi ?

— Vous le saurez. Mais voici la partie la plus triste de mon récit. Vous connaissez l'histoire d'Éphèse, comment nos cités côtières furent assiégées par Alexandre il y a quatre ans ? Alors que notre ville était encore indemne et se préparait au siège, nos pères se réunirent pour décider que, si les choses tournaient mal, ils mettraient leurs enfants en sécurité. Après la bataille de Granique, nous avons appris la défaite des Perses. Nos pères nous ont envoyés à Milet par bateau. La ville était protégée par la flotte perse, qui se tenait à proximité. Nous quittâmes donc nos parents, et je ne sais ce qu'il est advenu de nos pères.

Il s'arrêta de parler, regarda le feu, l'air sombre, puis reprit :

— Callirhoé et moi nous arrivâmes à Milet où nous fûmes chaleureusement accueillis. Mais notre bonheur ne fut pas complet. Car Arbazos, un des Perses commandant la garnison, tomba amoureux de Callirhoé. Alors que la guerre était imminente, cet homme l'enferma un jour dans une pièce où il lui promit qu'elle serait en sécurité. Il tenta de lui offrir des douceurs puis de l'embrasser. Mais les dieux veillaient car, avant qu'Arbazos ne l'étreignît, quelqu'un frappa à la porte : la flotte d'Alexandre était là et l'ennemi bombardait les murailles. Le Perse quitta la pièce pour courir défendre la ville. Il laissa Callirhoé enfermée — du moins le croyait-il. Quand les serviteurs de cet homme s'enfuirent par une porte dissimulée sous une tapisserie, elle les imita et se retrouva dans une sorte de tunnel. Une catapulte projeta une lourde pierre qui creva le mur et elle fut libre.

« Recouvrer la liberté, c'était aussi trouver la guerre. Dehors, l'air était assombri par les projectiles. J'étais là moi aussi car le groupe avec qui je luttais venait d'abandonner la muraille. Je me suis bien battu ce jour-là, même si j'ai cru mourir. J'ai tué trois hommes.

— Rien que trois ? fis-je avec sarcasme.

— Ce n'est pas aussi facile qu'il y paraît — mais tu dois le savoir. Malgré le déluge de pierres, Callirhoé et moi nous sommes dirigés vers la plage où s'étaient regroupés les soldats milésiens. La ville s'écroulait, les vaisseaux et les hommes des Macédoniens s'étaient emparés du port. Chez les nôtres, quelques-uns se jetèrent à la mer et nagèrent jusqu'à l'île voisine. D'autres montaient sur leur bouclier et pagayaient. J'offris le mien à Callirhoé et lui dis de se sauver. Un soldat blessé me confia le sien. Après bien des efforts, nous arrivâmes sur l'île, mais nombreux furent ceux qui périrent dans l'entreprise. Il faisait sombre et les pierres s'abattaient sur l'eau.

« Cette petite île ne fut pas un véritable refuge, mais un ou deux navires milésiens avaient appareillé avant que la flotte d'Alexandre ne boucle le port. Nous partîmes sur l'un d'eux.

— Ton amie Callirhoé a alors eu tout le temps de te raconter son histoire ? s'enquit Aristote.

— Ta fiancée a traversé des épreuves, ajoutai-je, et il est regrettable qu'elle ait trop fréquenté les soldats.

Je voulais lui river son clou et lui rappeler que son récit n'était pas de la première importance. Il avait trop tendance à oublier sa position. Il me lança un regard soupçonneux et j'ajoutai d'un ton sec :

— Je suis heureux que tu t'en sois tiré.

— Oh, ce n'est pas tout ! Le vaisseau avançait prudemment dans la nuit. Tout autour de nous, des corps flottaient, mais nous ne pouvions repêcher ceux qui vivaient encore ou ensevelir dignement les autres. La mer les a tous pris ! Nous sommes arrivés à Micale, puis de là à Halicarnasse, bastion perse et capitale de la Carie.

« Nous fûmes un temps en sécurité à Halicarnasse.

Nous avons été bien reçus par les chefs perses, Orontobatès et Memnon...

— Quels noms merveilleux ! m'écriai-je. On croirait lire Hérodote. Mais je t'en prie, mon garçon, continue, ajoutai-je en le voyant se rembrunir.

— Orontobatès et Memnon, qui étaient de grands chefs, dit-il avec insistance, étaient occupés à renforcer la ville. Ils avaient creusé autour d'elle une douve large et profonde. Elle possédait trois forteresses et de puissantes murailles, et la flotte perse se trouvait non loin. La ville était donc toujours prospère. On nous donna des habits, des tuniques de couleur pourpre pour une fête ainsi que des serviteurs. Le gouverneur de la place nous traitait comme de jolis enfants et nous gâtait. Mais d'autres personnes nous considéraient autrement.

« Quand je fus vêtu pour la fête et heureux à l'idée de plaire à ma bien-aimée, les flèches d'Amour frappèrent deux cœurs, un bon et un mauvais. Un homme nommé Théron, un Grec — bien qu'en partie phénicien —, me remarqua. Il fit ensuite tout pour me rencontrer et converser avec moi. Il avait été soldat à Tyr mais, blessé à la guerre, il s'était établi à Halicarnasse où il exerçait le métier d'orfèvre. La guerre l'avait meurtri, dans son corps et dans son esprit : il avait beaucoup aimé un jeune soldat qui était mort dans ses bras. Depuis, il n'était que mélancolie, jusqu'au jour où il me vit et éprouva à nouveau le pouvoir d'Éros.

« Il citait mon nom dans les poèmes qu'il lisait sur la place du marché, il me faisait des présents et m'embarrassait par ses attentions. Mes amis d'Halicarnasse auraient été heureux de me voir accepter la protection de cet homme, mais j'avais juré de n'aimer que Callirhoé. Théron me déclara sa flamme et je dus lui avouer que j'aimais une jeune fille, que je l'aimerais jusqu'à la mort. Ne voulant pas paraître grossier, j'employai des mots choisis, car l'on ne peut se montrer cruel envers celui qui aime, n'est-ce pas ? Théron révéla sa grandeur d'âme en disant qu'il me comprenait et en jurant d'être toujours mon ami. Il nous aiderait, Callirhoé et moi-même, tant qu'il vivrait. Il fut fidèle à sa parole, comme vous le saurez bientôt.

« Pendant ce temps, Callirhoé vécut une épreuve similaire, mais pire. Le neveu de Memnon, Pharnabazos, tomba amoureux d'elle et voulut la prendre pour épouse, bien qu'il en eût déjà une. Callirhoé ne désirait pas être la concubine de cet homme. Elle jura alors, à lui et à d'autres, qu'elle avait fait le vœu devant Artémis de ne pas se marier avant sa quatorzième année accomplie : par loyauté envers la déesse et son père, elle devait s'y tenir. Pharnabazos avait pitié de sa jeunesse et de sa solitude ; Memnon la défendait également et disait vouloir remplacer son père. De plus, il n'était pas de bon augure de contraindre quelqu'un à rompre un vœu aussi solennel. Il la traita toutefois comme une belle jeune fille qui se prépare à son mariage.

« Les choses allèrent ainsi tandis que la ville s'apprêtait à livrer bataille. Alexandre arriva à l'automne avec sa flotte. Toutes les préoccupations amoureuses cédèrent la place à la guerre. Orontobatès, Memnon et Pharnabazos menèrent l'armée et les citoyens au combat. Dans un premier temps, les choses se passèrent plutôt bien.

Soudain, il se leva et tendit le bras.

— Je me dois de prononcer ici une harangue, car ce sont des affaires graves que l'on n'a jamais rapportées par écrit.

— Ce n'est pas tout à fait exact, me confia Aristote. Mon neveu Callisthène en a fait le récit puisqu'il accompagne Alexandre, mais il n'a probablement pas été diffusé.

Corydon ne s'en soucia pas. Il regarda par-dessus nos têtes comme s'il apercevait une multitude dans le lointain. Avec sa rhétorique démodée, nous le voyions incarner le Grec civilisé et non pas le barbare.

— Cette histoire terrible est digne de l'attention de toute l'humanité. Que nul n'oublie Halicarnasse !

Le jeune garçon toussota avant de parler d'une voix forte et claire, portant le regard tantôt sur nous et tantôt sur cette foule imaginaire.

— L'armée d'Alexandre a alors détruit deux des tours, mais la population d'Halicarnasse a bâti une muraille en une nuit, un mur en forme d'arc de cercle, et des tours situées aux deux extrémités elle a déversé une pluie de pierres sur les assaillants. La tentative des Halicarnassiens d'incendier les engins des Macédoniens échoua, mais les troupes macédoniennes subirent toutefois des pertes.

« Chaque journée était plus alarmante que la précédente. La ville retentissait des gémissements des blessés, soldats ou citoyens. Les maisons particulières étaient transformées en abris pour les blessés. On rencontrait souvent dans les rues des processions de litières portées par des femmes et des vieillards — des litières grossières, faites de portes et de tissus bruts, sur lesquelles gisaient les blessés, ici une jambe pendante, inutile, là un visage tranché par le glaive. Le sang coulait dans des rues qui, en temps de paix, étaient emplies de foules joyeuses, acheteuses de figues et de soieries, de fruits et de joyaux. Jour et nuit, ce n'était que bruit : nous pouvions à peine dormir à cause des cris, du choc des pierres et du fracas des murs qui s'effondraient. L'air était imprégné de poudre de brique brisée, et tous les visages en étaient recouverts.

« Le siège ne dura que quelques jours après l'édification du nouveau mur. Pris de fureur, Alexandre dirigea lui-même l'assaut contre cette nouvelle muraille. Les chefs perses et les combattants d'Halicarnasse prirent une décision désespérée. Ils tentèrent une sortie, répartis en plusieurs groupes, afin d'attaquer les

Macédoniens là où ils s'y attendaient le moins. Une division rencontra les hommes d'Alexandre près de la brèche, une autre sortit par la Triple Porte. Ils ne cessaient de jeter des torches et de tirer des flèches enduites de goudron enflammé sur les machines d'assaut macédoniennes. Mais les Macédoniens contre-attaquèrent presque aussitôt. Les javelots tombaient dru comme la grêle, les pierres frappaient les soldats. Il devint clair que les nôtres perdaient l'avantage. Nombre de ceux qui défendaient la ville ne purent battre en retraite car le chemin était encombré de gravats, de projectiles et de cadavres. Les pertes les plus lourdes se produisirent aux portes de la ville, que certains citoyens refermèrent dans une hâte craintive, de peur de laisser l'armée macédonienne emboîter le pas aux fuyards. La panique provoqua la mort de nombreux soldats de valeur. En cet instant, j'étais moi-même avec un groupe d'archers, sur la muraille, à observer la bataille. C'était terrible ! Nous nous précipitâmes pour rouvrir les portes, mais il était trop tard. Les hommes furent contraints par leur propre ville à connaître une mort certaine. Il en mourut ainsi un millier.

« Orontobatès et Memnon comprirent qu'il n'était plus possible de résister. Le désespoir ne dictait plus qu'une seule conduite : s'assurer qu'Alexandre ne remporte pas la victoire sur une ville debout. Vers minuit, les chefs et leurs hommes mirent le feu à l'arsenal ainsi qu'à la tour de défense en bois et aux maisons proches des murailles.

« Le vent ne tarda pas à propager les flammes. C'est une chose terrible que de se trouver dans une ville condamnée au glaive et à l'incendie. Je me trouvais dans le camp d'Orontobatès et je fus au courant de ce plan dès son application. Ce fut bientôt la confusion la plus totale. Les rues étaient pleines de monde, certains appelaient leurs enfants, d'autres cherchaient à emporter leurs biens, et la plupart essayaient de s'enfuir alors qu'il n'y avait nul refuge possible. Les hommes d'Alexandre ne cessaient de nous interpeller, cependant le bruit empêchait de les bien comprendre. Ils nous exhortaient à éteindre le feu. Ils juraient que les incendiaires seraient mis à mort mais que seraient épargnés ceux qui attendraient paisiblement dans leurs demeures.

« J'étais avec nos forces quand elles se retirèrent sans attendre de voir la ville entièrement embrasée. Nous battîmes en retraite dans la petite île située juste en face du port. Et c'est à ce moment, tandis que nous étions sur le bateau, qu'une question d'importance se posa à moi : *Où est Callirhoé ?*

CHAPITRE IX

Le feu et l'eau

— Effectivement, dit Aristote avec gravité. Tu n'y avais pas songé plus tôt ?

— Cela ressemble à de la négligence, dis-je en riant avec insouciance.

— Allons, je *combattais* ! Vous est-il déjà arrivé de faire la guerre ?

Il se tourna alors vers moi et ses grands yeux plongèrent en moi sans manifester le moindre respect. Je décidai de ne pas répondre.

— Mais c'est vrai, reprit-il en baissant la tête, il est étonnant et méprisable de ma part de ne pas y avoir songé plus tôt. Je ne le comprendrai jamais et ne me le pardonnerai pas plus. Pourtant je posai à nouveau la question : *Où est Callirhoé ?* Et nul ne sut me répondre. Hormis Pharnabazos, qui pâlit et porta un regard éloquent vers la grève perdue. Il contemplait la tour de sa propre maison. Ce jour-là, il avait ordonné à ses esclaves d'enfermer Callirhoé dans une pièce située au sommet de cette tour. « En sécurité », voilà ce qu'il dit — mais c'était en fait, je le crois, pour qu'elle ne pût *me* rejoindre et s'enfuir avec *moi.* Cependant, dans la hâte et la fureur du sacrifice de la ville, lui aussi avait offensé Éros en oubliant sa bien-aimée.

« L'angoisse monta en lui quand il vit, comme moi, les flammes s'en prendre à sa demeure et attaquer la tour. Callirhoé était à la fenêtre et je la vis, éclairée par le brasier. Ses longs cheveux défaits, agités par le vent, resplendissant au feu qui allait la consumer, ses bras suppliants tendus vers nous !

« Comment exprimer l'horreur d'un tel spectacle ? Mon cœur semblait sur le point d'éclater. Les ténèbres s'abattirent sur moi. Quand je revins à la vie et à la douleur, Pharnabazos tout armé avait déjà sauté dans l'eau et nageait vers la rive et les murailles. Mais la chaleur du port était intense, la fumée et l'éclat des flammes l'étourdissaient et le ralentissaient autant que le poids de son pectoral. Dans l'angoisse et dans l'impatience, à mon tour je me jetai à l'eau, mais l'un des soldats me rattrapa par les cheveux et me tira à bord. On m'attacha alors au pont pour que je ne recommence pas. Mon malheur était inexprimable. Mon oubli d'une heure constitue un crime contre les dieux — contre Éros —, pour lequel je dus ensuite endurer maintes souffrances. Sans compter, je l'avoue, ce moment d'hésitation, de lâcheté même — car, si j'avais sauté du bateau en même temps que Pharnabazos, j'aurais peut-être atteint le rivage et partagé les souffrances de ma bien-aimée. Mais c'est là aussi la volonté des dieux.

« En cet instant et pendant les jours qui suivirent, je ne pus que me lamenter sur mon sort et sur la fin horrible de Callirhoé. Aux terreurs de la mort s'ajoutait le fait que la plus grande beauté avait disparu à jamais de la surface de la terre. Il n'en restait plus rien, pas même sa dépouille. Bien qu'elle fût morte sous mes yeux, d'une certaine façon, l'étonnante cruauté des dieux m'avait privé de ses ultimes baisers. Au lieu des torches nuptiales, j'avais vu un bûcher funéraire, et l'étoile de la beauté avait été réduite en cendres. Théron n'était pas là pour me soutenir car il avait également disparu, et je présumais qu'il était mort lui aussi.

« C'est dans un tel état d'esprit que je fuyais avec nos derniers défenseurs tandis qu'Alexandre entrait dans Halicarnasse et faisait reconstruire en partie la cité. Comme vous le savez, il la donna à la reine Ada, déposée par Orontobatès. Pour se venger, elle avait demandé l'aide d'Alexandre. Elle en était à présent la vice-régente — bien que reine de nom —, et toute la Carie lui était soumise. Je m'échappai avec les forces perses et nous parvînmes à prendre l'île de Lesbos. J'espérais perdre la vie au combat maintenant que Callirhoé m'avait été arrachée.

— De toute évidence, tu n'es pas mort, dis-je sèchement pour que le garçon comprenne que je n'étais pas touché par son récit mélodramatique.

Il ne répliqua pas, absorbé qu'il était par son propre destin.

— Je vais maintenant vous raconter l'histoire de Callirhoé car, alors que je me lamentais sur sa fin, elle était toujours en vie, elle avait été sauvée par le pouvoir des dieux et la vertu de mon ami Théron. Il avait pris les armes et se trouvait à son poste quand le feu s'était déclaré. Voyant les chefs abandonner la ville, il courut dans les rues vers sa propre demeure où étaient dissimulés deux sacs contenant une partie de sa fortune — de l'or, des pièces de monnaie, des joyaux et des bracelets. Emportant sa richesse sous une tunique déchirée, Théron, à la fois riche et pauvre, se dirigea vers la tour où Callirhoé était retenue. Il n'avait pas oublié la promesse qu'il nous avait faite, à Éros et à moi-même, alors que je me rendais coupable d'oubli. Il savait où Callirhoé avait été mise à l'abri par Pharnabazos, à l'égal d'une précieuse émeraude.

« Au moment où, du bateau, nous avions vu le feu gagner la tour, Théron y entrait par un escalier que les flammes n'avaient pas encore ravagé. La chaleur était épouvantable, mais il avait pris soin de tremper une étoffe dans l'eau du puits. S'en protégeant le visage, il frappa de son glaive la porte de la pièce où se trouvait Callirhoé. Elle l'entendit. Il lui cria alors de se plaquer au sol pour éviter la fumée, qui ne manqua pas de s'engouffrer quand il eut abattu la porte. Le feu s'était cependant attaqué à la base de l'escalier. Théron prit une corde qu'il lança par la fenêtre après en avoir ceint une colonne. Il cria à Callirhoé de se laisser glisser, ce qu'elle fit, puis il l'imita. Ils traversèrent la cour en toute hâte et sortirent dans la rue à l'instant même où la tour s'effondrait.

« La ville était en flammes. Les hommes d'Alexandre avançaient avec lenteur, gênés par le mur de feu. C'était une nuit à nulle autre pareille, avec les cris, la foule en colère, les échauffourées. Les soldats tuaient tous ceux qu'ils rencontraient et tentaient d'éteindre l'incendie. Les capitaines ne cessaient de répéter que les habitants qui ne quitteraient pas leur maison seraient bien traités. Théron ne chercha pas à retrouver sa demeure et emprunta des ruelles pour s'éloigner le plus possible du port. Dans un quartier plus modeste, il trouva un abri et s'y tapit avec Callirhoé. De sorte qu'ils furent épargnés quand les hommes les découvrirent. Ils avaient l'air de pauvres hères, avec leurs visages noircis et leurs vêtements déchirés. Il avait dissimulé ses sacs et elle n'avait pas attiré l'attention des soldats, qui les prirent pour un frère et sa sœur.

« C'est ainsi qu'ils vécurent dans Halicarnasse en ruine, pendant la première invasion, la reconstruction et la venue au pouvoir de la reine Ada. Mais Callirhoé avait recouvré toute sa splendeur, et Théron dut lui interdire de sortir pour lui éviter des propositions indécentes. Le contenu de son sac lui permit d'acheter les services du capitaine d'un petit vaisseau. Tous deux s'enfuirent par la mer.

« Théron ne pouvait que rejoindre les forces perses pour trouver la sécurité. Ils se rendirent donc à Lesbos, que Memnon avait entièrement prise à l'exception de Mytilène. Cette traversée ne déplaisait pas au capitaine, qui avait un demi-frère à Lesbos, un pêcheur. Théron s'installa chez celui-ci en compagnie de sa "sœur", Callirhoé.

La voix du jeune garçon se faisait plus rauque et il s'arrêta un instant pour boire du vin.

— Je me trouvais sur cette même île de Lesbos tandis que Memnon se battait contre Mytilène. Il s'occupait bien de moi mais refusait de me confier des armes sous prétexte que j'étais trop jeune. Au chagrin se mêlait l'oisiveté. Je maudissais le jour où j'avais échappé à Halicarnasse en flammes. La vie me semblait ennuyeuse. Pharnabazos ne me considérait plus d'un œil amical. Il souffrait comme moi de la perte de Callirhoé, mais me tenait en quelque sorte pour responsable de sa disparition.

« Un jour, j'appris de la bouche d'une servante qu'Aphrodite en personne s'était manifestée sur la côte ouest de l'île, ce printemps — des enfants l'avaient vue, des fleurs avaient poussé sous ses pieds, puis elle avait disparu. Je résolus de me rendre au temple de la déesse et de lui confier ma douleur.

Corydon but à nouveau et son regard s'abîma dans le feu comme s'il y voyait les événements du passé. La pièce avait semblé se réchauffer, alors qu'il nous décrivait l'incendie d'Halicarnasse. L'histoire de cet étrange garçon était riche en descriptions de lieux lointains, riche aussi de l'évocation d'une jeune fille que nous n'avions jamais vue. Il paraissait nous ignorer, nous n'étions pour lui rien de plus qu'un public. Je le trouvais très sûr de lui. Ni le grand philosophe ni moi-même ne l'impressionnions. Il est vrai qu'il ne pouvait savoir qui j'étais, il ne m'avait pas vu à Athènes, citoyen entouré d'amis importants. Il ne nous avait rencontrés que dans cette hutte.

— Va, continue, mon enfant, dis-je en buvant à mon tour et en passant la bouteille (déjà bien entamée) à Aristote. Poursuis ton récit. Tu ne nous as toujours pas expliqué comment tu es devenu esclave.

— Je le ferai au moment opportun, soupira-t-il. Le bonheur m'est revenu, mais trop brièvement. Je traversais donc l'île pour faire une offrande à Aphrodite quand je vis la silhouette gracieuse d'une jeune femme, telle Perséphone dans un champ de fleurs. Une crainte mêlée d'admiration me fit tomber à genoux. De la main, elle remit en place le voile de son visage : je vis le bracelet d'or que je connaissais. Je criai son nom et elle se dévoila pour moi. Je relevai la tête et vis que c'était Callirhoé !

« Oh ! imaginez notre bonheur... et ce qu'il peut avoir de précaire quand règnent la guerre et la destruction. Redoutant l'attention que suscitait Callirhoé et la jalousie de Pharnabazos, qui pouvait à son tour la retrouver, Théron, ma bien-aimée et moi-même décidâmes de quitter Lesbos pour un endroit plus tranquille. Nous prîmes le large sur un petit bateau, mais la tempête se leva. La mer allait nous engloutir tous les trois.

— De toute évidence, on vous aura sauvés...

— Nous fûmes heureux de voir une voile, mais le navire qui nous secourait était un bateau pirate. Ils nous ont pris tous nos biens avant de songer à nous tuer, puis à nous vendre. Le capitaine était pour sa part satisfait des bijoux découverts sur Théron. Il trouvait Callirhoé très à son goût et décida de la garder. Théron et moi fûmes enchaînés aux bancs de nage. Quand une autre voile apparut, le capitaine pirate ligota et cacha Callirhoé. Il prévint Théron et moi-même que nous n'avions pas grand-chose à attendre de l'avenir. « Pour dîner, vous aurez du poisson, ou plutôt c'est eux qui vous auront ! » Comme ce nouveau bateau ne lui disait rien de bon, il nous ordonna de tirer sur les avirons.

— Voilà qui demande de la robustesse, murmurai-je en considérant la frêle charpente du garçon.

— Bien que jeune, je suis fort, me lança-t-il. Et nous pensions que les pirates nous tueraient moins certainement si nous leur étions utiles. Le vaisseau qui s'approchait était un bateau de guerre, une trirème habituée aux batailles navales. Ses hommes montèrent à l'abordage et le sang coula même sous nos bancs. Après avoir capturé les pirates, ils s'emparèrent des rameurs sans coup férir. Je dois dire que je fus heureux de voir le calme revenir.

« Ils nous amenèrent devant leur capitaine. Celui-ci fit un petit discours, nous dit qu'il était macédonien et qu'Alexandre n'appréciait pas les pirates, de sorte que nous allions tous être exécutés ou vendus comme esclaves. Théron et moi lui parlâmes pour tenter d'en faire notre ami. Les marins macédoniens trouvèrent Callirhoé dans la cuisine, là où le chef des pirates l'avait dissimulée. Elle était indemne.

« Théron offrit son trésor au capitaine macédonien, mais en vain car ses hommes l'avaient déjà découvert et se le partageaient. Le capitaine était satisfait du montant du butin. Comme il doutait d'avoir des provisions pour tout le monde, il fit jeter par-dessus bord bon nombre des hommes du bateau pirate. Il ne conserva que ceux qu'il lui serait facile de négocier. Il ne fit aucune proposition à Callirhoé et ne lui adressa même pas un sourire.

« Quand nous arrivâmes au Pirée, le capitaine nous retint prisonniers toute la nuit avant de nous amener au marché aux esclaves, où nous fûmes vendus séparément.

« À de multiples reprises, nous cherchâmes à parler à cet homme pour lui expliquer qui nous étions. Nous aurions mieux fait de tenir notre langue, car notre histoire lui fit mauvaise impression. Pour le capitaine macédonien, nous n'étions que des alliés des Perses — il nous traitait de "chiens perses" et "amis des Mèdes", entre autres gentillesses. À ses yeux, la guerre contre les Perses lui donnait le droit et lui imposait le devoir de nous vendre comme esclaves, Callirhoé, Théron et moi-même. Nous étions des biens de valeur. Callirhoé et moi étions jeunes et avions belle allure, Théron, plus âgé certes, était un habile artisan. Ah ! qu'il est difficile pour un jeune homme de bonne famille de raconter ce qui va suivre...

Les yeux de Corydon étincelèrent et sa main se porta à sa hanche comme s'il cherchait un glaive.

— Être vendu comme esclave... je ne m'attarderai pas là-dessus. Théron alla à un orfèvre de Corinthe. (La somme proposée par Phérékratès d'Athènes n'était pas suffisante.) Je craignais pour Callirhoé. Mais heureusement, le jour de la vente, elle n'était pas à son avantage : le mal de mer, la capture par les pirates... Elle fut achetée par Phérékratès pour servir d'esclave personnelle à sa fille, Anthia. Moi, je suis allé à un simple fermier de Béotie et j'ai dû demeurer chez lui, travaillant dur et toujours soumis à sa surveillance. Jusqu'à maintenant, je n'avais pas eu l'occasion de m'enfuir et de partir à la recherche de Callirhoé. Voilà donc quelle est l'histoire de ma vie — et celle de la plus belle fille d'Éphèse.

Corydon cessa de parler et reprit son souffle. Puis, de la manière la moins servile qui soit, il termina la bouteille avant de contempler le feu, immobile. Au-dehors, les premiers oiseaux chantaient.

— Eh bien, dit enfin Aristote, voilà une histoire intéressante. Un peu longue, peut-être.

Il examinait le jeune homme comme s'il s'agissait d'un nouveau spécimen végétal ou d'un fragment de poterie.

— Mais revenons au début de notre rencontre.

Comment sais-tu que nous recherchons cette fille ? Et as-tu la moindre idée de l'endroit où elle peut se trouver ?

— C'est vrai, je sais ce que vous recherchez, dit Corydon avec franchise. Je vous suis depuis pas mal de temps. Et je vous ai entendus parler.

— Quand nous as-tu vus pour la première fois ? Et pourquoi ne nous as-tu rien dit alors ?

— Quand on est esclave, fit-il en haussant les épaules, il n'est pas bon de parler si on ne vous le demande pas. Mon maître m'avait envoyé faire une commission. Sur le chemin du retour, j'ai vu une colline avec un chêne. Parmi les étoffes qui y étaient attachées, il y avait un ruban avec une mèche de cheveux, qui appartient à Callirhoé, je serais prêt à le jurer !

— L'as-tu sur toi ? demanda Aristote.

— Non. C'était une sorte de prière et je l'ai laissée dans une autre partie de l'arbre. Mais je savais qu'elle avait emprunté cette route, celle qui part d'Athènes et va vers Delphes. J'ai pris cette direction dans l'espoir de la voir. Un petit berger m'a dit qu'il avait vu passer une litière, j'ai pensé qu'elle s'y trouvait probablement. J'ai suivi le faîte de la colline et vu une litière en contrebas. Ce n'était pas très loin de chez moi — de la maison de mon maître, veux-je dire. Je me suis alors mis à chanter très fort notre chanson. Et elle... Je suis sûr que c'était Callirhoé, car elle a chanté en retour les deux ou trois premières notes avant de s'arrêter brusquement comme si quelqu'un la faisait taire. J'ai cru devenir fou ! J'ai dévalé la colline et j'ai couru derrière la litière, mais mon maître et son chien — qu'Hadès les emporte ! — m'ont rattrapé. Le chien m'a mordu et l'homme m'a battu. Il m'a enfermé dans la cabane des chèvres après m'avoir attaché les mains. Savoir Callirhoé si près m'a donné un courage inouï et je me suis enfui sitôt la nuit tombée.

— Et le chien ? demandai-je. Tu l'as oublié ?

— Je l'ai étranglé avant même qu'il puisse aboyer. J'ai ensuite volé du vin et des vivres dans la cuisine. C'était il y a deux jours. Peu après, je vous ai vus à la sortie d'un village. Vous avez retourné un cadavre. Puis je vous ai suivis sur les hauteurs, et me voici.

— Pourquoi ne nous as-tu pas parlé plus tôt ?

— Je n'étais pas décidé. Puis j'ai surpris vos propos et je crois à présent que votre quête est mienne. Vous cherchez Anthia, et moi, je cherche Callirhoé. Laissez-moi vous accompagner à Delphes.

— Mais, objectai-je, tu es un fugitif. Et nous ne pouvons cheminer avec l'esclave d'autrui !

Corydon rougit et se leva d'un air de défi.

— C'est bien un esclave, n'est-ce pas, Aristote ? C'est aussi évident qu'un arbre au milieu du désert. Prisonnier de guerre, il a été légalement vendu au Pirée.

— Je sais, je sais, soupira Aristote. Certains affirment que seule la captivité en temps de guerre autorise l'asservissement d'un homme. Et d'autres interdisent l'achat comme esclaves d'hommes ou de femmes faits prisonniers. C'est vraiment une chose curieuse que le plus noble et le mieux né des hommes puisse devenir esclave dans de telles circonstances. Mais si l'on en croit ce garçon, il a d'abord été fait prisonnier par des pirates. La piraterie ne donne pas droit à l'asservissement. C'est une affaire intéressante, poursuivit-il en plaçant son menton dans sa main, je le concède volontiers...

— Je ne suis pas une *affaire*, je ne suis pas un esclave et ne le serai jamais !

— J'y ai songé pendant qu'il parlait, dis-je. Son récit est édifiant, mais quoi qu'on puisse dire, c'est un esclave. La justice exige que nous rendions son bien au Béotien.

— Tu n'as pas tort, répliqua Aristote. C'est une

injustice que de priver un homme de son esclave — *si* l'individu en question en est bien un. Mais ce serait une injustice envers nous-mêmes — et ce pour plusieurs raisons — que de renoncer à notre mission pour revenir en Béotie. Ce serait extrêmement injuste à l'égard du père et de la famille d'Anthia. Après tout, ce garçon peut retrouver la jeune esclave, ce qui est probablement la même chose que de retrouver Anthia. C'est sans nul doute une complication mais, pour le moment au moins, nous pouvons lui permettre de nous accompagner.

— Voilà un beau discours ! s'écria le jeune homme, qui se redressait de toute sa hauteur et nous foudroyait du regard. Il vaudrait peut-être mieux que *vous* n'oubliiez pas que je vous ai vus en compagnie d'un cadavre. Vous contempliez le corps d'un gros homme, qui gît encore à la croisée des chemins. Qui l'a mis là ? Sa découverte suscitera la curiosité. Comment est-il mort au juste ? N'a-t-il pas fallu deux personnes pour le tuer ?

Il y eut un silence aussi bref que gênant.

— Il semblerait, dit Aristote, que nous ne sommes pas les seuls à nous intéresser aux cadavres. Et je pourrais te demander, jeune Corydon, comment nous pouvons être sûrs que tu ne fus pas le premier sur place. De ton propre aveu, tu as déjà tué des hommes...

— C'était à la guerre.

— Quoi qu'il en soit, allons ensemble à Delphes. Si nous pouvons trouver cette Callirhoé, elle sera peut-être la clef que nous recherchons. Pour l'instant, c'est avec nos seuls ongles que nous tentons d'ouvrir cette serrure de fer. Cela suffit. Prenons du repos, même si le jour se lève. Passer la nuit à boire et à entendre d'étranges histoires n'est pas bon pour ma vieille tête, ajouta-t-il en s'enroulant dans son manteau. Demain — non, aujourd'hui — nous irons à Delphes.

Le jeune garçon s'allongea sur des fougères. Je ne

me sentais pas à l'aise en sa présence. Je m'étais montré favorable à l'idée de le rendre à son maître, et il pouvait en éprouver du ressentiment. Mes pensées se mirent à battre la campagne. Je songeai aux choses étranges qui surviennent en temps de guerre puis à une jeune fille si belle qu'on eût cru Aphrodite en personne. À Philoméla, dans la maison de son bougon de père. Pourquoi me trouvais-je mêlé aux affaires d'autrui ? Leurs mariages, leur mort. Et ce garçon, Corydon, si beau, si éloquent... Qui était-il, après tout ? Rien qu'un étranger, un esclave. Il avait proféré des menaces, n'est-ce pas ? Avait-il vraiment vu en nous les assassins d'Ammonios ? Ou bien... Qui sait si ce garçon ne nous avait pas précédés au carrefour tragique ? En un mot, était-ce l'Amour ou la Mort qui avait frappé à notre porte ?

CHAPITRE X

Delphes

Quand nous nous réveillâmes, l'orage s'était apaisé. Le matin nous offrait un vent frais et un soleil levant barré de nuages. Nous entreprîmes de descendre le long du flanc de la montagne. Nous nous frayâmes donc un chemin autour des arêtes calcaires. Nous avions dormi non loin d'un petit village dont les précaires habitations de pierre abritaient des bergers et des tisserands. Il est étonnant que des gens puissent choisir de vivre en un lieu si élevé et si solitaire. Les premiers pas d'un enfant peuvent le précipiter à tout instant dans le vide.

Lentement, nous nous rapprochions du monde des hommes. Le sol était riche en cailloux, mais des terrasses de pierre permettaient de cultiver de petits champs. Il y avait quelques bouquets de noyers ou d'oliviers — même de petits vignobles dont les pieds s'enracinaient courageusement dans la roche. Il était réconfortant de voir la présence de la main de l'homme. Des nuages ventrus flottaient au-dessus des montagnes. Le vent sifflait à nos oreilles. Nous ne parlions guère.

Je faisais attention où je posais les pieds quand Aristote s'écria soudain :

— Regarde... c'est Delphes !

Je baissai les yeux et découvris le temple sacré, resplendissant, avec ses couleurs bleu vif, rouge sombre et or, ainsi que les bâtiments de son sanctuaire. Et aussi les gracieuses colonnes de la Tholos d'Athéna Pronaia. Un rai de lumière traversa le temple d'Apollon au moment où je le découvrais pour la première fois et illumina la colline au-dessous. Cet endroit était si beau que je fus empli de joie et émerveillé avant même de comprendre pleinement que ce que je contemplais n'était autre que Delphes. Le site sacré, l'ombilic du monde. Car c'en est là le centre. Zeus l'a découvert quand il a envoyé deux aigles des points les plus extrêmes de la création et que les grands oiseaux se sont rencontrés dans le ciel au-dessus de cet endroit. Justement, un aigle planait sur la vallée du Pleistos. J'y vis un heureux présage.

— Viens, me dit Aristote, nous devons contourner la ville. Passons derrière le temple par la Lesché des Cnidiens et prenons le chemin qui mène en ville. Il y a tant de choses à voir. Si nous en avons le loisir, j'aimerais te montrer le monument que j'ai conçu et fait édifier pour Hermias.

Il était évident qu'il appréciait ce retour à Delphes. Alors que nous descendions non loin d'une bâtisse assez importante, il m'expliqua la chose suivante :

— Cette maison est destinée aux Cnidiens et aux Delphiens, mais l'un des hôtes delphiens pourra nous en montrer les magnifiques peintures. Il y en a une tout particulièrement qui te plaira, Stéphanos.

— Ah oui ? Que représente-t-elle ? demandai-je alors que je trébuchais sur le chemin proche de l'édifice de brique.

— C'est le portrait d'un âne.

Je crus voir dans ses paroles une insulte et Aristote éclata de rire.

— Je disais ça pour moi, pas pour toi. C'est l'image de l'hésitation ou du manque de préparation — peut-être même de la futilité. Sur la grande représentation des Enfers que l'on doit à Polygnote, Oknos est assis et tresse une corde de paille, mais l'âne assis derrière lui mange la corde au fur et à mesure qu'elle se fabrique. Dans le cas présent, j'ai l'impression moi aussi de tresser en vain des cordes de paille, absurdement, car je ne dispose même pas d'une théorie qui tienne debout. Et nous passons notre temps à nous perdre ou à assister à des mariages.

— Qu'allons-nous faire maintenant ? dis-je une fois que nous fûmes sur le chemin.

— Continuer de marcher. En ayant l'air désœuvré et intéressé. Espérons qu'il y a assez de pèlerins pour que nous passions inaperçus. Surtout avec notre jeune compagnon dont il sera peut-être délicat d'expliquer la présence. Je préférerais ne pas être reconnu, mais j'ai plusieurs amis à Delphes, dont mon proxène, une vieille relation. C'est un problème. Je peux difficilement parler à mes amis de la fille de Lysippos, cela mettrait en péril notre mission. Nous devons nous souvenir de tenir notre langue.

— Je comprends. Mais ce n'est pas tout. Si nous expliquons que Corydon est *notre* esclave, on nous accusera peut-être de vol. Peut-être, suggérai-je, pourrions-nous le perdre ?

— C'est par ici, se contenta de répondre Aristote avant de partir en tête.

— Mais que pouvons-nous faire si nous ne voulons pas tresser une corde de paille ? demandai-je en courant derrière lui. Comment allons-nous mener notre enquête ?

— Je pense que le mieux à faire est de descendre dans une auberge. Nous n'y resterons pas longtemps, mais nous y apprendrons peut-être quelque chose d'intéressant. Nous devrions également fréquenter tous les lieux publics. En tendant l'oreille, nous entendrons peut-être parler d'une des deux victimes. Il faut aussi chercher sur les marchés et dans les petites tavernes, là où l'on engage des esclaves, au cas où l'Éphésienne s'y trouverait. En fait, ajouta-t-il en se penchant à mon oreille, il serait peut-être bon de laisser le jeune Corydon chercher de son côté. Nous pourrions le suivre discrètement.

J'avais hâte de retrouver la compagnie des hommes alors que nous suivions le mur du sanctuaire pour pénétrer dans la petite ville de Delphes. On eût dit un bourg comparé à Athènes, mais c'était une métropole à côté des villages de pierre des chevriers. Il y avait de nombreuses maisons splendides — à condition d'accepter de vivre au pied d'une montagne soumise à de fréquents tremblements de terre. Quarante-trois ans plus tôt, un terrible séisme avait projeté d'énormes blocs de pierre sur la ville et sur le temple d'Apollon, qui avait été complètement détruit. Poséidon se plaît à ce genre de choses quand il est irrité, par un autre dieu notamment. La reconstruction se poursuit depuis cette date, retardée par les guerres Sacrées au cours desquelles les Phocidiens puis les Locriens s'assurèrent le contrôle du sanctuaire. Le dernier de ces conflits s'acheva lorsque Philippe de Macédoine s'en prit aux cités grecques. Il soumit les Phocidiens, rasa leurs forteresses et prit leur place dans l'Amphictyonie, la Ligue d'États voisins.

Je n'osai pas discuter du roi Philippe avec Aristote, même si son règne et celui de son fils, Alexandre, avaient certainement été globalement bénéfiques pour Delphes, quoique désastreux pour le reste du pays. Je préférais faire des commentaires sur la rapidité des réparations.

— Il est merveilleux que le sanctuaire et le nouveau temple soient achevés. Je n'aurais jamais cru me trouver ici pour sa consécration ! Sans oublier l'Oracle.

— L'Oracle a toujours été rendu, même pendant les années les plus sombres, me rappela Aristote.

— J'espère le consulter, dit Corydon avec une assurance qui me surprit et une impudence dont il n'avait pas idée.

En approchant, nous constatâmes que les citoyens de Delphes avaient achevé leur propre reconstruction plus rapidement que celle du temple. La ville paraissait étonnamment prospère, même après toutes ces guerres. On y voyait de belles maisons aux jardins en terrasses et, au centre, de petites places bien propres et des marchés proposant des marchandises en provenance de toute la Grèce. Ici, l'on venait de partout : les pèlerins rendaient hommage au grand dieu du Soleil, dieu de la lumière, inspirateur de la musique et de la pensée. Naturellement, certains visiteurs se lancent dans le commerce tandis que d'autres, les imprudents qui n'ont pas assez de provisions pour rentrer chez eux, en sont réduits à vendre des objets personnels aux boutiquiers.

La foule était assez dense pour que nous passions inaperçus — deux hommes fourbus par le voyage et leur esclave. Nous quittâmes le chemin pour la voie principale.

— Il y a plusieurs choses que je tiens à te montrer, me dit Aristote. Et l'une d'elles se trouve tout près d'ici. Viens.

Nous nous frayâmes un chemin dans la foule, marchant parfois l'un derrière l'autre, suivant Aristote dans le dédale de ruelles et de rues bordées de magnifiques monuments. Je remarquai qu'il baissait la tête et la recouvrait de son capuchon, et je l'imitai, sans toutefois craindre d'être personnellement reconnu par les habitants de Delphes.

— Regarde, s'écria Aristote, le Trésor des Athéniens !

J'avais entendu parler de ce splendide Trésor, de sa profusion d'offrandes, du sublime butin arraché aux Perses. Malgré tout, la vue de ce bâtiment de marbre aux colonnes multiples fut une surprise. Derrière les feuilles du palmier d'or offert à Apollon, se trouvaient les rostres des vaisseaux perses capturés. J'eus à peine le temps de remarquer la frise de son fronton tellement j'avais hâte de lire les inscriptions.

— Je vois là des noms qui me sont familiers, dis-je, des citoyens de ma propre ville.

Les marches, la plate-forme et les murs extérieurs du Trésor des Athéniens étaient couverts d'offrandes. Les personnes privées donnent de petites statues à Apollon, selon leurs moyens tout au moins. Les plus pauvres se limitent à des poteries. Une coupe représentant Léto et Apollon attira mon attention. En la déchiffrant, j'appris que c'était le cadeau d'une femme d'Athènes dont le fils lui était revenu après la première expédition d'Alexandre en Orient. Je regrettai amèrement de ne pas avoir apporté d'offrande pour remercier du sort heureux de mon cousin Philémon. Non seulement il était revenu d'exil, mais il avait aussi été lavé de l'horrible accusation de meurtre. En moi-même, je promis au dieu de me racheter au cours de l'année.

— Regarde, me dit Aristote. Voilà ce que je voulais te montrer. Cette statue fut donnée par Lysippos.

La figurine d'ivoire et d'argent poli était d'assez petite taille — deux mains environ —, mais tout à fait exquise. Elle représentait un jeune homme, un chanteur et musicien athénien qui avait remporté un prix. Sa gorge était gonflée et ses lèvres entrouvertes ; il levait les yeux au ciel et sa lyre demeurait entre ses mains comme s'il venait d'en pincer le dernier accord. C'était Straton. Il ne pouvait y avoir de doute. Avec cette statue, je crus voir ce à quoi Lysippos devait ressembler en sa jeunesse — avant d'avoir une barbe et de se livrer au commerce. Nul doute n'était possible. Une inscription à la base donnait le nom du chanteur et ajoutait : « Fait et donné par Lysippos d'Athènes, à Apollon. » Le soleil resplendissait sur le métal, caressant les cheveux, le visage et les mains d'ivoire d'une chaleur intense qui contrastait avec la froideur de l'argent et le calme du chanteur.

— J'ignorais que Lysippos pût faire d'aussi belles choses, dis-je, admiratif.

Mais j'éprouvai aussitôt une profonde tristesse. Lysippos avait offert à Apollon cette splendide statuette. En revanche, le dieu n'avait pas épargné son fils. Lysippos avait déjà perdu un enfant à la guerre. Et maintenant — bien que l'infortuné père ne le sût pas encore —, un crime odieux lui en arrachait un second. Jamais plus les mains de Straton ne tiendraient un instrument, jamais plus sa voix ne s'élèverait pour lancer un chant ou une phrase.

— Tu m'as montré ceci pour exciter mon esprit de vengeance, dis-je à Aristote. Tu me réprimandes parce que tu crois que j'ai oublié Straton.

Il me lança un regard d'avertissement : Corydon pouvait nous entendre.

— Voici qui nous rappelle à tous deux que Lysippos est un excellent orfèvre. À présent, nous allons chercher une auberge tranquille — j'en connais une. Nous avons une journée pour explorer Delphes avant que je me mette en quête de mon proxène, puisque c'est inévitable.

Nous laissâmes l'ultime souvenir de Straton. En quittant le Trésor des Athéniens, nous nous mêlâmes à la foule pour rejoindre la fameuse « auberge tranquille » d'Aristote. C'était bien le seul endroit qui puisse mériter ce qualificatif. Tout autour de nous ce n'était que brouhaha et nous n'avancions que lentement. Brusquement, la circulation fut bloquée. Une forte matrone empoignait la charrette qu'elle cherchait à louer en dépit des objections de son propriétaire. Elle était flanquée de deux garçons pâles à l'air abattu. Sur l'ordre de leur mère plus que de leur propre chef — il suffisait de les regarder pour le comprendre —, ils avaient saisi les brancards de la charrette, placée en travers de la rue malgré les cris de ceux qui désiraient passer. Ils ajoutaient leurs murmures désapprobateurs à une conversation qui n'était qu'exhortations et hurlements.

— Ah, les visiteurs ! hurla le propriétaire du véhicule. Les visiteurs n'ont pas le droit de conduire à Delphes. Et moi, j'en ai besoin, de ma carriole. Vous ne me la prendrez pas, ni vous ni vos deux faces de fromage blanc, même si vous restez là jusqu'au coucher du soleil !

— Mais c'est absurde ! cria la femme à travers son voile. Cléobis et Biton ! ajouta-t-elle de manière inattendue.

— Hein ?

L'homme fut surpris, et il y avait de quoi. Chacun connaît, depuis l'enfance, l'histoire édifiante de Cléobis et Biton, qui s'attelèrent au char de leur mère, prêtresse d'Héra, quand elle ne put trouver de chevaux, et la tirèrent d'Argos jusqu'au temple d'Héra pourtant distant de quarante-cinq stades [1]. Avant que la famille ne s'endorme dans l'enceinte sacrée, la mère pria pour que la déesse donne à ses fils la meilleure bénédiction qui puisse être accordée aux hommes. Au matin, les jeunes gens furent retrouvés morts : ils s'étaient éteints paisiblement pendant leur sommeil. Les dieux ont parfois d'étranges idées. Les Argiens de jadis avaient dédié un monument aux fils modèles, Cléobis et Biton, deux grandes statues du sanctuaire de Delphes. On aurait pu croire que le désir de cette femme de venir les admirer lui avait fait perdre la raison.

— Cléobis et Biton ! lança-t-elle au petit fermier toujours aussi ébahi. Mes fils, pauvre idiot ! J'ai juré à

1. Soit huit kilomètres. *(N.d.T.)*

la déesse Athéna que mes fils ici présents — deux meilleurs garçons, on n'en trouvera pas dans le monde entier — s'attelleraient pour me conduire à Delphes au temple d'Athéna Pronaia afin de lui rendre hommage. Comme on l'a fait pour Héra dans l'ancien temps. J'attends cet instant depuis des années. On m'a promis une longue vie s'ils s'exécutent. Ce sont des enfants modèles, mes fils — tout le portrait de Cléobis et Biton. Et des Argiens, par-dessus le marché. Car nous venons d'Argos. Voilà !

Sur ce, la matrone sauta dans la charrette. Les jeunes gens tripotaient nerveusement les brancards et paraissaient assez malheureux de jouer le rôle héroïque qu'on leur avait assigné.

Le propriétaire cracha à terre et donna son opinion.

— De la foutaise, oui ! lança-t-il. Faites une belle offrande votive, quelque chose qui vienne de vous. Et payez un coup à boire à vos fils s'ils sont si bons que ça. Laissez-moi tranquille avec ma charrette. Tiens, envoyez-les découvrir les plaisirs de Cirrha, ça ne leur fera pas de mal, à ces faces de fromage blanc, si leurs forces ne se limitent pas à jouer les bêtes de somme ! On a assez à faire à Delphes sans que des étrangers nous régalent de leurs comédies !

D'un coup sec, il tira sur sa charrette, qu'il remit dans le droit chemin et entraîna en riant avec sa passagère indésirable. Déconcertée, la matrone ne put que sauter à terre et poursuivre à pied. Elle se répandit en bruyantes lamentations et ses fils la prirent chacun par un bras en essayant de la consoler.

Aristote éclata de rire.

— Ah, l'excellent bonhomme ! Ces deux garçons doivent lui être reconnaissants. Ils n'ont pas l'air d'avoir très envie d'une bénédiction divine.

— J'espère qu'elle ne trouvera pas d'autre carriole dans tout Delphes, ajoutai-je.

— Il n'est pas bon de tenter les dieux. En vérité, j'ai

réfléchi à l'histoire de Cléobis et Biton. Ils devaient manquer d'entraînement ou être de faible constitution. Quant à ces deux jeunes Argiens, ils ne sont pas en très bonne condition, non ?

Corydon avait assisté à la scène avec un dégoût évident.

— Comme c'est vulgaire ! se contenta-t-il de dire.

Mais voici qu'un homme s'approchait d'Aristote et lui touchait l'épaule.

— Mon bon ami... Aristote, le philosophe, mais c'est merveilleux !

Ce à quoi Aristote répondit :

— Dioklès ! Mon proxène et mon excellent ami !

Cette rencontre inopinée mettait un terme à nos recherches, et Aristote embrassa cordialement le nouveau venu. Ses effusions étaient compréhensibles. Dans une ville étrangère, un visiteur doit toujours avoir un garant et protecteur susceptible de répondre de lui devant les autorités civiles (capable aussi de lui prêter de l'argent). Mieux valait donc que ce fût un homme important.

— Pourquoi ne m'as-tu pas annoncé ta venue ? Mais voici ton neveu, Callisthène ?

— Non, expliqua Aristote. Bien que Delphes lui soit très chère, mon neveu ne peut être avec nous en ce moment. Il accompagne Alexandre en Orient en tant qu'historien de la guerre contre la Perse. Voici un autre ami...

— Un autre ami ? répéta Dioklès. Parfait. Mais Callisthène nous manquera. J'ai hâte de lire sa relation des guerres et des conquêtes. Tu sais, Aristote, j'aurais pu passer à côté de toi, dans cette rue, avec tout ce monde, mais je t'ai entendu rire. J'espère que tu cherchais ma maison car c'est chez moi que tu logeras désormais. Toi, ton ami et ton esclave.

Aristote m'adressa un clin d'œil appuyé pour me faire comprendre que nous devions nous résigner. Dioklès nous prit chacun par l'épaule, ordonna à Corydon de nous suivre de près et s'engagea dans une rue transversale. Il parlait avec effusion.

— Je suppose, dit-il à Aristote, que c'est ton intérêt pour les archives pythiques qui t'amène ici. Ah, les érudits adorent les vieux documents. Tu es certainement venu assister à la fête de consécration du temple. Vous deux venez aussi pour l'Oracle ? Ah, quel dommage que je n'aie pas reçu ton message : tu sais à quel point il est difficile d'obtenir une consultation. Mais je n'oublie pas mon vieux bienfaiteur. Et, bien sûr, tu es ici comme chez toi, à Delphes.

Sept ou huit années plus tôt, avant son retour à Athènes, Aristote avait passé quelques mois à Delphes. Il y était venu avec son neveu Callisthène, le jeune et ambitieux historien qui, à l'époque, brûlait de rédiger son *Histoire des guerres Sacrées*. Aristote l'avait aidé dans ses recherches et avait entrepris d'établir la liste des vainqueurs des jeux Pythiques. C'est à cette époque que Dioklès était devenu son proxène et son ami, ainsi que celui-ci me l'expliqua après qu'Aristote m'eut correctement présenté.

— Les amis d'Aristote sont mes amis, déclara-t-il, radieux. Je serai enchanté de te servir également de proxène. J'ai de nombreuses raisons d'éprouver de la reconnaissance envers notre ami philosophe. Lors de sa précédente visite, il m'a épargné bien des ennuis, ajouta l'affable Dioklès en baissant la voix. Des ennemis m'accusaient d'être un Phocidien mécontent, impliqué avec quelques parents dans une sale affaire !

Je comprenais de quoi il s'agissait. « Être mécontent », à l'époque, signifiait comploter contre Philippe ou Alexandre.

— Aristote a parlé pour moi — il a du crédit auprès des Macédoniens. C'en est un lui-même, ou c'est tout comme. Mais il a aussi démontré que ces allégations étaient fausses, ce que je n'aurais pu faire. L'affaire a été réglée en quelques jours. Sans son aide, j'aurais tout perdu ! Je suis donc son ami à tout jamais, et enchanté d'être son proxène — le tien aussi, Stéphanos d'Athènes, fils de Nikiarkhos.

« Et puisque je suis ton proxène, ajouta Dioklès en se tournant vers Aristote, et que je jouis d'une certaine influence, je vais t'aider. Je peux vous promettre à tous deux une visite à l'Oracle — ce qui n'a rien de facile, croyez-moi sur parole, avec tout le monde qu'il y a.

Je savais évidemment que tout pèlerin avait besoin d'un garant. Les Delphiens consacraient beaucoup de temps et d'énergie aux nouveaux venus parce qu'ils souhaitaient exercer une certaine autorité sur la conduite de l'Oracle et les prières dans le temple. Rien d'étonnant donc si les habitants de cette ville étaient aisés, vu la gratitude obligée de chaque pèlerin. Pour sa part, Dioklès ne vivait pas ainsi ; il était de bonne naissance et riche par héritage. J'avais de la chance de tomber sous la protection d'un citoyen aussi important. Dioklès n'avait rien d'un fanfaron quand il évoquait sa fortune, et il expliquait volontiers ce qu'Aristote avait fait pour lui dans le passé.

— Il est flatteur, dit-il, d'avoir Aristote pour ami — notre premier philosophe, un ami d'Alexandre de surcroît. Puissé-je ne jamais oublier ce que je lui dois ! Ma famille sera très heureuse et nous vous offrirons notre meilleur vin. Croyez-le ou non, mais ces hauteurs rocheuses en produisent un très bon — au bout de quelques années.

Nous fûmes bientôt introduits dans la belle maison de Dioklès, où nous pûmes nous laver et passer de beaux habits avant de manger d'excellents mets. Quel contraste avec nos précédentes étapes ! Mais il passa des heures avant que je puisse parler même brièvement à Aristote.

— Qu'allons-nous faire ? Il ne nous est plus très

facile à présent de chercher seuls une esclave et une héritière.

— Effectivement. Nous voici traités en hôtes respectables par le maître d'une maison qui l'est tout autant. Nous jouissons cependant de la protection de celui-ci, le riche et aimable Dioklès, ce qui constitue un avantage certain au cas où il nous arriverait quelque chose de fâcheux : être accusés de traîner près d'un certain carrefour, par exemple, fit-il en riant. Dioklès m'a déjà obtenu la permission de consulter les archives des jeux Pythiques. Je commence dès demain. Dire que je croyais que cette héritière allait interrompre mes études... C'est étrange, je suis paisiblement au travail, à Athènes, quand je me lance à la recherche d'une jeune fille. Mais au moment où celle-ci se rapproche peut-être, me voici ramené à mes travaux. Toute cette affaire est bien insolite, une chose vient toujours en remplacer une autre.

Brusquement, Aristote fit claquer ses doigts.

— *Substitution*, voilà le maître mot. Il ne faut pas l'oublier. De même qu'il ne faut pas négliger ce qu'a dit l'homme à la charrette : faire découvrir les plaisirs de Cirrha aux deux fils de la veuve. C'est le port de Delphes, il nous faudra y aller. Mais cela me semble impossible avant les fêtes de la consécration du temple. Rien ne t'empêche de déambuler en ville. Va au marché demain matin. Emmène Corydon avec toi et garde-le à l'œil. Il cherchera à savoir ce qu'il est advenu de l'esclave enlevée avec Anthia, mais j'ignore s'il voudra partager ses découvertes avec nous.

Le lendemain, Aristote alla, grâce à des personnalités de la ville, consulter les archives des jeux Pythiques. Je restai seul avec ce détestable garçon. Corydon et moi nous promenâmes sur les marchés et dans les rues adjacentes, près des échoppes des potiers et des fontaines — partout où il y avait foule, et des esclaves au travail. Corydon choisissait notre itinéraire dans l'espoir de retrouver sa Callirhoé, mais en vain.

Certes, la ville était pleine de monde à l'approche de la fête d'Apollon. Des centaines de pèlerins et leurs familles gravissaient la montagne. Les plus lointains nous paraissaient minuscules. Au-dessous de nous, le cortège blanc et ininterrompu s'avançait dans la vallée, venant de ports où leurs embarcations avaient pu jeter l'ancre. Car c'est ainsi que la plupart des visiteurs arrivent à Delphes — pas par la longue route terrestre, celle qu'Aristote, Œdipe et moi-même avions empruntée, mais par mer, jusqu'au rivage, puis par la vallée qui mène à la Voie sacrée. Les gens d'Athènes et de Mégare viennent souvent par bateau, de même que les habitants des îles situées à l'est. Quand les embarcations abordent la mince bande de terre qui relie le Péloponnèse et le continent, on les place sur des rouleaux tandis que leurs passagers traversent à pied avant de reprendre la navigation. Certains sont malades quand ils arrivent à Cirrha, et tous sont fatigués, mais ils sont heureux de découvrir la masse grise du Parnasse et de retrouver la terre ferme. Quand ils s'avancent sur la route menant à la Voie sacrée, vêtus d'habits propres et chantant des hymnes, la joie emplit leur cœur. Corydon et moi observions les pèlerins : leurs voix s'élevaient de la plaine et montaient vers Apollon, lui qui aide les mortels et leur procure la lumière.

À l'écoute de ces chants sacrés, je me réjouissais d'être là et oubliais presque ce pour quoi j'y étais venu. Corydon lui-même semblait avoir le cœur plus léger.

— Oui, me dit-il, le dieu est ici, et il m'aidera à revoir ma Callirhoé. Et il est bon que tant d'hommes affluent en ce lieu, venus du monde entier — car cela en fait un lieu de retrouvailles.

CHAPITRE XI

Le chanteur d'argent

Nous revînmes vers l'enceinte du sanctuaire d'Apollon, où pèlerins et étrangers rendent hommage au dieu. Là, comme prévu, nous retrouvâmes Aristote et Dioklès. Enthousiaste, ce dernier voulut me montrer les merveilles de l'endroit.

Elles sont innombrables, et je n'ai jamais rien vu de plus impressionnant : même l'Acropole d'Athènes ne jouit pas d'une telle ornementation. Nous n'avions pas fait cinq pas à l'intérieur des lieux que nous nous trouvâmes au milieu de statues dues aux artistes les plus remarquables. Mon cœur déborda de fierté quand je découvris l'impressionnant groupe de treize statues de bronze exécuté par le jeune Phidias. Il représente les dix héros légendaires d'Athènes en compagnie de Miltiade, d'Apollon et d'Athéna. Les Sept contre Thèbes offerts par les Argiens sont également admirables, et je fus intéressé par la grande réplique du cheval de Troie, élevée pour commémorer une victoire sur les Spartiates. En revanche, la colère enfla en moi à la vue du monument érigé par ces derniers : pour dominer l'entrée même de la Voie sacrée, ils avaient dressé les statues gigantesques de leurs infâmes amiraux, vainqueurs d'Athènes à l'issue de la bataille navale d'Aigos-Potamos. Mais c'était il y a soixante-quatorze ans !

— Je *hais* les Spartiates, déclarai-je à Aristote. Je ne sais ce qui m'empêche de priver l'un de ces amiraux de son sourire moqueur !

— Bien des Athéniens ont éprouvé la même chose, me répondit-il, mais que crois-tu qu'ont ressenti les Spartiates en voyant les Arcadiens, quelques années après, ériger leurs propres statues votives pour commémorer la victoire de Leuctres ? Ils n'ont pourtant pas touché au monument. L'impatience déplaît au dieu. Il est plus grand qu'Athènes, Sparte ou l'Arcadie. En vérité, c'est là le miracle de Delphes, que tous les Grecs puissent venir sans encombre, égaux et en paix.

— Certes, ajouta Dioklès, il y a eu les guerres Sacrées, mais la paix est aujourd'hui plus ou moins instaurée. Vois comme le sanctuaire a été bien rebâti après le tremblement de terre, et ce en dépit des conflits. Les statues endommagées ont été enterrées, de nouvelles ont été offertes. Des sommes d'argent sont arrivées de toute la Grèce — des riches offrandes des grands rois aux quelques oboles données par de pauvres veuves au fin fond des campagnes.

— Oui, dit Aristote. Il semblerait que le dieu a voulu nous dire quelque chose. Dans *Lysistrata*, Aristophane suggère que tous les Grecs vivent dans l'harmonie et l'union parce qu'ils adorent les mêmes dieux.

Il avait l'air d'oublier qu'il n'était pas, strictement parlant, un Grec. De telles remarques, surtout quand elles sont proférées par un Macédonien, peuvent être mal interprétées. Pour changer de sujet, j'interrogeai Dioklès sur le tremblement de terre, et il me répondit avec force détails. Beaucoup d'œuvres d'art avaient été détruites en même temps que le temple. Parmi elles, un célèbre groupe en bronze — un char, ses chevaux et son conducteur — offert par l'un des tyrans de Syracuse pour honorer son propre fils, Polyzalos, vainqueur d'une course de chars. Cette magnifique pièce, *L'Aurige*, avait été admirée par mon grand-père quand il était jeune homme et Dioklès quand il était enfant. Il raconta comment les statues mutilées et d'autres objets précieux, dont des trépieds en or, avaient été respectueusement ensevelis quand le site du nouveau temple avait été dégagé. Aucune offrande votive ne pouvait quitter le sanctuaire, car elle appartenait au dieu une fois pour toutes. Et il était impossible de les laisser ainsi, car tout présent fait à une divinité doit être parfait — surtout quand il s'agit d'Apollon, dieu de la beauté, de la perfection et de l'art.

Nous arpentâmes Delphes, émerveillés par ses richesses et faisant halte à chaque instant. La célèbre sculpture du Char du Soleil semble en mouvement avec ses quatre chevaux qui gambadent. Non loin, j'admirai le trépied d'or édifié par toutes les cités grecques qui avaient repoussé les Perses et plus encore les trois serpents de bronze entremêlés qui le soutenaient.

— Jadis, m'expliqua Dioklès, Delphes était la demeure d'un puissant serpent, Python, que tua Apollon. C'est pour cette raison que toute la région est appelée « pythique » et que la prêtresse d'Apollon est la « Pythie ».

— Oui, ajouta Aristote. Et ma femme s'appelle « Pythias », ce qui démontre que Hermias honorait non seulement Apollon, seigneur de la lumière, mais le grand Apollon de Delphes.

Il put enfin me montrer ce qu'il avait fait édifier pour Hermias d'Atarnée : une vraie statue, pas dans la section athénienne, mais parmi les temples et les monuments érigés par les colonies et les îles situées à l'est.

Pour moi, cet homme était un mystère. Tout ce que je savais, c'est qu'il n'était pas de haute naissance, qu'il avait encouragé les philosophes et dirigé un minuscule État de la côte asiatique, non loin de la Lydie, avant d'être renversé par les Perses. C'était le père de la femme d'Aristote, mais peut-être son oncle. Quelques mauvaises langues athéniennes soutenaient que Pythias n'était ni la fille ni la nièce d'Hermias, mais son ancienne concubine. D'autres, plus méchantes encore, racontaient qu'Hermias était un eunuque, incapable de jouir de concubines ou de procréer des filles. (Évidemment, je ne pouvais demander à Aristote d'éclairer ma lanterne en ce domaine.) La statue d'Hermias était celle d'un assez bel homme, un peu courtaud cependant. Un péan à sa gloire avait été gravé au pied.

— Voilà, c'est mon poème, dit Aristote avec une timidité mêlée de fierté. Qu'en penses-tu ?

— Oh, c'est très bien. Et très moral, lui répondis-je.

Puis je le lus tout haut :

Ô excellence de vertu, difficile d'accès
Pour toute la race laborieuse des hommes mortels,
Objet de chaque désir et de chaque quête,
Récompense suprême de l'existence.
Pour ta forme adorable,
Ô Vierge
Douce vierge,
Et pour gagner ta forme splendide,
Il serait en Hellade glorieux de mourir
Ou d'endurer des souffrances infinies.

Toi qui instilles dans l'esprit, le cœur et l'âme
Une force plus pérenne encore que l'or,
Plus chère que l'amour des parents, plus douce que
[le sommeil
... Ainsi pour ta forme admirée
Et tant désirée,
Achille et le grand Ajax cherchèrent la demeure
[d'Hadès.
Pour toi aussi, le fils d'Atarnée

Fut privé du jour
Et perdit les rayons flamboyants du soleil,
Pour l'amour de ta forme chérie...

— Je n'avais pas envisagé ainsi la vertu, dis-je. Sous la forme d'une splendide jeune fille.

En réalité, je trouvais étrange qu'Aristote eût pu ainsi louer ce tyran vaincu. Un homme que certains traitaient de mignon et d'autres d'eunuque, un homme qui avait été exécuté comme un vulgaire criminel, cloué à une planche, tué pour manque de loyauté par des Perses félons. Je m'étonnais qu'Aristote dît de ce raté notoire qu'il avait été privé de la lumière du soleil par amour d'une forme adorable, une forme chérie... Aristote parlait de la vertu comme Corydon de sa Callirhoé.

Dioklès nous ramena à la Lesché des Cnidiens, ce haut bâtiment de brique édifié à la limite du sanctuaire, devant lequel nous étions passés en descendant de la montagne. Il avait le pouvoir de nous y faire entrer, de sorte que nous puissions admirer l'œuvre de Polygnote. Assis, nous contemplâmes à loisir ces peintures qui conservaient toute leur fraîcheur après trois ou quatre générations. La plus célèbre représente la chute de Troie. On y voit Hélène en personne, et Nestor parlant à Télémaque ; Néoptolème continue à massacrer les Troyens même si les autres Grecs ont cessé. (À l'origine, cette peinture devait être placée dans le tombeau de Néoptolème.) Les Grecs se préparent à prendre la mer, leur œuvre achevée. La plage est superbement représentée : on voit les galets sous les vagues. Un beau cheval se roule sur le rivage sans se préoccuper du chagrin des hommes ou de leurs actions.

La plus ambitieuse des peintures est toutefois celle qui représente des scènes des Enfers. Je vis Oknos et l'âne. Aristote insista pour me les montrer tout de suite. Si certaines parties sont comiques, d'autres, plus nombreuses, sont funèbres. En particulier le portrait d'Eurynome, esprit infernal qui dévore la chair des morts — c'est du moins ce que croient les Delphiens. Sa peau est bleue et noire, comme les mouches qui tournent sur la viande en été ou comme la chair corrompue elle-même. (Cela me rappelait trop le corps qui gisait sous un tertre et ce qui lui était arrivé.) On peut voir Ulysse parler aux ombres : bien en vie, il se tient au-dessus de la fosse et s'adresse au prophète défunt, Tirésias, ainsi qu'à sa propre mère.

— C'est une partie de l'*Odyssée* que j'ai du mal à lire, fis-je remarquer à Aristote, quand Ulysse tente d'enlacer sa mère et ne le peut pas — parce qu'elle n'est qu'une ombre.

— Je connais cet épisode.

Et je m'élançai trois fois, et mon cœur me poussait à l'embrasser,
Et trois fois elle se dissipa comme une ombre, semblable à un songe[1].

« Ma propre mère, ajouta Aristote comme si c'était sans importance, est morte alors que j'avais huit ans. Et mon père quand j'en avais seize.

Nous fîmes silence. Cette image du monde souterrain est vraiment étonnante. On y voit l'Achéron et ses poissons, ou plutôt ses ombres de poissons. Sous Ulysse, Thésée et Pirithoos regardent, impuissants, leurs glaives inutiles ; ils sont prisonniers de la roche qui s'est formée autour d'eux et on comprend qu'ils ne peuvent bouger. Pâris — toujours attiré par les femmes, où qu'il se trouve — cherche à retenir l'attention de Penthésilée, reine des Amazones, qui n'a que dédain pour lui. Actéon est en compagnie de sa mère et d'un cerf. On découvre encore des musiciens au triste

1. L'*Odyssée*, chant XI, traduction de Leconte de Lisle. *(N.d.T.)*

destin : la harpe à la main, Orphée s'appuie contre un saule; Pélias, aveuglé, a une lyre brisée. Marsyas, qui défia Apollon et perdit contre lui, fut écorché vif : il continue de jouer de la flûte (mais l'artiste l'a représenté avec sa peau) bien qu'il soit aux Enfers.

Comme j'aimerais mieux me rappeler toutes ces images, bien que j'espère les revoir un jour ! Après cet intermède, nous revînmes vers le grand temple. Près de l'autel extérieur, nous vîmes la tombe de Néoptolème. Chaque année, les Delphiens brûlent pour lui des offrandes. Certains prétendent que ce fils d'Achille fut assassiné par Oreste, mais la plupart disent qu'il fut tué par un prêtre d'Apollon ou par le dieu en personne. Stupidement, ce fils insensé d'un père tout aussi irréfléchi avait tenté de piller le temple de la divinité. Près de la tombe de Néoptolème se trouve la pierre que Rhéa donna à Cronos pour l'empêcher d'avaler son dernier enfant, le petit Zeus, après qu'il eut dévoré ses autres rejetons. Elle la lui offrit donc, enveloppée dans un linge, et Cronos la vomit : elle retomba à Delphes. J'avais toujours voulu la voir, même si ce que je vis me déçut. Elle est de si petite taille qu'on se demande comment il a pu s'étouffer avec. En revanche, elle est extrêmement luisante, car les gens de Delphes versent chaque jour de l'huile dessus.

Delphes était pleine de monde et riche en belles choses. Je me souviens d'avoir admiré le Trésor des Siphniens, en marbre de Paros, une construction ancienne mais de qualité. Des silhouettes de jeunes filles servent de colonnes — procédé que l'on reprit plus tard à Athènes avec l'Érechthéion. Ici, les frises représentent le jugement de Pâris — on croirait qu'Aphrodite va parler — et une partie de la guerre de Troie, ainsi que la bataille qui opposa les dieux aux Géants. En fait, tous les personnages immortalisés dans la pierre semblent sur le point de s'animer. Le Trésor des Athéniens possède quant à lui une admirable frise consacrée au combat de Thésée et des Amazones. Très gracieuse, Antiope cède sous les coups que lui porte le héros ; sur le visage de Thésée, la pitié se change déjà en amour.

— Il y a aussi à Épidaure et Olympie des frises montrant la gigantomachie et la bataille contre les Amazones, m'indiqua Aristote. Ce sont des sujets très populaires dans des édifices de grandes dimensions.

— On les trouve aussi sur des peintures, dis-je en faisant allusion à Athènes. Mais je suppose que l'ampleur du sujet correspond bien à celle du lieu.

— C'est vrai, et de telles scènes représentent aussi le triomphe de l'intelligence sur la force brutale et l'instinct sauvage, comme le bâtiment proprement dit.

Nous repassâmes devant le Trésor des Athéniens où, le jour précédent, nous avions rencontré la mère de « Cléobis et Biton » avant d'être abordés par Dioklès.

— Au moins, là, dis-je en admirant le Trésor et la colonnade qui abrite les dépouilles arrachées aux Perses par Athènes, nous comprenons quels avantages apportent un gouvernement et des alliances de qualité. Et l'union des citoyens devant l'ennemi.

J'éprouvais de la fierté devant la beauté et la magnificence des monuments athéniens. À Delphes, notre position était dominante.

— Quels magnifiques trésors, quel art raffiné ! m'écriai-je.

— Oh oui ! dit Dioklès d'un air joyeux. Si vous suivez ce chemin, vous découvrirez la fameuse source de Castalie, la Source d'Apollon.

— Compte sur nous ! lança Aristote.

— Mais je veux voir ce qu'ont donné les Athéniens, fis-je en évitant d'ajouter « encore une fois ».

— Dioklès va croire que nous ne nous intéressons qu'à ce qui est athénien, alors que Delphes s'offre à nous.

L'idée me vint qu'Aristote ne souhaitait pas que je

revoie le chanteur d'argent ou que je parle de Lysippos devant Dioklès. Peut-être redoutait-il que j'en dise trop.

— Il y a tant de merveilles à admirer, ô Dioklès de Delphes, m'écriai-je, que je reviendrai demain !

En réalité, je mourais d'envie de revoir la petite statue de Straton offerte par Lysippos, même si elle était empreinte de tristesse. Ce site n'était pourtant pas fait pour susciter la morosité. Au-dessus du temple et du sanctuaire, les deux grands pics, qu'on nomme les Phédriades, resplendissaient au soleil de l'après-midi, presque aussi étincelants que des images d'argent.

Nous suivions Dioklès parmi des groupes d'étrangers et je ne cessais de scruter chacun d'eux au cas où je reconnaîtrais quelqu'un ou apercevrais une jeune fille ressemblant à Anthia ou à l'esclave Callirhoé — mais tous les visages m'étaient inconnus. Ces étrangers s'intéressaient également à nous, à Corydon, tout au moins. Des têtes se tournaient dans sa direction. Je surpris des remarques à propos de « ce bel esclave » et je vis Corydon rougir jusqu'aux oreilles. Je compris que nous nous faisions inutilement remarquer en nous promenant avec lui.

Dioklès ne cessait de parler et de commenter le paysage. Fidèle à sa parole, il nous emmena de l'entrée du sanctuaire à la source. Le ruisseau de la Castalie s'écoule entre deux roches ; l'eau en est claire et délicieuse. C'est là que se pratique la purification rituelle. La Pythie boit à la fontaine et se baigne en un lieu secret, mais en réalité chacun peut s'abreuver au courant. Je suppose que la majeure partie de l'eau qui coule à Delphes provient de ce flot sacré qui jaillit si mystérieusement d'une montagne.

Alors que nous nous trouvions près de la source de Castalie, Dioklès nous narra l'histoire de Carila, une jeune fille venue à Delphes en période de famine et qui avait quémandé de la nourriture alors qu'on en distribuait.

— Elle essuya un refus, la malheureuse, dit Dioklès avec la tristesse bienveillante qu'il est d'usage d'afficher quand on évoque des faits survenus plusieurs siècles auparavant. Désespérée, la jeune Carila se rendit à la faille proche du ruisseau sacré et se pendit. Les gens de Delphes furent horrifiés, et les dieux les réprimandèrent. C'est pour ça qu'existe aujourd'hui la fête de Carila, où l'on offre du pain et des lentilles. Depuis, ajouta-t-il, nous autres Delphiens ne repoussons plus jamais les pèlerins ou les étrangers pacifiques qui nous sollicitent : à tous nous accordons nourriture et logement.

— La plupart paient pour manger et dormir, déclara Aristote, amusé, sinon Delphes serait la plus pauvre des villes. Et c'est loin d'être le cas !

Dioklès et lui éclatèrent de rire.

Le jeune Corydon ne prêta nulle attention à leurs gesticulations. Il était de toute évidence frappé par ce récit : il serrait les poings et son visage blême était tendu.

— C'est terrible ! Elle s'est pendue ? Pauvre Carila ! Son histoire ne doit pas s'arrêter là. Peut-être a-t-elle été attaquée par des bandits qui l'ont tuée, ou a-t-elle été détenue jusqu'à en perdre courage. Il se peut aussi qu'on lui ait fait violence et qu'elle se soit tuée : c'est en effet pour une femme la meilleure raison de mettre un terme à sa vie. Peut-être a-t-elle été assassinée par un dément ! Car il n'est pas facile de se pendre, assurément. Je suis certain qu'elle a été agressée et que le fourbe s'est enfui !

Il nous regardait, Dioklès en particulier, d'un œil accusateur. Notre hôte haussa les épaules, diverti par cet esclave bavard, et se détourna. Je l'entendis murmurer à Aristote : « C'est un joli garçon, mais... » Corydon nous embarrassait, d'autant plus qu'il ne nous appartenait pas. À tout moment un maître furieux pouvait se jeter sur nous et réclamer son bien. Mais je dois admettre que le garçon avait quelque chose de remarquable et qu'il n'avait rien d'un « bien » ordinaire.

Le lendemain, toujours en compagnie de Dioklès, nous nous rendîmes à la fête. Il est toujours agréable de voir le dieu revenir après trois mois d'absence, mais cette fois-ci, c'était réellement impressionnant car la nouvelle demeure d'Apollon était enfin prête, après plus de quarante années. De haute taille, la nouvelle statue du dieu, faite d'or et d'ivoire, fut portée en triomphe par des hommes et de jeunes garçons dont la tête était ornée de couronnes et de branches. Elle résiderait ensuite dans l'*adyton*, le lieu le plus secret. Venaient ensuite des citoyens de Delphes, accompagnés de délégations envoyées par les autres villes de la Ligue. La procession remonta en chantant la Voie sacrée jusqu'au temple. Celui-ci fut purifié par de l'eau, du feu et des prières invoquant la présence du dieu. Puis le premier sacrifice de la saison eut lieu. La foule des visiteurs, dont nous étions, resta à l'extérieur. Certainement à force de manœuvres, Dioklès nous avait obtenu de bonnes places près du mur du temple. En tant qu'esclave, Corydon dut demeurer à l'extérieur du sanctuaire ; il ne pourrait y pénétrer que plus tard.

Il y avait même des mémoriaux honorant des esclaves. Le mur auquel nous nous appuyions était couvert d'inscriptions, le nom des esclaves libérés par Apollon. À Delphes, il convient de lire chaque pierre, car chacune d'elles a sa signification propre. Juste au-dessous de l'endroit où nous nous trouvions ce jour-là, se dressent deux gros rochers. Sur le premier, la Sibylle prophétisait aux temps anciens, avant la venue d'Apollon ; et c'est sur le second que Léto se tenait lors de l'arrivée du dieu — c'est de là qu'elle demanda à son fils de tuer le monstre Python. Bruts, irréguliers au milieu des pierres polies et des bâtiments décorés, ils semblent avoir été arrachés par les mains des dieux aux profondeurs de la terre ou à quelque autre point de l'univers. Je frissonnais de terreur à l'idée de contempler le bloc où était assise Léto, mère du divin Apollon, au moment même où la divinité reprenait sa place parmi nous.

Combiné aux cris des animaux destinés au sacrifice, le bruit des flûtes et des cymbales était assourdissant. Les prêtres entonnaient leurs chants, et le chœur des jeunes garçons leur répondait par une mélodie ancienne : leurs voix résonnaient entre les monts, dans la vallée du Pleistos, dans tout Delphes. Pour moi, c'était l'un des plus beaux moments qu'il soit donné de connaître à un mortel.

— Je suis heureux d'être là, dis-je à Aristote. Et je t'en suis reconnaissant. J'ai l'impression de vivre un printemps éternel.

— Pourtant, fit-il en se tournant vers la haute colonne votive soutenant le sphinx offert par les Naxiens, nous n'avons pas encore résolu notre énigme.

Le sphinx souriait. Cela me rappelait Œdipe, qui s'était rendu à Delphes pour connaître l'identité de ses parents. Puis le carrefour terrible où s'était accompli son destin. Et enfin le corps inerte d'Ammonios.

— Il se peut, me dit Aristote, que les réponses aux questions du Sphinx soient les inscriptions que l'on trouvait gravées sur le temple : « Connais-toi toi-même » et « Rien de trop ». Apollon dit que nous devons nous connaître nous-mêmes. Voilà qui est très exigeant. Nous savons qui nous sommes — du moins le croyons-nous —, mais ignorons ce que nous pouvons être. Si un homme ne sait pas tout de lui-même, comment pourra-t-il pleinement connaître autrui ? Les poètes prétendent détenir cette science, mais ils ne connaissent que les hommes qu'ils ont créés. La tragédie, il est vrai, traite habituellement de personnages historiques, mais plusieurs poètes vont décrire différемment la même personne. Eschyle et Euripide ont parlé d'Électre, mais laquelle est la vraie ?

— Sans doute, déclara Dioklès qui nous avait rejoints, les dieux connaissent-ils mieux les hommes que nous. C'est pourquoi Apollon, qui prend soin de nous, nous fait entendre sa voix, ici, à Delphes. Grâce à lui, la Pythie sait ce qui s'est passé, ce qui arrive aujourd'hui et ce qui adviendra demain. Elle connaît aussi, grâce à l'inspiration divine, le cœur des hommes. Tenez, prenez l'histoire de Calonodas Corax, qui tua le poète satirique Archiloque. Quand il arriva à Delphes, la prophétesse ignorait tout de lui. Mais dès qu'il se présenta au site sacré, elle hurla : « Hors d'ici, toi qui as assassiné le serviteur des Muses ! Quitte ce temple que tu souilles ! » La Pythie savait que c'était un meurtrier, alors que ses compagnons l'ignoraient.

— Toutes les histoires mémorables portent en elles un élément divin, celui de la reconnaissance, dit Aristote. C'est ce qui arrive avec Calonodas, quand on découvre qui il est vraiment. Quant à Carila, ce sont les Delphiens qui se sont mieux connus après avoir compris la portée de leur acte.

— Alors, on a plus de chances d'être découverts que de faire des découvertes, lançai-je.

Je regrettai aussitôt mes paroles. Mais heureusement, Dioklès n'y vit qu'une plaisanterie, et il rit de bon cœur.

— À propos, fit-il en s'adressant à Aristote, as-tu trouvé quelque chose d'intéressant dans nos archives des jeux Pythiques ?

— Oh oui. Il me semble possible d'élucider certains problèmes de datation afin de rectifier mutuellement les calendriers delphien et athénien. Je crois que je vais aller passer une journée à Cirrha afin d'examiner un monument dont j'ai entendu parler. Toi, Dioklès, seras trop occupé demain avec les pèlerins, mais Stéphanos pourra m'accompagner.

— Cirrha ? Pourquoi pas ? La ville te semblera bien petite par rapport à Delphes. Elle sera pleine de pèlerins et d'étrangers. Tu pourras y passer le temps que tu désires : en effet, tu ne consulteras pas l'Oracle de sitôt. Et Cirrha n'est pas dépourvue d'intérêt, ajouta-t-il d'un ton enjoué. Il n'y a pas que des vieilles pierres, il y a aussi les meilleurs bordels de Phocide, du moins c'est ce qu'on m'a dit.

— On ne sait jamais où l'information peut se dénicher, murmura Aristote.

Les sacrifices étaient terminés, la procession s'était dispersée. Ceux que l'on avait retenus à l'extérieur du sanctuaire, des femmes et des esclaves principalement, pouvaient maintenant y entrer. Je retrouvai Corydon, repoussé bien loin par la marée humaine, et je l'informai de notre excursion à Cirrha. Il hocha la tête comme pour manifester son impatience. Il paraissait soucieux. Des étrangers nous pressaient de toute part. Il semblait étonnant qu'il pût y avoir tant de gens qui me fussent inconnus. Athènes est très peuplée, mais on connaît pratiquement tout le monde. J'entendis parler toutes sortes de variétés de grec — de Phocide, principalement, et de Béotie, mais je distinguais aussi l'accent guttural de Sparte, le grec flûté des îles et d'Ionie. Je me souvins qu'Anthia parlait la langue pure de l'Attique et que l'esclave Callirhoé aurait certainement un accent semblable à celui de Corydon.

On se pressait sur les chemins et l'humeur générale était plutôt joyeuse comme si chacun était libéré de toute obligation extérieure. En remontant vers la porte du sanctuaire, je faillis heurter un petit homme venant dans l'autre sens. Affublé d'une longue barbe brune et fournie, il parlait à un ami — son proxène, de toute évidence — avec tant de vivacité qu'il ne regardait pas où il allait. Il marchait en crabe, agrippé à la tunique de son compagnon.

— Oui, je comprends bien — le Delphien essayait de se dégager —, mais tu dois attendre ton tour.

— Je ne suis pas venu pour *attendre*. Mon affaire est urgente et mes sépultures se débrouillent seules ! Écoute, j'ai trente-cinq ans et pas le moindre enfant. Pas même un bâtard que je pourrais reconnaître. J'ai une barbe où les oiseaux pourraient se nicher, et elle, des seins comme une paire de lampes ! Apollon me dira ce qu'il faut faire pour remplir notre berceau — et je lui offrirai la plus belle chèvre de Delphes, rien que pour lui avoir posé la question.

Le motif de la visite à Delphes de ce marbrier était des plus évidentes. Je me rendis compte pour la première fois que tout le monde était là pour des raisons personnelles. Chacun avait quelque chose à demander au dieu, qu'il s'agisse d'affaires publiques, telle la fondation d'une colonie, ou privées. La route de Delphes était pavée de questions et d'espoirs. Et je pensai sérieusement à ma propre visite à l'Oracle. Une entrevue avec la Pythie ne devait pas être prise à la légère. Et je compris que j'avais *vraiment* envie de l'interroger à propos de mon mariage.

Nous nous frayions un chemin parmi la foule des pèlerins quand quelqu'un me bouscula et me marcha sur le pied. C'était un jeune homme mince, légèrement voûté, sans être grand toutefois. Il me demanda pardon. Son visage chafouin était hâlé par le soleil et le vent ; une partie de son manteau dissimulait sa tête comme s'il trouvait le temps frais. Il avait des traits jeunes, mais un détail ne me plaisait pas, une sorte d'espièglerie peut-être. Ses yeux noirs étaient à la fois curieux et moqueurs. Il se retourna et disparut, me laissant mal à l'aise. Ce visage me rappelait quelque chose, mais quoi ? Sa voix, également. Je me mis à penser à Oreste, ce qui ne m'aida en rien. Et aux propos d'Aristote. Qui était la vraie Électre ? Et à quoi Oreste ressemblait-il vraiment ? Il ne devait pas être si bien que ça, sinon les Athéniens n'auraient pas été aussi distants à son égard.

Je rattrapai Corydon. Nous franchîmes la porte du sanctuaire et remontâmes vers le Trésor des Athéniens, où Dioklès et Aristote discutaient. Je m'arrêtai pour porter encore une fois un regard de satisfaction sur les richesses offertes par ma ville, que j'avais vues la veille : les statues, la coupe avec Léto, la figurine d'ivoire et d'argent...

— Regardez ! m'écriai-je horrifié, le doigt tendu.

Le riche présent de Lysippos était toujours là, mais le chanteur était aveugle : un œil était enfoncé, noirci, tandis que l'autre était arraché. Une profonde rayure balafrait le visage d'ivoire et une autre mutilait le corps de l'artiste. Les cheveux et les ornements d'argent avaient été, eux aussi, mis à mal. La lyre d'argent était arrachée à la main qui la tenait : elle gisait à terre et n'avait plus ses cordes.

La statuette avait un air étrange : la cicatrice au-dessus de l'œil absent lui donnait l'air d'une canaille. Le personnage était métamorphosé, comme s'il avait lui-même jeté sa lyre de dépit. Rien n'avait été volé, rien n'avait disparu, mais il avait perdu toute son élégance. Il était meurtri. Pis encore, il avait quelque chose de ridicule.

Dioklès poussa un cri de surprise. Il ramassa la figurine et nous fûmes choqués de voir une autre blessure, un véritable trou, entre les omoplates d'ivoire.

— Je dois en informer notre archonte ainsi que la délégation athénienne, dit Dioklès. Il y aura une enquête. Je vous supplie de ne rien dire, il ne faut pas perturber les visiteurs, surtout au moment de la fête. De toute façon, il faudra qu'elle disparaisse.

— Ne pourrait-on la réparer ? questionnai-je assez stupidement.

— Non, non ! Une offrande imparfaite ne doit pas être présentée au dieu. Il faut l'enterrer. Je vais la porter à l'un des prêtres responsables de l'endroit.

Il s'en alla, portant la statue dans son manteau comme s'il s'agissait d'un animal blessé.

— Qui a pu faire pareille chose ? demandai-je à Aristote à voix basse tandis que nous nous éloignions discrètement. C'est sûrement un Spartiate, non ?

— Je ne pense pas qu'il s'agisse d'une action politique. As-tu remarqué l'emplacement des blessures ? Intéressant, non ?

Son regard était éloquent. Aristote ne voulait pas parler ici de la mort de Straton et de son cadavre. Moi non plus. Mais la position des plaies infligées à la statue en disait long.

— Quelqu'un aura remarqué la même chose que nous, fis-je à voix basse. Et il l'aura recopiée...

— Exactement. Une imitation de la vie. Même si « la vie » n'est pas l'expression qui convient dans le cas présent.

— Quelqu'un a suivi la même route que nous. Un insensé peut-être. À moins qu'il ne haïsse Lysippos. Pauvre Lysippos ! Comme s'il ne souffrait pas déjà assez ! Quoi qu'il en soit, l'auteur de cet acte défie la colère d'Apollon, et elle ne tardera pas à s'abattre sur sa tête. Cette belle statue... Le chanteur d'argent sera enseveli à tout jamais, comme les deux fils de ce malheureux homme...

CHAPITRE XII

Le bordel de Cirrha

Le petit port de Cirrha n'est pas très éloigné de Delphes. La première partie du chemin descend quasiment tout droit à flanc de montagne. L'aimable Dioklès nous avait fourni deux mules. Nous chevauchions donc tandis que Corydon marchait à nos côtés, l'air grave et noble en dépit de la boue qui lui souillait les jambes. Puis nous abordâmes la plaine qui s'étend au pied du Parnasse. Elle est consacrée à Apollon et nul ne peut la cultiver; il n'y pousse que des buissons et des oliviers sauvages. L'odeur de la mer nous parvenait. Le terrain étant plus favorable, je fis marcher Corydon en tête, hors de portée de voix. J'aurais ainsi l'occasion d'avoir une conversation avec Aristote : c'était en effet la première fois que nous étions seuls depuis notre arrivée dans Delphes l'hospitalière.

— Nous n'avons rien fait pour Anthia, rappelai-je au philosophe. Nous avons pensé à Apollon et c'est comme si nous avions oublié notre mission. Mais j'ai réfléchi au problème.

— Voilà une méthode parfaitement recommandable, fit-il en riant. Et quel est le résultat de tes cogitations ?

— Partons du principe qu'Anthia a réellement été enlevée — et nous savons par Corydon que nous avions raison à propos de la litière : quelqu'un d'autre que nous-mêmes s'est donc lancé à sa poursuite. Il y a de fortes chances pour que ce soit Straton, désireux de venger et de secourir sa sœur. Le ravisseur a tué Straton dans les collines avant de reprendre la route.

— Ça se tient, dans les grandes lignes, tout au moins. Continue.

— La personne la plus susceptible d'enlever Anthia — pour une question de mariage — est Polémon. Il a été soldat et jouit d'une excellente condition physique. Il peut tuer le jeune Straton et il est assez fort pour donner un coup d'épieu mortel à Ammonios. Mais pourquoi se débarrasserait-il d'Ammonios, qui est son propre parent ? Je n'ai qu'une réponse : Ammonios aurait été l'agent de Polémon et il l'aurait trahi. À moins qu'il ne soit tombé entre les mains de bandits...

— Non. Tu oublies les objets de valeur abandonnés auprès de son corps. Et tu ne tiens pas compte de la façon surprenante dont Straton a été enseveli.

— Cela s'explique si l'auteur du crime est un parent ! Dans ce cas, les possibilités sont peu nombreuses. C'est une sorte de jeu horrible où l'on ne peut déplacer que quelques pièces. Straton est le ravisseur et il a été tué par sa cousine, Anthia. À moins que...

— Oui ?

— C'est une hypothèse terrible, Aristote, et j'ai du mal à la formuler. Si... si Lysippos était le parent en question ? Après avoir tué son fils, il l'ensevelit. Lysippos serait ainsi le ravisseur et Straton le vengeur. Mais non, c'est absurde ! Et impossible. Nous avons vu Lysippos le lendemain même de la disparition d'Anthia. Non, ce serait plus logique si Polémon était le ravisseur et s'il avait tué Straton. Anthia aurait alors pieusement insisté pour qu'il fût convenablement enterré, comme Antigone. Mais dans ce cas, où est-elle ?

— Ta réflexion t'honore, me dit Aristote, mais j'ai

malgré tout l'impression qu'un élément nous fait défaut. Je ne cesse de penser à la mutilation de la statue d'argent. L'auteur de cet acte est plein de haine. Non seulement il sait que Straton, l'aimable modèle de la statuette, est mort, mais il sait aussi à quoi il ressemblait une fois disparu !

— Oui, nous avons remarqué l'emplacement des blessures. Mais dans ce cas... le meurtrier se trouve à Delphes !

— Certainement. Il est à Delphes. Du moins, il l'était hier.

Nous étions abasourdis. Pensifs, nous longeâmes les hautes murailles édifiées par des géants de jadis. Et bientôt nous contemplâmes la mer qui frissonnait au vent du printemps.

Cirrha (que certains appellent « la nouvelle Cirrha », la vieille ville portuaire ayant été rasée par Delphes au cours de la première des guerres Sacrées) est une petite agglomération recroquevillée autour de son port, comme le Pirée, en quelque sorte. Le sol présente une étrange couleur brun violacé : on a parfois exploité l'étain dans la région. Nous nous rendîmes d'abord à l'ancrage, attirés par les rangées de navires qui s'agitaient doucement sur l'eau. Leurs passagers se trouvaient certainement à Delphes. On ne voyait que quelques marins ; la plupart devaient être à Delphes ou en train de s'adonner aux délices de Cirrha.

Après avoir admiré pour la forme le monument censé constituer le but de sa visite (une stèle de pierre près du mouillage), Aristote s'engagea dans les ruelles bordées de maisons blanches. Selon certains auteurs, Oreste avait longtemps séjourné à Cirrha, où il avait rendu visite à son ami Strophios, roi de Phocide et père de Pylade. L'Oracle consulté lui avait appris qu'il devait tuer l'amant de sa mère, ainsi que Clytemnestre. Je me demandai si la maison d'Oreste était encore debout et si quelqu'un osait habiter la demeure d'un fils aussi infortuné.

Bien que petite, Cirrha présente de nombreuses auberges et échoppes. On y vend toutes sortes de choses : paniers, écheveaux, peausseries, vieux clous. Aristote s'attarda dans des boutiques où l'on proposait des bijoux et des parures, d'occasion pour la plupart. Je le surpris en train d'examiner un bracelet terni accroché à un clou rouillé et le vis hocher la tête — mais il ne dit rien à personne. Les tavernes faisaient affaire et des groupes d'hommes étaient assis au frais soleil du printemps. Certains chantaient d'étranges chansons venues de très loin : ce n'était pas désagréable, même si leurs voix étaient un peu rudes.

Je vis alors un visage connu. Celui d'un Athénien qui, installé seul, contemplait le lointain de ses yeux globuleux ; ses taches de rousseur ressortaient au soleil comme des grains de poussière dans un rai de lumière.

— Glaukon d'Athènes ? Mais quelle heureuse rencontre ! s'écria Aristote avec une chaleur que je ne lui connaissais pas.

— Je ne m'attendais pas à te trouver ici, fit l'autre avant de se reprendre. Aristote, Stéphanos, vous ici ! Comment allez-vous ? Je viens d'arriver. Je ne me suis pas senti très bien sur le bateau et maintenant je me remets.

Un homme de cette carrure que la mer rend malade, pensai-je avec mépris, bien que n'ayant moi-même jamais pris le bateau. Plus sympathique, Aristote redevenait médecin.

— Oh, as-tu beaucoup vomi ? (Glaukon fit signe que oui.) C'est très désagréable pour la tête et l'estomac. Est-ce fini à présent ? Tu as l'esprit plus clair ? (Oui, à nouveau.) Dès que tu le pourras, mange — mais pas trop à la fois. Un œuf, avec du pain peut-être. Du vin coupé d'eau ne te ferait pas de mal. Viens, je t'invite.

— Merci, mais non, dit Glaukon d'une petite voix.

— Tu as dû t'embarquer sur la *Léda*. Je connais le capitaine...

— Non, non, j'ai pris un autre bateau, celui-là, fit-il en désignant l'ancrage.

— Nous espérons te voir bientôt en meilleure forme. Es-tu venu consulter l'Oracle ? Oui ? Permets-moi de m'en occuper. J'ai un excellent proxène, on viendra te chercher. Tu as des amis avec toi ? Non ? Ah, les gens de Cirrha sont aimables envers les étrangers, surtout les orfèvres comme toi. Bon, nous devons y aller. Je veux étudier les monuments — pour mes archives pythiques, tu sais. Nous nous reverrons certainement à Delphes, quand nous consulterons l'Oracle.

Aristote s'éloigna d'un air affairé. Je me demandai pourquoi il était aussi bavard et aussi aimable avec cet homme qui n'était pas vraiment un ami et qui, de surcroît, n'était pas très sympathique. Le philosophe prit une rue qui nous ramena au port. Là, il posa des questions et découvrit les seuls bateaux en provenance d'Athènes — la *Léda* et le *Castor*. Il ignora le premier et réussit à trouver le capitaine du second, avec qui il engagea la conversation. Il commença par vanter les qualités de l'embarcation.

— Tu dois te rappeler un passager venu d'Athènes, lui dit ensuite Aristote. Des taches de rousseur, des cheveux clairs. Il s'appelle Glaukon. Il était malade comme un chien.

— Jamais vu ni entendu parler, grogna l'homme. Quant aux passagers indisposés, il n'y avait que deux femmes et un esclave. Pour les autres, ça allait.

Aristote répéta ses louanges, accompagnées d'une pièce ou deux. Nous revînmes en ville.

Les rencontres vont souvent par paire, ainsi qu'on va le constater. Nous nous trouvions dans une rue autre que celle où nous étions tombés sur Glaukon, une artère plus large, dotée de boutiques plus avenantes. De grandes jarres étaient disposées devant les tavernes. Nous passâmes devant l'une d'elles, une belle maison située en retrait et séparée de la rue par une cour plantée de vigne. Des hommes assis sur des bancs buvaient. C'est là que nous aperçûmes une autre de nos connaissances athéniennes — dans des circonstances assez surprenantes. Polémon l'éphèbe, que je n'avais pas vu depuis la nuit du dîner silencieux, était là, qui chantait. Ses habits poussiéreux auraient eu besoin d'être reprisés. Lui-même avait l'air épuisé par le voyage et ses cheveux étaient sales. Il conservait pourtant sa beauté et entonnait une vieille chanson de chasseur.

Bien armé de mon épieu,
Aujourd'hui j'en ai tué deux...

Les fêtards reprirent en chœur le refrain et martelèrent le rythme sur les tables. Une pluie de piécettes s'abattit sur Polémon. Il se baissa pour les ramasser et nous vit. Il rougit.

— Pourquoi... Mais qu'est-ce... commençai-je.

— Chut, fit-il, je vous rejoins dans un instant.

Je compris à sa façon gênée de nous regarder qu'il ne désirait pas être appelé par son nom. Nous mîmes pied à terre et l'attendîmes de l'autre côté de la rue.

— Polémon ! Mais que fais-tu là ?

Je parlais le plus bas possible mais ne pouvais cacher ma surprise de voir ce jeune soldat de bonne naissance, fierté d'une noble maison, chanter dans une taverne pour quelques demi-oboles.

— Nous savons ce que nous sommes, mais ignorons ce que nous pouvons être, dit Aristote. Il y a là une reconnaissance — et un renversement. Ainsi donc, tu es bien armé de ton épieu ?

— As-tu des amis avec toi ? lui demandai-je prudemment.

La référence à l'épieu me rappelait la lugubre mort d'Ammonios. Polémon aurait pu tuer Straton et Ammonios avant de cacher Anthia, sa promise, dans Cirrha. Dans ce cas, il aurait des complices non loin de là. C'était dangereux. Mais nous pouvions la libérer.

— Emmène-nous chez toi, nous pourrons bavarder tranquillement.

— Je n'ai pas de logement, répondit Polémon, toujours rougissant. C'est incroyable, j'ai quitté Athènes le Jour des Chytres. J'ai entrepris un voyage à Delphes parce que je voulais assister à la consécration du nouveau temple d'Apollon. Et mon voyage s'est changé en cauchemar ! J'ai perdu... tout mon argent, je l'ai perdu en chemin.

— Tu veux dire dans un bordel ou une maison de jeux ?

— Oui...Et maintenant je n'ai plus rien, et il faut que je paye le bateau. Il s'est passé une chose terrible, ajouta-t-il dans un murmure. Mon cousin a été retrouvé mort et son corps doit être ramené par la mer pour être enterré décemment. C'est pour ça que j'ai besoin d'argent. Pour transporter le corps. Je n'ai pas trouvé d'autre moyen d'en gagner. J'ai déjà vendu mes bijoux.

— De qui parles-tu ? lui demanda Aristote.

— D'Ammonios. C'est horrible. Il a été attaqué sur la route de Delphes, là où elle se divise en trois. Son agresseur a également dû lui prendre ses habits : il portait des vêtements grossiers, comme un colporteur. Près de lui, il y avait un sac plein de fioles de parfum. C'est vraiment curieux. Je me rendais à la consécration quand j'ai appris la chose. Des paysans l'ont déposé près d'une tour en attendant de découvrir qui le connaissait. J'étais responsable de lui, bien entendu. Mais je lui ai ôté sa tenue pour ne pas gêner sa famille. Et j'ai amené son corps à Cirrha.

Aristote le regarda avec acuité.

— Tu en fais beaucoup pour ce citoyen...

Polémon rougit à nouveau.

— Ammonios est — était — enfin, il s'est montré très bon à mon égard quand j'étais jeune. Nous étions très proches.

— Je vois. Un tel attachement t'honore. Si je ne m'abuse, tu penses qu'Ammonios avait en Béotie des... relations d'affaires que tu préfères ne pas associer à sa mort ?

— Oui, il a — il avait — des associés dans tous les bordels du pays. Ces gens ont parfois des mœurs étranges...

— Je comprends que tu es descendu dans l'un de ces établissements.

— C'est horrible. Et si vulgaire. Mais il me faut de l'argent pour ramener Ammonios à Athènes.

— Il ne serait pas plus raisonnable de procéder ici à une crémation ?

— C'est tout aussi coûteux. Mais il va falloir faire quelque chose parce qu'il commence à gonfler et à sentir. Sa famille voudra savoir comment il est mort — sans parler du Basileus. Car il s'agit d'un meurtre !

— C'est vrai, la crémation ne laisse aucune trace. Puis-je te suggérer un cercueil plombé empli d'un vin aigre ?

— Aucun capitaine n'accepterait de prendre *ça* à son bord, fis-je remarquer.

— Tu pourrais aussi informer les archontes de Cirrha, ou plutôt de Crissos, puisque c'est d'eux que dépend cette ville. Demande au Basileus d'examiner le corps, de noter la nature et l'emplacement des blessures, et ainsi de suite.

Je remarquai qu'Aristote n'évoquait pas notre propre découverte du cadavre.

— Si au moins je savais qui a fait ça, dit Polémon. Les assassins étaient à cheval. Ils étaient deux. On a repéré des traces et une de leurs montures a été capturée dans les collines. Selon les villageois, c'étaient deux hommes, un jeune et un vieux. En attendant, je me retrouve avec le corps de ce pauvre Ammonios et, comme je vous l'ai dit, il n'est plus très frais.

— Autant le jeter à la mer, dis-je sans pitié.

Polémon me regarda d'un air dégoûté.

— Tu as raison, l'affaire est sérieuse, déclara Aristote, et je suis désolé. Accepte que je te prête de l'argent — en tant qu'ami de la famille, en tant qu'Athénien aussi. Veille à ce qu'on prenne bien soin du cadavre et achète-toi des vêtements. Pourquoi ne consulterais-tu pas l'Oracle ? Purifie-toi et viens à Delphes, je m'occuperai de tout. Je vais aussi adresser un message au capitaine du *Castor*.

Polémon hésita avant de s'incliner et de prendre la bourse qu'Aristote lui tendait. Il voulut s'en aller mais des cris d'indignation jaillirent de la cour de la taverne. Un des hommes — et pas le plus petit — marcha sur nous.

— Dis donc, toi, fit-il en saisissant Polémon par le bras et en refermant une main gigantesque sur le manteau d'Aristote, ne nous prends pas notre artiste. Maintenant qu'il est en forme, il va encore nous entonner une demi-douzaine de chansons.

— Désolé, dit Aristote en essayant de dégager son vêtement, mais vous devez avoir des esclaves capables de chanter, non ?

— Oui, mais on en a juste assez. Et la plupart sont au travail. Il y a tant de bateaux au port. C'est là le bordel d'Haimon, vois-tu, « Au refuge d'Haimon », qu'il s'appelle. Un des meilleurs de toute la Phocide. Comme Haimon est d'Athènes, on le surnomme le Trésor des Athéniens, ajouta-t-il en riant. Laisse-nous notre chanteur. Tu pourras t'amuser cet après-midi si tu veux.

— Ce garçon est fatigué et il a d'autres affaires.

Mais je peux te procurer un nouveau chanteur : cet esclave, qui a une voix superbe.

L'homme regarda Corydon avant de sourire.

— Elle va avec son visage ? Tu es venu pour le placer, c'est ça, hein ? Tu as frappé à la bonne porte. Il m'a l'air plus frais que l'autre. On va te prendre à l'essai. Chante quelque chose, mon gars.

Il tira Corydon dans la cour et nous le suivîmes.

— C'est dangereux, murmurai-je à Aristote. Imagine qu'ils veuillent le garder ?

— Allez, chante, insista l'homme sans toutefois lâcher Polémon.

Il plaça un gobelet de vin coupé d'eau sale dans la main de Corydon.

— Allez, rigole, on n'est pas à un enterrement !

Mais Corydon était grave et immobile — on eût dit une statue de Phidias.

— Chante, insista à son tour Aristote. Tu connais une belle chanson : « Quand je t'aie vue... », fredonna-t-il.

Furieux, sans quitter Aristote du regard, le garçon entonna d'une voix assez forte :

Quand je t'ai vue danser
Callirhoé, Callirhoé...

Il n'avait pas achevé le premier couplet qu'un cri s'élevait dans la maison et qu'une voix aiguë lançait : « Quand je t'ai vu... »

Cela cessa immédiatement comme si l'on avait plaqué une main sur la bouche de la chanteuse.

— Elle est là ! cria Corydon.

Il jeta son gobelet de vin et se précipita vers la porte. Aristote et moi le suivîmes, ainsi que Polémon. À quatre, nous franchîmes le seuil et passâmes devant le vieil esclave qui faisait office de portier. Malgré la pénombre, nous pouvions distinguer un labyrinthe de pièces et de petits couloirs.

— Il faut payer ! criait le portier tandis que nous nous précipitions de chambre en chambre.

Doté d'un meilleur instinct que nous, Corydon emprunta le deuxième couloir à gauche, celui qui menait aux chambres situées juste derrière la cour. Une femme, alertée par les cris de l'homme, nous arrêta. Elle n'était pas laide, quoique plus de la première jeunesse. Ses yeux étaient outrageusement maquillés — on eût dit un masque. Elle était vêtue de noir et ses cheveux défaits retombaient sur ses épaules nues.

— Allons, dit-elle en nous barrant le chemin, un seul à la fois. On va être très gentils avec vous, alors pourquoi tout ce bruit ?

Elle parlait grec avec un étrange accent, égyptien certainement. Nous fûmes obligés de la repousser, et ce ne fut pas une mince affaire. Avant même d'y arriver, nous pouvions entendre des voix fuser par la porte entrouverte de la chambre située tout au bout du couloir.

— Arrête de gémir, fillette !

C'était la voix grossière d'un homme, suivie d'une gifle.

— Repousser les clients comme ça, il faut qu'elle soit folle !

— Je suis désolé, bredouilla un jeune homme. Vous m'avez dit que tout irait bien.

— Bien sûr que je l'ai dit ! brailla une femme. Il va falloir qu'elle y passe un jour ou l'autre. Réfléchis donc, petite idiote. Tu vas goûter aux hommes, ensuite tu porteras des bijoux, tous ceux que tu veux. Sois une femme. Il faut bien commencer — pourquoi pas aujourd'hui ?

— Je ne veux pas ! (C'était la voix d'une jeune fille en pleurs.) Je t'en supplie, noble Argien, aie pitié de moi...

— Désolé de t'avoir fait de la peine... (À nouveau le jeune homme.)

Ce dialogue déclencha un flot d'invectives de la part de la femme.

— Pleutre ! Tu es en laine d'agneau, oui ! Si tu avais suivi mes conseils, elle serait calmée à présent. Quant à toi, avec ta peau de lait caillé et tes cheveux comme de l'encre, tu refroidirais Priape en personne ! Ta virginité dont tu nous rebats les oreilles, elle ne vaut pas une poignée de noisettes. Et quelqu'un devra bien la prendre !

Arrivé devant la porte, je repoussai l'Égyptienne contre le mur et nous entrâmes en force.

La pièce était petite, éclairée par une fenêtre unique et peu conçue pour accueillir la multitude que nous formions. Près de la porte, nous tournant le dos, un grand garçon pâle et osseux, complètement nu. Au centre, un gros homme, le poing levé. Il avait le visage grimaçant, une grosse barbe et des joues flasques. À côté de lui se tenait une femme maigre — ce n'était pas une attraction du lieu, de toute évidence. Sa robe noire ne parvenait pas à dissimuler sa forte poitrine ornée de fibules et de perles d'or. L'air acariâtre, avec de petits yeux noirs cachés sous des sourcils broussailleux, elle écumait de rage. Le couple discutait — si l'on peut employer ce mot — avec une personne présente au milieu du groupe.

— Partez, bande de chiens, et emmenez cette vache égyptienne avec vous ! lança la femme en nous apercevant. Toi, jette-la sur le lit ! ajouta-t-elle à l'adresse de son mari — ou qui qu'il fût.

C'est alors que nous découvrîmes, au centre de la pièce, l'objet des menaces et des reproches. C'était une jeune fille, grande et mince, vêtue d'une simple tunique blanche, mais dont le cou ne s'ornait pas d'un vilain collier de fer. Ses cheveux, coupés assez court comme il convient aux esclaves, formaient d'exquises bouclettes brunes qui dansaient autour de sa tête comme les vagues sur la grève. Elle avait le menton relevé d'un air de défi et son profil avait la noblesse des statues. Elle se tourna lentement vers nous. Des larmes coulaient de ses yeux — et même ses larmes étaient charmantes, car elles avaient la forme de perles. Malgré toute sa tristesse — et l'étrangeté de son allure —, elle semblait, telle une fille de roi, dominer tout le monde. Je me rendis compte que même Haimon, le propriétaire de ce bordel, de ce « Trésor des Athéniens », ne pouvait se résoudre à porter la main sur elle.

— Je suis de noble naissance, dit la jeune fille, et j'ai juré à Artémis d'Éphèse...

— Qu'est-ce qu'on a à faire d'Artémis ou d'Éphèse ? ricana le gros homme.

— Eh bien, que les dieux la prennent ! cria la femme acariâtre. Oh, comme j'aimerais la tuer de mes propres mains !

Elle se jeta sur la fille, les mains tendues vers sa gorge.

À cet instant Corydon, qui était coincé entre Polémon et l'Égyptienne, s'élança et écarta le couple comme si ce n'était que des fétus.

— Callirhoé ! s'écria-t-il en prenant la jeune fille dans ses bras.

— Corydon ! Les dieux m'ont entendue !

Elle lui adressa un regard plein de reconnaissance et s'évanouit. Il ne put la retenir et elle tomba à terre.

— Regarde ce que tu as fait ! protesta l'homme nu.

— Il l'a tuée ! hurla la femme hystérique. Je demande compensation.

— Mais d'où sortent tous ces déments ? beugla le gros homme.

D'une main, il se mit à frapper Corydon et de l'autre tenta de relever Callirhoé. Corydon se moquait des coups et ne pensait qu'à son amie. Aristote et moi lui vînmes en aide en même temps. Le philosophe prit la jeune fille sous les aisselles tandis que, utilisant un tour appris au gymnase, j'attrapai les bras du maître des lieux et les lui coinçai dans le dos tout en lui enfonçant mon genou dans les reins. Mal entraîné, il ne résista pas. Sa complice ne cessait de pousser des cris tandis que le jeune homme nu cherchait à se vêtir. L'Égyptienne contemplait la scène comme si nous étions des comédiens venus là pour son divertissement.

— Elle n'est qu'évanouie, dit Aristote. Polémon, donne-moi de l'eau... Oh, il a disparu ! Toi, dit-il en se tournant vers l'Égyptienne, prépare du vin et des feuilles de laurier. Vite !

Les yeux écarquillés d'étonnement, elle s'empressa d'obéir.

— Je suis désolé, dit le jeune homme qui avait enfin trouvé un morceau d'étoffe à ceindre autour de son corps. Est-ce que je peux vous aider ?

Je le reconnus. C'était l'un des fils de l'Argienne, ces deux jeunes gens que je ne connaissais que sous le nom de Cléobis et Biton. Cléobis (mais peut-être était-ce Biton) avait un air pitoyable. Sa nudité révélait que, quoique bien pourvu par la nature, il n'était pas en état de prendre du plaisir « Au refuge d'Haimon ».

— Prends garde à toi, infâme séducteur, si tu ne veux pas que je te tue ! lança Corydon à ce garçon indolent, bien que trop occupé à réchauffer les mains de sa bien-aimée pour mettre ses menaces à exécution.

— Je m'en vais, dit le garçon indolent. Je ne lui voulais pas de mal. J'étais là pour apprendre la vie. Dis à la jeune dame que je suis désolé...

— C'est ça, dégage, vermisseau plein de paille ! lui lança la femme qui n'avait rien perdu de son venin. Mais tu vas payer avant, sinon j'envoie le portier s'occuper de toi !

L'Égyptienne s'en revint avec du vin et des feuilles de laurier. Aristote écrasa les feuilles sous le nez de la jeune fille et lui donna du vin par petites gorgées. Elle ouvrit les yeux et soupira.

— Si on lui jetait un pot d'eau ? proposa l'Égyptienne. Si on lui tordait le nez ?

— Tita, dit une voix. Tita, où es-tu passée ?

Le visage qui se présentait à la porte était celui de Biton (ou peut-être de Cléobis). Il avait un air des plus espiègles et sourit à belles dents en découvrant son jumeau.

— Ah, mon frère, tu es là ? Qu'est-ce qu'on s'amuse ! Mais il va falloir partir...

— C'est ça, fichez le camp ! cria la maîtresse du « Refuge d'Haimon ». Et toi, fille de truie, ne laisse plus les clients faire un tel scandale. Et n'oublie pas de lui prendre son argent.

Tita l'Égyptienne haussa les épaules. Puis elle se pencha vers le malheureux Cléobis, le prit par un bras, et Biton de l'autre.

— Allez, les petits chéris à leur maman, dit-elle en les entraînant.

— Oui, dit Aristote, il vaut mieux ne pas être trop nombreux dans cette pièce. Il lui faut de l'air. Sortez de là.

— Que je sorte ? répliqua Haimon d'un air méprisant. On t'a demandé quelque chose, monsieur je ne sais qui ? On n'a besoin de personne ici. Paie le vin et passe la porte, sinon je te fais avaler les dents. C'est *moi* le maître !

— Toutes mes félicitations, cet établissement m'a l'air fort rentable, rétorqua très calmement Aristote. Nous ne voulons pas te créer d'ennuis. J'étais simplement venu pour cette fille.

— Pour cette fille, mais oui ! dit la femme à l'opulente poitrine en se frottant les mains. Un homme tel que toi, ajouta-t-elle avec un méchant sourire. C'est un honneur et un plaisir. Mais tu t'en doutes, le prix est élevé. C'est une marchandise de grande valeur, un bouton de rose que nul n'a défloré, une perle de rosée. On la gardait pour un haut personnage. Les hommes d'un certain âge apprécient mieux les belles choses. D'ailleurs, tu peux toi-même juger de sa valeur. Tu n'en trouveras pas une comme elle dans toute la Phocide !

— Je crois que tu es victime d'une illusion, lui répondit Aristote. Sans compter que tu as une bien piètre mémoire. Il y a peu, tu déclarais qu'elle ne valait pas plus qu'une poignée de noisettes. Quoi qu'il en soit, je crains que tu ne te sois fourvoyée. Les complications légales sont considérables et tu pourrais avoir des ennuis. Vous vous êtes mis tous les deux en péril.

— En péril ? répéta Haimon. Tais-toi, femme. Qu'est-ce que tu entends par là, étranger ? Et d'abord, qui es-tu ?

Aristote se tenait au milieu de la pièce et faisait face au couple. Son visage était grave et il tendait la main, le doigt dressé, comme s'il s'adressait à un jury ou à l'auditoire de l'un de ses cours.

— Je suis un rhétoricien d'Athènes. Cette fille pourrait vous faire encourir des risques si l'affaire était portée devant les tribunaux. Elle est en réalité l'esclave d'un riche citoyen d'Athènes, du nom de Lysippos. Elle lui a été récemment volée. On m'a prié de la retrouver. Vous pourriez être accusés de vol...

— Voilà ! cria la femme avec véhémence. Je t'avais dit de ne rien acheter à un marchand qui cache sa figure. Il est venu la nuit, couvert d'une capuche, je te le jure, et il a envoyé un esclave pour conclure la transaction. Il nous a assuré que tout était correct — je crois qu'il avait besoin d'argent. Nous ne sommes donc responsables de rien, vois-tu ? Cette fille est maintenant à nous. Je peux te présenter mon livre de comptes.

— Je crains que ça ne suffise pas. Et puis, ce n'est pas tout. La situation est dix fois pire que tu l'imagines. Car il convient maintenant de savoir si cette fille peut être esclave — souviens-toi qu'elle a déclaré être de bonne famille. Si son illustre père vous tombait dessus, c'en serait fini de vous. La loi n'est pas tendre pour ceux qui concoctent l'arrestation et l'emprisonnement illicite d'une personne libre. La peine encourue pour viol est une amende. Mais c'est la mort si un parent de sexe masculin surprend le séducteur. Si l'accusé est condamné par un tribunal, il lui faudra verser une forte somme. La famille de la victime peut administrer le châtiment de son choix, dans des limites raisonnables, bien entendu...

— Oui, l'interrompis-je, j'ai entendu parler d'une semblable affaire. Les frères ont coupé les cheveux de l'homme, l'ont fouetté avec des orties et lui ont introduit un radis noir dans...

— La punition est encore pire pour qui fournit à autrui la fille d'un homme libre, reprit mon ami. Il n'y a qu'un seul châtiment, la mort. L'agression sexuelle constitue aussi un crime que réprouve la loi athénienne, n'est-ce pas ? ajouta-t-il en se tournant vers moi.

— Tout à fait. Quiconque se livre à l'acte sexuel sur une personne non volontaire voit ses biens en grand danger. Quand il y a blessure, le coupable peut être chassé de sa propriété et condamné à l'exil.

— Que de chefs d'inculpation ! s'écria Aristote. Penses-y, ô Haimon. Détention, viol, séduction, agression sexuelle... La loi athénienne et la famille ne t'épargneront pas : orties, emprisonnement, amendes, exil, mort, radis noirs ! Que choisiras-tu ? Ah, tant de châtiments me semblent assez injustes car tu étais, ainsi que tu l'as dit, de bonne foi. Seul un bon rhétoricien pourrait plaider ta cause...

Haimon était livide, comme s'il se présentait déjà devant ses juges. Sa femme se mit à pleurnicher. Corydon et Callirhoé étaient assis l'un à côté de l'autre et écoutaient. D'un air de défi, la jeune fille releva ses cheveux.

Aristote était satisfait de son petit discours et surtout de l'effet produit.

— Il y a des circonstances atténuantes. Nous pourrions t'aider à t'en sortir. Mais il doit être clair que tu as pleinement coopéré dès que tu as appris que cette fille ne pouvait légalement t'appartenir.

— On ne vous a pas fait de mal, laissez-nous tranquilles ! dit la femme. Laissez-nous comme ça et vous pourrez vous amuser avec les filles, tous les deux, gratis !

— Non, ça n'ira pas, reprit Aristote. Vous devez agir de votre propre gré.

— Bien sûr, il y aura une compensation ? demanda Haimon.

— Ce serait au propriétaire d'origine d'en décider, celui qui est à Athènes. Tu n'as droit à aucune compensation, mon ami, mais je vais être franc avec toi : tu gagneras bien ta journée si tu laisses sortir cette fille.

— En tout cas, c'est une petite garce, dit la femme. Je saurais te la dresser, moi, avec une bonne corde !

— Silence, Plouta, dit Haimon, ou c'est toi qui vas goûter de la corde. Je veux pouvoir réfléchir.

— Ce me semble malheureusement impossible, fit Aristote de manière très civile. Il faut agir, c'est tout.

Il apporta du réconfort au tenancier et à sa femme en leur expliquant que c'en serait fini de leurs ennuis à l'instant même où Callirhoé quitterait leur établissement. Détailler ses arguments serait trop long. Il donna ensuite une pièce au portier, et nous sortîmes du bordel.

Personne ne parla quand nous quittâmes Cirrha. Aristote avait installé Callirhoé devant lui, sur sa mule, et Corydon marchait à côté d'elle, les yeux rivés sur sa bien-aimée comme si c'était le dernier spectacle que la vie lui accordait.

CHAPITRE XIII

La belle jeune fille

Nous marchions dans la plaine quand Corydon arrêta la mule d'Aristote et s'adressa à lui :

— Cela signifie-t-il que nous sommes enfin libres ? Ce que tu as dit à ce méprisable individu...

— Malheureusement, répondit le philosophe, ce n'est pas si simple. Tu es assez intelligent pour remarquer qu'il y avait beaucoup de conditionnel dans ce que j'ai expliqué au maître du bordel. Le problème est complexe. Pour ce qui est de la loi athénienne, je crois que vous êtes des esclaves. Il en serait tout autrement si le père de l'un de vous deux se présentait au tribunal. Cela me semble impossible pour l'instant puisque vos pères passent pour être nos ennemis. Je crains que, pour le moment, vous ne deviez rester auprès de moi, comme si vous étiez miens.

— C'est injuste ! s'emballa Corydon. Nous nous enfuirons !

— J'ai dit « comme si », lui rappela Aristote. Je n'ai pas besoin d'autres esclaves. J'en ai trois, tout à fait capables. Et je ne pense pas que vous nous conviendriez, à mon épouse et à moi. Je dois mettre la fille à l'abri. Callirhoé, tu garderas ce manteau et tu veilleras à ce que ton visage et tes cheveux — et si possible tes formes — demeurent invisibles, du moins tant que je ne t'aurai pas placée dans le gynécée de la demeure de Dioklès. C'est mon ami, il ne te fera aucun mal et ne demandera même pas à te voir. Il te faudra toutefois défaire tes cheveux, du moins pour l'instant.

Callirhoé soupira et libéra sa chevelure, qu'elle avait attachée ainsi qu'il sied à une femme de bonne famille.

— Je m'occuperai de vous deux, poursuivit Aristote. Et vous m'aiderez. Je souhaite particulièrement entendre l'histoire de Callirhoé. J'attendrai qu'elle soit remise.

— Je vais bien, dit-elle. Je suis heureuse d'être enfin sortie de cette horrible maison. Je savais que la déesse m'arracherait aux mains de ces infâmes, mais j'ignorais quand. Corydon, je fais confiance à ce vieil homme car il a eu l'inspiration divine de me délivrer.

— Ils me donnent un rôle dans leur propre tragédie, murmura Aristote. Mais sache, jeune fille, que ce n'est pas toi que je cherchais, mais ta maîtresse, Anthia, fille de Phérékratès d'Athènes. J'ai besoin de toi pour apprendre ce qui lui est arrivé.

— Je vois... Tes propos semblent raisonnables... Redis-moi ton nom? Je comprends que Corydon et moi-même ne pouvons nous enfuir. Où irions-nous, sans argent? Nous nous attirerions d'autres ennuis, c'est tout. Et ce ne serait pas bon pour ma réputation. Ne crains rien, je lui ferai entendre raison. Corydon est bon et brave, et je l'aime beaucoup, mais il n'est pas toujours prudent.

— Voilà qui fait plaisir, dit Corydon. Quand je pense à ton enfermement par Pharnabazos dans une tour d'Halicarnasse et aux souffrances que j'ai endurées...

— Peut-être, mais tu ne m'as pas sauvée. Heureusement que Théron était là. Il s'est révélé plein de sagesse. On ne peut en dire autant de nous, car les choses auraient tourné autrement. Mais il semble que ce soit là le destin que nous ont réservé les dieux.

— Oui, oui, fit Aristote, nous connaissons ton histoire. Inutile de nous la resservir. Mais nous brûlons de savoir ce qui est arrivé entre la dernière fois où tu t'es trouvée dans la demeure de Lysippos et maintenant. Et ce qu'est devenue Anthia. A-t-elle été violentée ? Est-elle morte ? Ou a-t-elle été vendue, elle aussi ?

— Rien de tel, me semble-t-il. J'étais son esclave, dit Callirhoé en frissonnant à ce mot. La fille de Phérékratès n'est pas une mauvaise maîtresse même si elle a parfois le caractère un peu vif. Elle pourrait être meilleure en tissage, et les motifs qu'elle exécute sont d'une simplicité... mais nous autres, Éphésiennes, avons d'autres habitudes. Comme vous le savez, le père d'Anthia est mort, et nous sommes toutes deux allées vivre chez Lysippos. Anthia était très malheureuse. Les femmes n'étaient pas mal disposées à notre égard, même si Hégéso, sans cesse malade, ne cessait de se plaindre.

— Et leur fille ? demandai-je en songeant à cette héritière potentielle.

— Oh, Myrrhine est une personne bizarre. Elle parle toute seule... parce qu'elle n'a pas de meilleur interlocuteur, selon elle. Quant aux hommes, je m'en suis tenue à l'écart. Cet oncle étrange, Timothéos, a une curieuse façon de caresser les servantes quand il s'en approche. Il faut préciser qu'Anthia ne connaissait pas bien son oncle Lysippos et qu'elle ne l'appréciait pas trop. Bien qu'il parût assez aimable. La nuit qui suivit le Jour des Chytres, après que les génies et les fantômes eurent été chassés de la maison, nous sortîmes, Anthia et moi, faire un sacrifice sur l'autel de la famille. Quelqu'un se précipita alors sur nous et nous jeta une lourde étoffe sur la tête avant de nous entraîner vers la porte.

« On nous emmena dans une litière. Des brutes scellèrent nos yeux avec de la gomme, les recouvrirent d'un bandeau, puis bourrèrent nos bouches de chiffons et nous lièrent les mains. Les cahots et le bâillon rendirent Anthia si malade qu'elle vomit. Je vous le dis, ce n'est pas très agréable dans une litière close. Mais les hommes ont ri, puis ils la nettoyèrent et la bâillonnèrent à nouveau. Moi-même, je me suis efforcée de ne pas être malade.

— Combien de temps avez-vous passé dans cette litière ?

— C'est difficile à dire. Nous étions lasses et nos ravisseurs ne nous donnaient pas beaucoup à manger, nous n'avions rien à faire que somnoler. Nous n'allions pas très vite. On nous a cachées pendant un certain temps, sans doute dans une étable ou dans une écurie, à en juger par l'odeur. En attendant l'ouverture des portes de la ville, certainement. Ensuite, je ne sais plus. Je pense que nous sommes restées dans cette litière un jour et une nuit, et encore un jour.

— Anthia n'avait-elle pas la moindre idée de l'identité de ses ravisseurs ?

— Elle n'a reconnu personne précisément. Elle a fait preuve de beaucoup de prudence. Anthia n'a rien d'une sotte et elle en a entendu assez pour comprendre qu'on l'enlevait parce qu'elle était héritière. Elle avait très peur d'être prise de force car que lui arriverait-il alors ? Un mariage illégal ou le châtiment pour elle. Même si elle restait en vie, elle ne pourrait se marier, se rendre aux cérémonies ou aux processions, porter des bijoux, et les autres femmes la frapperaient et lui tireraient les cheveux. Anthia ne le supporterait pas. Comme elle ne voulait pas être contrainte à épouser son ravisseur, elle décida de s'enfuir.

— S'enfuir ? Mais comment ? Quand ? Et comment connaissais-tu ses pensées ?

— Elle me murmurait quelques mots chaque fois que nous nous nourrissions du pain et de l'eau que nous donnaient les esclaves. Ça s'est passé plusieurs fois, et ils devaient s'écarter de nous. Je suppose que leur maître en avait décidé ainsi pour que nous ne les persuadions pas de nous libérer. Plus tard, quand elle s'est échappée, Anthia a défait mes liens et moi les siens, et nous avons échangé nos vêtements. Mais ce ne fut pas avant le deuxième jour.

— Es-tu certaine de ne pas avoir reconnu le ravisseur ou de ne rien avoir remarqué qui permette de l'identifier ?

— Bien sûr, nous avons essayé de savoir qui c'était, mais il se tenait toujours loin de nous, la tête recouverte.

— C'est étrange. Il s'agit certainement d'une personne qu'Anthia aurait pu connaître, parmi le peu d'hommes qu'elle approchait. Tu es bien sûre de n'avoir rien vu ?

— Disons que je l'ai entrevu, mais ça ne nous aidera pas beaucoup. Il m'a paru de taille moyenne — une forme sombre sous une cape tout aussi obscure. Il parlait avec l'accent athénien, d'une voix enrouée, contrefaite sans doute. Le soir, à la fin de la première journée, il a rencontré quelqu'un et nous avons perçu des voix d'hommes. Ce n'étaient pas des esclaves. Anthia a cru reconnaître l'une de ces voix, mais elle ne m'a rien dit de plus.

« Le voyage en litière est devenu très cahoteux. On nous a fait descendre et escalader une colline — il faisait presque nuit. J'avais vraiment peur qu'on nous assassine, mais nous avons seulement passé la nuit sur place. Le nouveau venu et le ravisseur parlaient loin de nous après nous avoir ligotées. Comme nous voulions nous soulager, on nous libéra partiellement. Il y avait un chêne, qu'Anthia avait réussi à voir en soulevant son bandeau. Nous fîmes des offrandes — elle déposa un ruban et moi une boucle de cheveux.

— Ensuite ?

— Nous redescendîmes la colline. À l'aube, nous avons retrouvé la litière. Heureusement, les esclaves s'étaient enivrés pendant la nuit et ils étaient fatigués. Ils refusèrent de nous bâillonner à nouveau. Le maître et son ami se sont mis en colère et les ont pris à l'écart pour les corriger. Anthia en a profité pour s'enfuir.

— En te laissant seule dans la litière ?

— Oui, mais nous avons échangé nos habits, pour que je sois elle — si vous me comprenez. Elle a attaché mes mains pour que l'on ne pense pas que moi, « l'héritière », j'avais aidé « l'esclave » à se sauver. Je te l'ai dit, les esclaves du maître étaient ivres et ils n'ont pas remarqué que la litière pesait moins lourd. Après, je ne sais plus rien d'Anthia.

— Quand s'est-on rendu compte de son évasion ? Que s'est-il passé alors ?

— Nous avions regagné la route. Au premier arrêt, le responsable des esclaves passa la tête et je lui dis que ma servante dormait. J'étais voilée, j'essayais d'imiter la voix d'Anthia. Nous continuâmes donc encore un certain temps.

— Pourtant, intervint Corydon, tu m'as bien entendu chanter.

— Oui, et j'ai voulu te répondre. Mais l'esclave m'a menacée d'un bâton et il m'a dit que si je ne cessais pas mon vacarme, il me briserait les dents et mettrait sa... sa chose dans ma bouche. Je me suis arrêtée. Je craignais qu'il ne découvre l'absence d'Anthia. J'avais peur d'être battue... et de tout le reste, ajouta en soupirant cette singulière esclave. Et puis, reprit-elle aussitôt, je me suis prise à penser que ta chanson, ô Corydon, n'était qu'une imagination de mon esprit. J'ai été lâche. Mais je suis heureuse d'avoir ainsi accordé plus de temps à Anthia. Ce n'est que plus tard, dans la matinée, qu'ils se sont rendu compte que j'étais seule.

— Étaient-ils furieux ?

— Il y a eu beaucoup de cris et de jurons, et quelqu'un m'a frappée. Pas l'ami du ravisseur, il nous avait laissés non loin du chêne. J'ai hurlé que mon esclave était stupide de s'enfuir ainsi : elle n'oserait pas raconter son histoire, de toute façon personne ne la croirait. Elle redoutait tant la loi... Cela parut les satisfaire pendant un temps. Le ravisseur ne me regarda pas de près, il pensait toujours détenir l'héritière.

— Oui ?

— Peu avant l'heure de midi, mon ravisseur rencontra quelqu'un de sa connaissance, un colporteur. Malgré ses protestations, ce gros homme voulut me voir. Il éclata alors de rire et jura que je n'étais pas Anthia. J'ignore comment il le savait. Le ravisseur et lui ont discuté et un esclave a été sévèrement châtié. Quand le colporteur est parti, un autre esclave m'a flagellée avec une baguette et j'ai dû faire semblant d'avoir très mal pour qu'il arrête. Nous sommes restés un certain temps cachés derrière un bouquet d'arbres.

« Le ravisseur avait très peur. Il a dit qu'il fallait abandonner et cacher la litière avant de continuer à pied. Les esclaves m'ont pratiquement portée, mes pieds ne touchaient pas terre mais j'avais l'air de marcher. Il a dit qu'il allait se débarrasser de moi à Delphes. J'étais terrorisée.

— Et alors ?

— Nous nous sommes fait passer pour de pauvres pèlerins — un homme accompagné de sa sœur invalide. Mon ravisseur servait cette histoire à tous ceux qu'il rencontrait. Ensuite, ce fut Cirrha et ces horribles gens à qui j'ai été vendue, ainsi que tu le sais. Ils m'ont laissée tranquille une journée pour que je me rétablisse, dit-elle en frissonnant, avant de me « mettre au travail ».

— Comment se fait-il que tu n'aies pu attirer l'attention sur toi et crier ? Tu n'étais quand même pas bâillonnée en public !

— Si, et j'étais recouverte d'un voile épais pour ne pas être vue. Quand quelqu'un posait une question, un esclave répondait que mes yeux ne supportaient pas la lumière. On allait implorer ma guérison auprès d'Apollon.

— Est-ce bien là toute la vérité ? insista Aristote. Tu ignores où se trouve Anthia ? Elle n'a rien dit de sa destination ?

— Non. J'ignore même si elle est encore en vie, bien que je le croie. Elle n'est ni stupide ni lâche — quoiqu'elle m'ait abandonnée.

— Le chêne aux rubans, fit Aristote, pensif. Elle erre peut-être toujours dans la montagne.

— Il se peut aussi qu'elle ait regagné Athènes, proposai-je.

— Je ne le pense pas, dit la jeune fille. Qui croirait qu'elle a été enlevée pendant plusieurs jours et qu'elle est toujours intacte ? Non, elle s'est peut-être engagée dans une ferme, en attendant de prévenir discrètement sa famille.

— Si elle peut encore lui faire confiance, lâcha Aristote.

— Elle est peut-être à Delphes, suggéra Corydon.

— Hélas, si nous avions retrouvé Anthia au lieu de cette esclave, nous aurions pu apporter quelque réconfort au malheureux Lysippos !

— C'est vrai, reconnut mon ami. Cette histoire a été riche en péripéties, mais notre héritière est toujours introuvable. Callirhoé pose une bonne question : qui croirait à la pureté d'Anthia après plusieurs jours d'enlèvement ? C'est une probabilité impossible, ou une impossibilité probable. Tu jures tout ignorer de l'identité de cet homme ?

— Oui, de même pour Anthia. Comment pourrait-elle le connaître, elle qui vient d'arriver chez Lysippos après avoir passé toute son existence dans les appartements des femmes ? Je te le répète, il avait une taille moyenne et une voix mâle quoique un peu aiguë, contrefaite certainement.

— C'est peu. Il fait preuve d'une prudence admirable. En tout cas il n'est pas libidineux. S'il avait voulu prendre ces filles de force, il en avait largement l'occasion. Et s'il avait voulu séduire Anthia, il aurait pu commencer à lui prouver son amour. Par de petits cadeaux, des discours mielleux, que sais-je ?

— Peut-être, dit-elle avec suffisance, n'avait-il pas belle allure. Il aura voulu attendre qu'Anthia fût enfermée dans une maison. Sa voix n'était pas celle d'un bel homme. Ah, soupira-t-elle, les êtres dénués de beauté ne connaissent pas leur bonheur. J'ai souvent souhaité être laide, ou tout au moins quelconque.

— Oh non ! s'écria Corydon, choqué.

Leur discussion s'acheva quand Corydon embrassa fiévreusement la main et le bras de Callirhoé.

Nous arrivâmes à Delphes en fin d'après-midi. Grâce à d'infinies excuses et de vagues explications, Aristote put placer Callirhoé dans le gynécée de son bon ami Dioklès.

— Quel soulagement ! me dit-il quand nous fûmes seuls. C'est une bénédiction de voir cette fille enfin à l'abri. Au moins elle n'ajoutera pas un nouveau chapitre à une histoire déjà riche en satrapes perses, en pirates et en tenanciers de bordel. Pour l'instant, tout au moins.

Corydon semblait heureux, voire extatique. Très différent du garçon mélancolique que nous avions rencontré. Et cela le rendait encore plus attirant : hommes et femmes avaient du mal à détacher leurs regards de sa jeune personne. Il n'était pas aussi facile à dissimuler que Callirhoé.

— Ah, si je pouvais les mettre dans une boîte ! grommela Aristote. Ou plutôt dans deux boîtes séparées. On va avoir du mal à les séparer, ces deux-là. Mais je ne devrais pas dire pareille chose, quand je songe à la boîte si spéciale dont Ammonios a désormais besoin. Quel imbécile je fais ! J'aurais dû jeter un coup d'œil au corps que conserve Polémon.

— Pourquoi ? Ammonios ne reviendra pas à la vie, et tous les plus habiles médecins de ce pays n'y pourront rien. Et puis, son cadavre doit constituer un spectacle assez déplaisant.

— Mais qui sait si ce que détient Polémon est bien le corps d'Ammonios ? Au cours des derniers épisodes de notre aventure, la substitution a été la règle. La métaphore. L'échange d'une chose contre une autre. Et tout va par paire, semble-t-il... même les deux faces de lune du bordel.

— Cléobis et Biton, acquiesçai-je en riant. Mais j'y pense, toi qui parlais de médecins... Qu'en est-il de la santé de cette fille ? Tu crois que son histoire est vraie ?

— Il n'y a rien pour la contredire. Elle a vaguement souffert du manque de nourriture et de sommeil. De détresse également. Mais sa constitution est excellente, son souffle régulier, et elle a bien digéré son souper. Son histoire ? Tout ce qu'elle relate s'accorde avec le récit de Corydon, même si les Ioniens ont une façon de décrire les choses plus fleurie que la nôtre.

— Tu sais, il a beaucoup exagéré la beauté de sa bien-aimée. Je suis déçu. Elle est noiraude et son nez est à la fois trop large et trop fin. Elle a des sourcils minces, trop haut placés. Non, elle ne correspond pas à l'idée que je me fais d'une beauté fatale. Je lui aurais donné des cheveux d'or, des yeux de la couleur des premières violettes du printemps.

— Stéphanos, mais tu es poète ! J'aurais parié que tu ne la trouverais pas belle parce que tu n'as pas vécu en Asie comme moi. Elle a probablement du sang perse.

— Oh non, une barbare ! Comment peut-on être perse ? Je veux dire, comment une beauté peut-elle être perse ? C'est détestable !

Aristote me regardait d'une façon étrange, et soudain je me rappelai qu'il avait pour épouse une étrangère que je n'avais jamais vue. Pythias, femme ou nièce (ou je ne sais quoi d'autre) d'Hermias d'Atarnée. Elle-même mère de la petite Pythias, que j'avais entrevue à la Fête des Fleurs, cette enfant aux cheveux sombres et au teint olivâtre.

— J'ai peut-être l'air intolérant, ajoutai-je avec moins de vivacité, mais tout de même, comment peut-on avoir une notion différente du beau ? Tous les hommes s'accordent sur ce point. Et les Grecs savent ce qu'est la beauté : c'est l'une des choses qui les distinguent des barbares.

— Tu peux qualifier notre jeune couple de barbare, répondit calmement Aristote, et tu as peut-être raison, même si tous deux parlent le grec. Néanmoins, je crois qu'ils sont, ainsi qu'ils le prétendent, de bonne naissance. Ils possèdent cette arrogance aristocratique qu'un imposteur sans entraînement ne peut acquérir. Tu sais que j'ai démontré que ceux qui ne sont pas de nature servile ne devraient pas être esclaves. Que faire d'eux ? Voilà la question.

— Tu pourrais solliciter l'Oracle, proposai-je.

— C'est vrai. Notre consultation aura lieu dans trois jours. Mais je devrais plutôt l'interroger à propos de l'héritière, car nous n'en savons pas plus qu'avant sur l'infortunée nièce de Lysippos. Puissent les dieux se montrer cléments avec Anthia ! J'éprouve du remords car, à un moment donné, j'ai commencé à douter de l'histoire de Lysippos, et je me suis même demandé s'il y avait réellement eu enlèvement.

— L'incertitude a été notre lot, dis-je d'un ton rassurant. Tu as fait tout ton possible. Mais aujourd'hui, nous savons : Anthia a été enlevée et elle s'est échappée, pour errer dans la nature, n'importe où. Pauvre Lysippos !

— C'est une chose terrible pour une fille de bonne famille... et nous n'avons pu l'empêcher.

— Mais... Aristote, as-tu remarqué comment Polémon s'est enfui du bordel ? Tu ne penses pas qu'il a eu peur de Callirhoé ? Qu'elle le reconnaisse, par exemple ? Cela ne plaide pas en sa faveur.

— C'est étrange, j'en conviens, mais Polémon est-il assez riche pour organiser tout ça ?

— Il est parent avec Ammonios, qui est — était — suffisamment riche. Le ravisseur a rencontré ce dernier sur la route. C'était peut-être prévu. Ammonios, déguisé en colporteur, est certainement le gros homme qui a regardé Callirhoé.

— Nous ne perdrons pas Polémon de vue, ne crains rien. Je vais lui écrire de venir à Delphes consulter l'Oracle.

Je m'efforçai de persuader Aristote d'aller faire un tour, mais il se sentait fatigué après l'expédition de la veille et me répondit qu'il préférait lire. Je ne tenais pas en place — la visite au bordel m'avait excité. En dépit de ce que j'avais déclaré à propos des femmes barbares, mes pensées me ramenaient sans cesse auprès de Tita l'Égyptienne, la femme aux grands yeux noirs. Cirrha n'était pas loin, mais je ne voulais pas revoir Haimon et son « Refuge ». J'allai donc marcher le long de l'enceinte sacrée. Une brume montait de la vallée du Pleistos.

Je passai près de la source sacrée et entendis son frais babil sur les rochers. J'approchai du bosquet de Carila, la jeune fille qui s'était pendue. Un personnage sombre et mince, encapuchonné, se tenait sous un arbre. Un autre s'en approcha pour lui donner quelque chose dans un panier. Le nouveau venu devait être une femme, ni svelte ni jeune. Une vieille femme, une Delphienne charitable, qui venait en aide à un malheureux. Le personnage encapuchonné disparut aussitôt. Était-ce une femme ? Son attitude me parut impérieuse, comme celle d'un homme. En réalité, dans la brume, il n'y avait plus ni homme ni femme, rien que des formes vagues. Je ne sais pourquoi, mais cela me rappela autre chose. Confusément, d'abord. Je me souvins alors du garçon moqueur qui m'avait frôlé à l'extérieur du sanctuaire d'Apollon. De fil en aiguille, d'autres souvenirs s'imposèrent à moi, fantomatiques comme les montagnes qui m'entouraient.

Étrangement troublé par cet incident qui ne me regardait en rien, je regagnai la maison de Dioklès. J'y trouvai Aristote en pleine lecture. Il était plongé dans l'étude d'un des rouleaux pythiques. Dès qu'il commençait à lire, il était difficile de l'arrêter. Mais il m'accueillit aimablement et reposa le rouleau.

— J'ai ici la liste des vainqueurs de l'année où nous avons perdu contre les Spartiates, me dit-il. C'est curieux de lire les noms d'êtres disparus depuis longtemps.

— Disparus depuis longtemps, répétai-je. Aristote, crois-tu à l'histoire de Carila ?

— C'est une vieille légende, fit-il en haussant les épaules, mais c'est peut-être vrai. Il n'est ni impossible ni improbable que les Delphiens, qui sont comme tout un chacun, aient pu se montrer peu charitables envers une étrangère.

— Je viens de voir quelque chose qui m'a évoqué le spectre de Carila. Et cela m'a fait penser à ce que j'ai entendu la Nuit des Spectres.

Je lui parlai brièvement du personnage entrevu près de la source sacrée et puis, honteux, je lui rapportai les étranges paroles surprises à Athènes. Je lui expliquai comment j'avais entendu Oreste et Électre converser alors que je me trouvais près de la maison de Lysippos.

— Je ne voulais pas t'en parler, tu m'aurais trouvé ridicule — croire ainsi aux fantômes, comme les esclaves et les paysans. Pourtant, ces voix semblaient tant appartenir à des spectres que l'image d'Oreste et de sa sœur s'imposa à moi. Leurs propos n'étaient pas empruntés aux poètes tragiques, mais ils y faisaient beaucoup penser. Et, à la fin, ils ont prononcé des mots qui me sont familiers :

Non, il ne me trahira pas, le puissant Oracle de Loxias, qui m'ordonne d'affronter ce péril...

— C'est tiré d'une pièce d'Eschyle. Oui, je vois... À part ça, qu'est-ce qui t'a fait penser aussi fort à Électre et Oreste ?

— Elle a dit reconnaître la couleur d'une boucle de cheveux sur un autel et a ajouté : « Tu ne sais pas comment l'on me traite ! » Il a répondu qu'il n'avait pas de tombe. Il a parlé de « tentative de meurtre », et elle a évoqué l'idée de vengeance.

Poussé par Aristote, je lui rapportai cette conversation par le menu — ce que ma mémoire avait pu en retenir, tout au moins. J'avais honte de croire ainsi aux spectres, mais lui ne se moquait pas. Bien au contraire, il me prêtait beaucoup d'attention et répétait certains mots.

— « Non, il ne me trahira pas, le puissant Oracle de Loxias... » Oui. Pas étonnant que tu aies cru qu'Oreste était revenu cette nuit si particulière. En réfléchissant bien, es-tu certain de ne pas avoir reconnu ces voix ?

— Tout à fait. Elles ne ressemblaient à rien de connu. Je te le répète, on eût dit des voix de fantômes, perdues dans la brume et la nuit. Et puis... j'étais saoul.

— Plutôt, oui. Dire que tu voulais enfouir à tout jamais un tel souvenir... Pourquoi t'est-il revenu à l'esprit ce soir ?

— Eh bien, hésitai-je, un petit vaurien qui m'a bousculé hier m'a rappelé — sans raison évidente — ces fantômes. Le personnage entrevu au bosquet m'a évoqué ce jeune homme, et voilà. En tout cas, ce dernier portait une capuche et n'avait rien de spectral. La forme vue au bosquet paraissait plus féminine, le spectre de Carila peut-être. Mais ce pouvait tout aussi bien être un homme, un proscrit, comme Oreste.

— Très intéressant. La maison de Lysippos est donc hantée par Oreste et Électre. Et Oreste serait ici. Nous allons devoir t'ôter cette habitude de voir des fantômes partout, jeune Stéphanos. Même si le véritable Oreste s'est bien rendu à Delphes. Pourtant... ce lieu où brille la lumière d'Apollon, qu'a-t-il donc à faire avec des spectres, des ombres et des silhouettes entrevues ?

Il joignit les mains comme il le faisait souvent quand il réfléchissait.

— Notre situation est bien étrange, Stéphanos. Nous voici, confortablement installés à Delphes, en quête d'une héritière disparue. Nous ne trouvons pas la jeune fille mais, en chemin, nous tombons sur deux cadavres et deux esclaves. Nous grelottons sur les cimes avant de jouir de l'hospitalité de la maison de Dioklès, de lire et d'entreprendre de plaisantes expéditions. Le cadavre que nous avons vu au carrefour d'Œdipe semble avoir été transporté à Cirrha, une statuette d'argent est défigurée, un jeune noble chante dans un bordel pour quelques demi-oboles. Et voilà qu'Oreste s'en mêle. L'héritière semble s'être évaporée. Tiens, je viens de recevoir cette lettre — elle a pris du retard en chemin et a été portée à une mauvaise adresse.

Il me tendit une tablette couverte d'une écriture bien nette que je reconnus tout de suite :

> *Lysippos absent de chez lui. De même pour Timothéos. Hégéso très malade. Fille également disparue. N'en ai parlé à personne d'autre. Écrirai à nouveau.*
>
> *Théophraste*

— Que veut-il dire par « fille également disparue » ? demandai-je. Il doit avoir l'esprit perturbé. Il croit qu'Anthia est la fille de Lysippos.

— Oh non, Théophraste ne fait jamais d'erreur pour ce qui est des détails ; s'il dit « fille », il s'agit de la fille. Myrrhine — celle que l'on dit folle — a dû filer. Mais j'ai l'espoir — le triste espoir, si je puis me permettre — de revoir bientôt Lysippos et Timothéos.

— Ah oui ? Où donc ?

— À Delphes, évidemment. Pourquoi pas ? Tout le monde semble venir ici. Nous devrions les chercher dès demain. Essayons de retrouver ta Carila. Pourquoi ne se rendrait-elle pas au bosquet à l'aube ? Même s'il y a malheureusement de fortes chances pour qu'il ne s'agisse que d'un vagabond famélique.

CHAPITRE XIV

La pendue

Tôt le matin, Aristote et moi nous rendîmes à la source sacrée. L'étrange silhouette s'y trouvait — mais nous arrivâmes en retard, car elle venait de recevoir des présents et repartait avec son panier. Une petite jarre était posée en équilibre sur sa tête. C'était une femme, de toute évidence. Elle nous vit et pressa le pas en murmurant. Je crus percevoir ces mots de cette seconde Carila :

Moi, je porte l'eau de la source,
Sans jamais m'amuser à la fête...

— Elle n'a rien d'un fantôme, c'est déjà ça, dit Aristote. Elle a pris de l'eau, et probablement du pain.

Il commença à la suivre, mais le chemin était escarpé. De plus, nous fûmes interrompus par l'arrivée de deux de ses amis, désireux de le présenter à d'autres citoyens. Ce genre de chose se produisait sans cesse à Delphes : Aristote tombant sur des gens qu'il connaissait. C'était un réel désagrément, d'autant plus que nous essayions de remplir une mission secrète.

Toujours poli, il se montra dans le cas présent d'une amabilité que je ne lui connaissais pas. Oublieux du « spectre » qui venait de susciter son intérêt, il accepta volontiers des invitations multiples. J'étais aussi invité, bien entendu. J'aurais préféré suivre cette étrange femme, mais ces rencontres nous permirent d'apprendre énormément de choses — certaines intéressantes, d'autres pas ; quelques-unes touchant à des problèmes athéniens, mais la plupart à des affaires locales.

Je compris enfin le but de mon ami quand, au milieu d'une discussion concernant la jambe gonflée du grand-oncle de je ne sais qui, quelqu'un demanda si nous connaissions Lysippos, l'orfèvre d'Athènes, et si nous étions au courant de ses épreuves.

— Le pauvre homme, il s'afflige de la mort de son fils, nous expliqua notre informateur. Il vient d'arriver, escorté de son frère, Timothéos. Il a le cœur brisé, dit-on, et la nouvelle l'a abasourdi. Je parle de Lysippos, bien sûr. Son frère paraît quant à lui vivre dans le brouillard — c'est un philosophe. C'est pourtant lui qui prend les choses en main, à présent.

— Comment son fils est-il mort ? demanda Aristote.

— Straton, le fils que vous connaissez, la prunelle de ses yeux, a été assassiné et abandonné au bord du chemin. Quelle horreur ! Lysippos l'a appris il y a quelques jours alors qu'il était déjà en route. Quelle tristesse ! Il venait à la fête de la consécration. En quittant Athènes, Lysippos ignorait qu'il se rendait à des obsèques.

— Lysippos serait donc à Delphes ? m'étonnai-je.

— Oui. Retardé par l'horrible découverte et les rites funèbres. Les funérailles ont eu lieu dans un minuscule hameau de la région, là où le pauvre garçon a trouvé la mort. Les corneilles avaient déjà fait leur œuvre... Je suppose qu'ils ramèneront ultérieurement ses restes à Athènes. Les crimes et les vols sont fréquents sur cette route.

— Les autorités devraient être plus vigilantes, dit un autre personnage. Il faudrait que la voie soit sûre pour tous les pèlerins...

— Je trouve qu'elle l'est assez, ajouta un troisième qui, de toute évidence, ne souhaitait pas s'attarder sur les problèmes posés aux voyageurs. D'ailleurs, ils ne sont pas obligés d'emprunter les routes. Le trajet par la voie maritime est agréable, surtout en été et au printemps. Beaucoup de pères viennent avec leurs enfants...

Le triste destin du fils de Lysippos fut à nouveau évoqué, ce qui permit à Aristote de se libérer.

— Quel choc !... Le pauvre homme, je vais lui rendre une visite de condoléances, déclara-t-il.

Nous nous rendîmes donc dans la maison où, nous venions de l'apprendre, Lysippos était descendu en compagnie de Timothéos. Leur hôte, ami de longue date de la famille paternelle de Lysippos, avait été privé, après la plus récente, la plus terrible aussi, des guerres Sacrées, de tous ses droits relatifs au fonctionnement de l'Oracle et de la plupart de ses autres droits politiques. Il avait toutefois eu la chance de ne pas perdre son habitation. Il ne fut pas mécontent de voir Aristote. La fréquentation du célèbre Macédonien constituerait la première étape de sa réintégration. En tout cas, il nous accueillit cordialement. On nous conduisit dans une cour ombragée, l'ami de Lysippos nous expliquant bruyamment que l'Athénien avait besoin de calme tandis que lui-même était heureux de nous voir car, justement, Lysippos avait besoin de compagnie. Aristote ne put que hocher la tête devant pareilles contradictions.

Nous trouvâmes Lysippos et Timothéos assis côte à côte sur un banc. Derrière eux, les Phédriades formaient un décor magnifique. La vue de Lysippos me causa un véritable choc — lui qui était si beau, si enjoué pendant les Anthestéries. Même lorsque je l'avais rencontré pour la dernière fois, quand il avait évoqué la mystérieuse disparition de sa nièce, il témoignait encore d'une indéniable force. Aujourd'hui, des cernes ternissaient ses yeux, ses joues étaient creuses et une multitude de rides se dessinaient sur son visage. Sa chevelure était en désordre, comme sa barbe, plus très brune, où le gris prédominait. Le contraste avec la couleur du bracelet qu'il portait au bras droit avait quelque chose de poignant.

— Mon pauvre Lysippos ! Je viens d'apprendre... commença Aristote. Non, ne te dérange pas pour moi.

— Mon cher ami, lui répondit Lysippos en levant ses yeux tristes. Comme il est bon de découvrir le visage d'un ami de sa propre ville ! Assieds-toi un instant avec nous. Oui, tu me vois plongé dans un terrible chagrin. Mon pauvre Straton !

— C'est vrai, reprit Timothéos, mais ne laisse pas la douleur te dominer, mon frère. Mange quelque chose, je t'en supplie.

Maladroitement, il leva son bras cerclé d'argent pour le poser sur l'épaule de son frère. Timothéos était lui aussi accablé. Ses yeux, son visage, sa chevelure, tout trahissait la douleur qui ravageait cet homme.

Lysippos porta sur lui un regard plein de douceur.

— Oui, je vais prendre quelque chose, mon frère, puisque tu me le demandes.

Un esclave fut appelé.

Comme une nourrice fidèle, Timothéos regarda Lysippos avaler de la soupe et du vin coupé d'eau. Aristote et moi attendîmes, balayant les excuses de cet homme accablé. Après avoir absorbé quelque aliment, Lysippos retomba dans son apathie.

— Vous êtes au courant pour la mort horrible de Straton, dit Timothéos après une longue pause. Il ne faut pas trop en parler devant lui. Ça le bouleverse, ce qui n'a rien de surprenant. Il a tant pleuré qu'il n'a plus de larmes. Et notre pauvre Straton n'a même pas eu de funérailles dignes de lui.

— Ah, ce furent de piètres obsèques ! intervint Lysippos, la voix tremblante. Personne pour y assister, hormis moi-même. Je l'ai enseveli avec son bracelet, une fibule d'argent que j'avais sur moi et ma coupe en terre — rien de splendide. À Athènes, je lui édifierai un monument. Nous y ramènerons ses ossements. Nul ne pourra dire que nous laissons les membres de notre famille dans des tombes anonymes. Mais je ne pouvais faire autrement, n'est-ce pas ?

— Tu as fait de ton mieux, lui dit Timothéos d'un ton apaisant. Tu as très bien agi. Même moi, le propre oncle de Straton, je n'étais pas là : dans ma folie, j'étais aussi parti à la recherche d'Anthia, sans personne pour m'aider, ajouta-t-il.

— Peut-être avais-tu des soupçons que tu ne désirais pas partager ?

— Oui, j'ai soupçonné Ammonios quand j'ai appris qu'il avait quitté Athènes. Cela me semble si absurde aujourd'hui. Après tout, c'est un veuf, riche et de bonne naissance, il aurait pu faire des propositions à notre héritière. J'ai quitté Athènes en précédant mon frère pour rendre visite à un associé d'Ammonios sur la route de Delphes. Je ne voulais pas déranger mon frère avec mes soupçons avant d'être certain.

— Et je t'en remercie, mon frère, dit Lysippos d'une voix faible.

— Cet homme, l'ami d'Ammonios, est un personnage de basse extraction. Une relation de Pataikos, autre individu peu fréquentable. C'est du moins ce que je pense, mais peut-être mes critères sont-ils trop élevés. Il a transformé sa demeure ancestrale — quelle horreur ! — en bordel et en école pour prostituées.

— C'est indécent, murmurai-je. Et qu'a-t-il dit ?

— Qu'il avait vu Ammonios. Il avait passé la nuit chez lui, en grand secret, et pris des remèdes. Il était de mauvaise humeur, semble-t-il, parce qu'il se rendait à Delphes, sur les traces d'une esclave prostituée qu'il voulait récupérer. Vous voyez, Ammonios ne peut avoir été le ravisseur puisqu'il voyageait seul. De sorte que ma tentative — ma pitoyable tentative ! — pour retrouver un ennemi de notre famille n'a abouti à rien. Je suis revenu vers Lysippos, qui se trouvait derrière moi, sur la route, et j'ai appris la mort de Straton. Imaginez notre détresse ! Mais non, vous ne pouvez la concevoir. Nous ne savions que faire. Et nous n'avions eu aucune nouvelle de ta part pendant tout ce temps, ajouta-t-il avec un regard de reproche à l'égard d'Aristote.

— J'ai été plus qu'inutile, répondit ce dernier, tête baissée, et je le regretterai toujours. Je ne vous ai pas aidés, malgré le désir que j'en avais. J'ai échoué. Je ne sais comment me racheter.

— Ne t'accable pas, Aristote, mon bon ami, lui dit Lysippos. Hélas ! Si lui, l'homme le plus sage d'Athènes, n'a rien pu faire, qu'aurions-nous fait ? Les dieux sont contre nous. La disparition de ma nièce m'a paru horrible, mais ceci est encore pire.

Quand un homme de la maison meurt, quel chagrin !
Une femme importe peu.

« L'espoir de ma maison et de ma lignée a disparu. Nos glorieuses perspectives furent assombries par la mort de mon pauvre Gorgias, mais elles sont maintenant mortes à tout jamais. Une famille aussi prospère que la nôtre ! Mon père Démodikos avait trois fils, et j'en avais deux. Aujourd'hui je n'en ai plus aucun. *Aï ! Aï !*

Il se mit à pleurer, doucement, quelques larmes solitaires arrachées à une source depuis longtemps tarie.

Nous ne pouvions que nous taire.

— Et maintenant, dit Timothéos, nous ne savons vers qui nous tourner. Nous ignorons où exactement le meurtre de Straton a eu lieu, en Attique ou en Béotie. Nul ne sait qui accuser, si le meurtrier vient d'Attique ou de Béotie, s'il était seul ou accompagné, si l'auteur du crime est un voyageur, un étranger ou un brigand des environs. Et nous n'avons pas retrouvé Anthia !

Que faire ? Nous ignorons où elle se trouve — si elle est en vie, encore vierge !

— Tu pourrais peut-être interroger... commençai-je en pensant à Callirhoé, mais le regard noir d'Aristote me dissuada de poursuivre.

— Ce que veut dire mon ami Stéphanos — même s'il est un peu jeune pour conseiller ses aînés —, c'est que vous pourriez implorer le conseil d'Apollon. Ayez une entrevue avec la Pythie et consultez l'Oracle. Ce qui échappe aux hommes n'est pas inconnu des dieux. C'est l'endroit idéal pour poser des questions délicates.

— Tu as raison. J'ai poussé mon pauvre frère à venir à Delphes puisque c'était la direction qu'Anthia était censée avoir prise, mais aussi parce que ce lieu est bon pour le corps et l'esprit. L'Oracle, oui ! Mais nous sommes venus à l'improviste et nous ne pouvons espérer interroger la Pythie.

— C'est exact, fit Lysippos d'un air triste. Notre hôte ici ne peut rien pour nous. Comme je le souhaiterais ! La fille de mon infortuné frère. *Aï! Aï!* Mon chagrin pour Straton ne me fait pas oublier mes responsabilités envers Anthia — et mon impuissance. Nous ne pouvons même pas questionner l'Oracle.

— Ne te préoccupe pas des détails, le rassura Aristote. Je puis vous arranger une entrevue à brève échéance. Je vous enverrai un mot aujourd'hui ou demain. Le moment le plus propice est dans deux jours. Espérons que tu pourras consulter l'Oracle alors — en même temps que moi.

— Espérer ? fit Lysippos, pitoyable. Tu t'adresses à quelqu'un pour qui l'espoir est un vain mot. Mes espérances sont mortes !

— Le pauvre homme, dit Timothéos en nous raccompagnant à la porte, oui, le pauvre homme. Tout ce qu'il a dit est si vrai... Qui pourra le consoler ? Mais je pense que son esprit sera réconforté s'il pose sa question à Apollon. Même un philosophe ne peut dédaigner l'Oracle. Socrate en personne n'a-t-il pas interrogé la Pythie ? Et ce qu'elle lui a répondu était vrai.

— Je m'en souviens...

— Certes, mon malheureux frère n'est pas un philosophe. Il n'a jamais compris la vérité. Le pauvre ! Son esprit s'attache à des choses matérielles. S'il avait appris, comme le dit Platon, à aimer le Bien, il saurait que ce qui advient — ou semble advenir — dans cette caverne d'ombres est sans importance. Il se préoccupe de l'éphémère, d'une chair mortelle sujette à la corruption.

— Il faut avoir pitié de lui.

— Oui. Même moi suis plus homme que philosophe. Je ne puis me détacher des peines de mes semblables. Et si j'avais des enfants, je comprendrais mieux ce qu'il éprouve. Merci de ta bonté.

Nous nous éloignâmes. Je sentais toujours sur mes épaules le poids de la douleur de Lysippos. Même les Phédriades paraissaient moins hautes, moins éclatantes. Aristote l'avait reconnu : nous ne l'avions aidé en rien. Ah, s'il était possible de remonter dans le temps, jusqu'au premier jour des Anthestéries, quand Anthia était encore en sécurité dans la demeure de son oncle, Callirhoé auprès d'elle, quand Straton était heureux de vivre, quand Ammonios l'était aussi... De retrouver chacun tel qu'il était...

— Aristote, dis-je brusquement, tu n'as pas parlé de Callirhoé à Lysippos et Timothéos. Cela les aurait réconfortés. Ne devraient-ils pas rencontrer l'esclave d'Anthia ? N'aurais-tu pas dû les interroger sur Myrrhine, la fille de Lysippos ? Théophraste a relaté son absence.

— Callirhoé ne les consolerait en rien. Elle ignore où se trouve Anthia et ne pourrait leur fournir aucune bonne nouvelle. Je vais attendre. J'espère ne pas avoir fait trop souffrir Lysippos.

— En lui parlant ? Certainement pas. Ils ont été heureux de te voir. Mais... Myrrhine ?

— Qui sait ? S'ils n'ont pas mentionné son nom, je dois les imiter. Les familles ont leurs propres secrets. Lysippos et Timothéos ont des problèmes qui sont connus du public, mais ça ne signifie en aucun cas qu'ils désirent que l'on ait connaissance et parle de *tout*.

— Je vois, fis-je. Je suppose que la fille est devenue complètement folle et qu'il a fallu l'enfermer. La disparition de sa cousine Anthia et la mort de son frère Straton auront eu raison d'elle. On la disait déjà dérangée.

— Tout le monde perd la tête, semble-t-il. Y compris Polémon et Glaukon — sans parler de toi, qui vois des fantômes. Quant à moi... Je vais devoir user de l'amitié, de l'argent et de l'influence pour arranger *quatre* entrevues avec la Pythie — de la folie ! Glaukon, Polémon, et maintenant Lysippos et Timothéos. Sans parler de nos propres consultations, déjà prévues.

— Pourquoi désires-tu que nous y allions tous le même jour ?

— Nous autres, Athéniens — Aristote le *metoikos* ne pouvait s'empêcher de pratiquer l'autodérision —, devons rester unis en toutes circonstances. Épaule contre épaule, comme des frères d'armes, car que diraient les Spartiates ?

— Est-ce vraiment tout ? Tu sembles déterminé à voir ces hommes consulter la Pythie en même temps que nous.

— Stéphanos, considère la nature de l'Oracle et ses traditions. Ce n'est pas seulement profiter de la faveur divine, mais aussi se prêter à une sorte d'épreuve que d'interroger la Pythie.

Je n'en sus pas plus. Comment y parvint-il, je l'ignore, mais Aristote obtint, par l'intermédiaire de Dioklès, de nouvelles consultations avec l'Oracle.

Je pense que d'autres pèlerins cédèrent leur tour après avoir reçu de substantiels cadeaux.

— Pauvre Dioklès, me dit Aristote, nous accueillir lui vaut bien des tracas. Abriter de nouveaux esclaves, organiser des entrevues supplémentaires, tout ça en très peu de temps. J'espère qu'on s'arrêtera là. Je vais l'inviter, lui et sa famille, à l'occasion des Grandes Dionysies. Bon, cherchons à nouveau ta fantomatique Carila. Où l'as-tu vue exactement la première fois ?

Nous nous dirigions vers la source de Castalie, à l'aube, le lendemain de notre rencontre avec Lysippos — la veille de notre visite à la Pythie. Je ne cessais de penser à la façon dont j'allais formuler ma question, et l'étrange personnage du bosquet ne m'intéressait plus. Ce n'était pas le cas d'Aristote, qui n'abandonnait jamais un sujet de préoccupation.

— Juste là, fis-je, le doigt tendu.

Le bosquet était encore plongé dans la pénombre : en effet, les premiers rayons du soleil étaient arrêtés par les grandes montagnes.

— C'est là que... Grand Apollon, elle s'est tuée !

Nous nous élançâmes, épouvantés, vers la forme sombre qui se balançait à la branche d'un arbre rabougri. Elle ressemblait aux jouets accrochés dans les arbres lors des Anthestéries, mais elle était de plus grande taille. Une jeune fille vêtue d'une longue robe blanche était apparemment suspendue par le cou. Ses pieds ne touchaient pas terre, et le cadavre se balançait dans la brise matinale.

— Non ! me cria Aristote alors que je me précipitais vers elle. Attends !

Il me tira dans l'ombre du bosquet. Tout était calme. J'entendais le bruissement des feuilles et le murmure de la source. Mais aussi un bruit de pas.

La personne s'approcha, frêle, avec son capuchon noir. J'ignorais encore si c'était un homme ou une femme. Mais soudain, elle vit la forme accrochée à l'arbre funeste. Le double de Carila dansait dans le vent.

— *Aï! Aï!* lança une voix perçante qui était indubitablement celle d'une femme.

Celle-ci se révéla pourtant courageuse, car elle sortit de son manteau un couteau avec lequel elle entreprit de couper frénétiquement la corde. Mais elle regarda soudain la malheureuse créature, lâcha son couteau et hurla à nouveau.

— Par les dieux, je suis maudite ! Devons-nous tous être maudits ? J'ai vu ma propre mort !

Sur ce, elle s'enfuit et disparut dans les bois, abandonnant la pendue à son triste sort. On eût dit que Pan en personne était à sa poursuite.

Aristote ne perdit pas une seconde. Il se précipita vers le couteau et, d'un geste sûr, trancha la corde. Le pauvre corps tomba à terre.

Mon ami se pencha vers lui et, à ma grande surprise, éclata de rire. J'étais épouvanté. Puis je me mis à rire, moi aussi, soulagé, quand je découvris que la malheureuse pendue n'était ni une jeune fille ni un enfant, seulement une figurine. Elle était bien plus petite qu'une personne adulte : sa tunique lui donnait des dimensions trompeuses. Il s'agissait d'une statuette de bois. Je veux dire par là que la tête et la partie supérieure du torse étaient sculptées dans un bois de couleur claire, de même que les bras et les mains, alors que le reste du corps était en paille tressée. Les bras ressemblaient à des bâtons et les mains étaient grossièrement esquissées, mais le visage avait été l'objet d'une attention particulière.

Même si l'on songeait d'emblée à un jouet, la figurine n'avait rien d'amusant. Autour d'un bras était passée une boucle d'argent.

Les yeux globuleux, écarquillés, étaient aveugles. La bouche esquissait un sourire horrible et les tendons du cou étaient apparents, comme si la corde les avait fait gonfler. Des crins de cheval collés faisaient office de chevelure.

— Ce visage... tu ne remarques rien ? me demanda Aristote.

— C'est une horreur.

— Certes, mais il ne te rappelle pas quelque chose, quelqu'un ?

Il en dissimula la moitié inférieure.

— On dirait Lysippos, bredouillai-je.

Aristote releva le personnage et le plaça en position assise. Je pensai immédiatement à Straton tel qu'il gisait sous le feuillage. Oui, il y avait une certaine ressemblance.

— Lysippos... ou Straton, repris-je. Mais on a voulu représenter une fille, de toute évidence.

— Il faut cacher ce... cette chose.

Aristote arracha le corps de paille et enveloppa les parties en bois de la robe blanche de la pendue, en apportant un soin tout particulier à la tête. Puis il dissimula le tout sous des branches et des feuilles mortes, dans la partie la plus touffue d'un buisson voisin.

— Nous reviendrons plus tard. En attendant, suivons-la !

L'observation et le démantèlement de la statuette nous avaient pris plusieurs minutes. La femme mystérieuse avait une bonne avance sur nous, mais nous nous élançâmes sur le même sentier et fûmes bientôt récompensés.

— La voilà !

Elle marchait à vive allure sur la voie qui longe les enceintes sacrées. Arrivée au sommet, elle tourna à gauche, en direction de l'ouest. Elle jeta un coup d'œil en arrière et nous aperçut : elle poussa un cri et accéléra. Lorsqu'elle chercha ensuite à nous surprendre, nous y étions préparés : nous nous étions cachés. La pente était très raide. Aristote avait la respiration sifflante, quant à moi, mon épaule recommençait à me faire souffrir. Il trébucha sur une racine, s'arrêta pour se frotter la jambe et pesta. Le vieil homme qu'il était dut reprendre son souffle. J'en fis autant.

— Elle doit être... d'ici, non ? suggérai-je en haletant.

— Ou y résider... depuis un certain temps. Personne... aucun étranger à Delphes... ne peut grimper... à une telle allure.

Nous dûmes ralentir en nous approchant du stade. La fille disparut derrière les rochers qui forment la base impressionnante d'une des Phédriades.

— Il vaut mieux... haleta Aristote, ne pas la suivre... de trop près.

Nous reprîmes notre traque en repérant ses traces de pas. Chose plus facile à dire qu'à faire, car le soubassement rocheux était encore plongé dans la pénombre, même si le soleil s'était levé au-dessus de la vallée et que les oiseaux accueillaient de leurs cris le jour nouveau. Grises et vertes, les collines resplendissaient dans la lumière. Au-dessous de nous, Delphes était caressée par la clarté. Mais nous étions une fois de plus à courir dans la montagne.

Nous n'entendions que le claquement des sabots des chèvres sur la pierre, le cri occasionnel d'un faucon, l'appel des oiseaux. À un moment, Aristote me fit signe de me taire — même si nous ne disions rien. Alors, à travers l'air humide, je crus entendre quelque chose. Un murmure. Des voix.

Nous regardâmes autour de nous : rien que de la roche nue, des pentes arides, quelques pins solitaires. Aristote m'indiqua une direction du regard. Je découvris le contour d'une caverne naturelle, à la rencontre de la terre et du rocher. Son entrée était en partie cachée par des buissons mais une observation plus attentive révélait que des branchages avaient été empilés devant le trou.

Doucement, nous rampâmes jusqu'à l'ouverture de la grotte. Le cri d'un oiseau de proie dans le ciel. Puis le silence. À nouveau le murmure, de l'intérieur certainement. Une voix d'homme un peu bourrue. Puis celles de deux femmes. Et encore le silence.

— Allons-y, chuchota Aristote en s'avançant vers l'entrée. Laissez-nous entrer, enfants d'Athènes ! cria-t-il. Car nous sommes aussi d'Athènes, et vos amis !

Un silence d'un genre nouveau — celui de gens interloqués qui retiennent leur souffle.

— Laisse-nous entrer, jeune homme, ou du moins parle-nous !

Les broussailles s'écartèrent, et une jeune femme apparut.

CHAPITRE XV

La grotte d'Électre

Je portai un regard étonné sur cette jeune femme, qui devait être celle que nous suivions. Mais je fus encore plus surpris quand elle cracha avec force, pas sur nous exactement, mais dans notre direction.

— Partez ! nous lança-t-elle — sur le ton où mon frère disait « Partez, méchants génies, partez ! » à l'issue de la Nuit des Spectres.

— Arrête ça, veux-tu ? lui dis-je.

— Elle se protège des esprits maléfiques et des forces ennemies, expliqua Aristote. Mais nous ne sommes pas des esprits, mon enfant, et ne sommes en aucun cas hostiles. Garde donc tes expectorations.

La fille le regarda. Il nous fut singulièrement facile de l'observer car elle n'était pas voilée. Elle s'était débarrassée de son manteau, de sorte que sa tête était à découvert. Elle portait une tunique sombre — faite d'une étoffe filée à la maison, apparemment. Son visage était hâlé par le soleil et le vent ; elle s'était vainement efforcée de se coiffer comme une femme de haute naissance. Les boucles noires qui retombaient sur ses yeux et ses sourcils épais lui donnaient l'air d'une enchanteresse.

— Qui es-tu ? demandai-je avec plus de force que de politesse.

Aristote, lui, le savait, et il n'eut pas à élever la voix.

— Myrrhine, fille de Lysippos d'Athènes, je suis Aristote d'Athènes et je désire te parler. À ton frère également, ajouta-t-il en cherchant à voir à l'intérieur de la grotte.

— À *Straton*? fis-je, alarmé.

— Straton? Sûrement pas! s'écria-t-elle en riant. Straton est aussi mort qu'un mouton sacrifié l'année dernière, ajouta-t-elle avec un signe de tête en direction de la ville de Delphes.

Elle se tourna vers Aristote.

— Comment sais-tu que j'ai un frère ici? J'ai entendu parler de toi. Le philosophe. Toi, le sage d'Athènes — ou de Macédoine, peu importe d'où tu viens. Toi et ton ami, qui n'est pas aussi sage — comment savez-vous que je vis avec quelqu'un? Nous ne sommes que de pauvres mendiants. Pourquoi venir nous importuner?

— Je sais, lui répondit doucement Aristote, que celui qui vit avec toi est ton frère. Ton frère Gorgias. Et la raison de cette solitude est la connaissance d'un crime de sang.

— Un crime de sang — c'est pour ça que tu veux t'associer à nous. Mais entre donc!

Elle s'inclina de manière irrévérencieuse sans toutefois s'écarter.

— Tu sais tout. Tu es un philosophe, peut-être même un voyant. Un chresmologue[1] itinérant, un voyageur à la bouche d'or. Ne redoutes-tu pas, ô chresmologue, d'être souillé par le sang? Mais non, j'oubliais, vous deux êtes aussi des assassins... Comme c'est agréable, on dirait la réunion d'une guilde, le conseil des maîtres d'une même profession. Vous supportez la chose ou vous accable-t-elle? D'être des criminels, je veux dire.

1. Celui qui interprète (ou prononce) des oracles. *(N.d.T.)*

— Tu crains pour ta vie, mais il ne le faut pas. Fais-nous confiance et implore Apollon.

— Apollon ? Prier Loxias ? Le prophète en embuscade, l'annonciateur d'obscurs oracles. Loxias l'escroc. Le dieu-loup bavard. Il se moque de nous, alors que fera-t-il pour nous aider ? Non, les dieux nous ont livrés au danger et à la folie, pour nous détruire !

— Je t'en prie, permets-nous de te réconforter. Ta cousine a également besoin d'aide.

— Oh oui, toute la famille, en fait. Démodikos a engendré une lignée bien malheureuse. Entre, s'il le faut. Tu attireras moins l'attention sur notre belle demeure qu'en restant à l'extérieur. Cependant,

Silence, silence, pose légère la trace de ta chaussure.
Ne heurte rien...
N'avancez pas si près, restez loin de son lit[1] *!*

Elle s'écarta. Nous pénétrâmes dans la grotte qui me parut de prime abord aussi sombre qu'une tombe. Mes yeux s'accoutumèrent bientôt à l'obscurité, et je pus voir grâce à la lueur qui filtrait par l'entrée et par une crevasse située en hauteur. Les parois étaient assez sèches, mais une forte odeur de terre imprégnait l'air humide. Sur le sol recouvert de feuilles et de fougères, étaient posés de modestes objets : un manteau, une peau de mouton, une jarre et quelques coupes, grossières, non vernissées, comme celles que rejette le potier.

Je pus enfin distinguer, dans le coin le plus reculé de la grotte, un homme revêtu d'un manteau, allongé sur un tas de feuilles. Aristote s'en approcha doucement et je le suivis. Son visage était à demi dissimulé par sa chevelure hirsute et sa barbe noire. Bien que récemment mise au contact du soleil et du vent, sa peau était

1. Toutes les citations de ce chapitre sont extraites de l'*Oreste* d'Euripide, traduction Marie Delcourt-Curvers. *(N.d.T.)*

pâle et couverte de sueur. Des cernes marquaient ses yeux. C'était un individu dans la fleur de la jeunesse, mais le malheur et la maladie ne l'avaient pas épargné. Enfin, ce visage ressemblait étonnamment à celui de Myrrhine, à celui de Lysippos également.

Délicatement, Aristote posa la main sur le front brûlant et les cheveux sales. À côté de la couche était assise une femme voilée, qui tenait une amphore fendue.

— Laisse-le tranquille ! s'écria l'inconnue.

L'homme s'agita.

— Ah, tu l'as réveillé, dit Myrrhine. Quelle pitié ! Tu le tueras si tu chasses le sommeil de ses yeux. Si au moins il pouvait s'arrêter de rêver — en dormant ou éveillé —, il trouverait du repos.

L'homme couché sous le manteau murmura quelque chose, frissonna, puis se redressa brusquement en agitant les mains. Un bracelet d'argent ceignait son bras maigre.

— Ô dieux ! Je les vois à nouveau ! Ils arrivent — ils vont me prendre ! Avec leurs visages de chiens, leurs yeux ensanglantés ! Laissez-moi !

Il se débattit et Myrrhine se précipita vers lui. Aristote se retira dans l'autre partie de la grotte et je l'imitai. Je me sentais offensé que l'on s'adressât ainsi à moi. Des insultes, des crachats. À Athènes, les gens étaient plus urbains.

— J'espère que vous êtes contents ! nous cria Myrrhine. Là, là, mon frère, tout va bien. Il n'y a pas de démons — ce n'est qu'une vision. Je ne les laisserai pas te prendre.

— Les morts ! hurla l'homme en se tordant en tous sens. Ils sont venus pour moi — maintenant qu'il me tient, ils vont me jeter dans le Tartare. Il veut que je l'accompagne chez Hadès ! Lâche-moi !

— Vous voyez ? nous dit Myrrhine. Patience, mon frère, personne ne te menace.

Elle versa de l'eau dans une coupe, où elle trempa une boule de laine. Ses bras étaient plus pâles que son visage. Elle ne portait aucun bijou et ressemblait vraiment à une sorcière. Mais elle baigna tendrement le visage de son frère et lui parla comme à un enfant.

— Là, là, ne t'inquiète pas, tu n'iras pas chez Hadès. Non. Ou si tu y vas, je t'accompagnerai, et nous aurons raison d'eux. Essaie de dormir. Tu sais que j'ai besoin de toi. Où serais-je sans toi ?

Il se calma et retrouva bientôt le sommeil.

— Continue de lui humecter le visage, dit Myrrhine à l'autre femme. Cela suffira pour l'instant.

L'inconnue lui obéit. Myrrhine soupira et des larmes lui vinrent aux yeux.

— La fille de Phérékratès n'est pas faite pour une vie aussi rude, dit Aristote. Cependant, Anthia, tu dois être heureuse d'avoir trouvé refuge parmi les tiens.

Myrrhine me surprit en éclatant de rire.

— Ah oui, quel refuge, quelle famille ! Une famille délicieuse !

Aristote la secoua sans ménagement.

— Arrête. Si tu fais face à tes malheurs, tu en verras bientôt l'issue.

Elle s'essuya les yeux et son rire s'arrêta. Elle se redressa avec une certaine noblesse, en dépit de son allure débraillée.

— Oh oui, l'issue viendra. La mort prendra chacun de nous.

Il n'existe aucun mal redoutable à nommer,
nulle souffrance, nulle épreuve infligée par les dieux,
dont le fardeau soit épargné à l'humaine nature.

« Mais en dehors d'elle, je n'imagine pas de fin. Comment porter un tel poids ? Il n'y a pas de terme pour le meurtrier !

— Mais si ! Il y a une compensation... On peut se purifier d'un crime de sang...

— Ou être exécuté par la loi, ajouta vivement Myrrhine. Tu la connais parfaitement, ô Aristote. Mais vous deux souffrez aussi, même si vous n'en montrez rien. Vous vous rendez à Delphes, vous visitez l'enceinte sacrée, comme si de rien n'était. Cela ne fait qu'aggraver la malédiction qui s'abat sur vos têtes. Oh, les dieux vous feront payer ! Mon frère voit des gorgones et des démons dans ses rêves. Vous les verrez aussi, du moins quand vous mourrez, car il y a du sang sur vos mains...

— C'est faux ! criai-je, indigné. Nous n'avons tué personne. Qui t'a dit ça ? Je le poursuivrai pour diffamation. Il devra me verser des dédommagements, ainsi qu'à ma ville, pour de telles...

— Comme tu parles bien ! fit-elle avec mépris. Tu ne nous poursuivras pas, ni mon frère ni moi-même, car je dis la vérité. Nous n'avions pas besoin d'informateur. Nous savons. Tous les trois, nous vous avons vus. Oui, nous vous avons vus au carrefour, penchés sur le corps d'Ammonios, après l'avoir transpercé d'un épieu. Oh, nous ne t'en voulons pas particulièrement. Ammonios n'était pas notre ami. Je suppose que vous aviez vos raisons.

Aristote sourit et s'assit sur un tas de feuilles.

— Ma fille, je te demande l'hospitalité. Me donneras-tu à boire ?

Elle ne répondit rien mais versa de l'eau dans l'une des méchantes coupes, qu'elle lui tendit. D'une certaine façon, la scène devint plus ordinaire. Aristote m'étonnait, car mon désir premier avait été de fuir ce lieu, ce fou délirant et cette démente qui nous accusait de meurtre. Amer, je repensais à mon envie de connaître des gens importants, laquelle m'avait conduit dans la caverne sordide de ces individus hirsutes, puants et extravagants.

— Je n'espère pas te convaincre de notre innocence, reprit Aristote. Les circonstances veulent que tu désires que d'autres soient aussi coupables que vous. Pourtant, tu voulais savoir qui empruntait la grand-route, alors même que tu fuyais et te cachais... depuis le meurtre de Straton. Vous avez ainsi choisi d'aller par les collines tout en surveillant le chemin habituel. Où étais-tu pour nous voir à ce croisement fatal ?

— Sur l'une des tours en ruine, après y avoir passé la nuit, fit-elle en riant. Nous avons entendu des chevaux. Vous maniiez un gros épieu à sanglier, il était évident que vous l'aviez planté dans quelqu'un.

— Ma pauvre, quel dommage que tu ne te sois pas réveillée plus tôt ! Tu aurais assisté au meurtre, au vrai.

— Oui, ils nous ont vus, et ensuite ils nous ont suivis ! m'exclamai-je. C'est toi que j'ai surprise, même si j'ai pensé alors que tu étais un garçon. Et je crois bien que vous avez essayé de nous tuer dans la montagne. Ces pierres qui roulaient, ce chemin détourné !

— Ce n'était peut-être pas une très bonne action, je l'avoue, répondit-elle, surprise par mon indignation. Mais nous voulions simplement vous éloigner. Gorgias et moi, nous croyions que vous nous traquiez.

— Mais ton rire quand je suis tombé...

— Tu ne t'es pas fait très mal, n'est-ce pas ? Déplacer les pierres de ce pont, c'était une idée de Gorgias. Ensuite, vous êtes allés plus lentement et nous vous avons devancés, soulagés. Nous ne vous avons plus revus.

— Moi, je t'ai revue, à Delphes, le jour de la consécration. Habillée en garçon près du sanctuaire. Quelle impudence !

— C'est vrai, reconnut-elle en rougissant légèrement. Mais je n'aurais jamais osé pénétrer dans l'enceinte sacrée. Mon frère était las et malade et je voulais connaître les nouvelles. Savoir qui vous étiez. Ah, vous étiez plutôt voyants avec votre joli garçon !

Le célèbre Aristote d'Athènes ! Et son ami, Stéphanos, fils de Nikiarkhos.

— Maintenant que nous en savons pas mal les uns sur les autres, il est regrettable que nous n'en connaissions pas plus, dit Aristote. Mais ton histoire est plus intéressante que la nôtre, me semble-t-il. Un fratricide n'est jamais négligeable. Depuis combien de temps Gorgias est-il dans cet état ? Je suis de la tribu d'Esculape et puis lui être utile.

La fille s'assit et se servit à boire. Sa main tremblait.

— Il est « dans cet état », comme tu dis, depuis quatre jours. Depuis que nous sommes arrivés à Delphes et que nous avons trouvé cette grotte. Auparavant, nous fuyions notre maison, nous cherchions à assouvir notre vengeance. Après avoir tué Straton, nous avons rencontré ma cousine Anthia qui errait dans la campagne, totalement désemparée.

— Vous avez tué Straton ! m'écriai-je, horrifié. Nous avons donc trouvé les meurtriers !

Myrrhine m'ignora.

— Quelqu'un — Anthia prétend ignorer son identité — l'a arrachée à la maison de mon père pour la conduire à Delphes. Mon frère Gorgias pensait que nous devions poursuivre vers Delphes et peut-être la venger. Cette idée l'obnubilait. Il rêvait d'Apollon depuis plusieurs mois et pensait qu'à Delphes nous pourrions implorer l'aide du dieu. Nous y voici donc. Bien entendu, il se cachait et ne voulait être vu de personne. Criminels, nous ne voulions souiller aucune maison. J'ai trouvé cet endroit. Ce n'est pas si mal, dit-elle en regardant alentour d'un air pensif.

« J'ai pensé que nous pourrions nous reposer et prendre des forces, mais Gorgias s'est mis à délirer. La fièvre s'est emparée de lui. Depuis la nuit de la consécration du temple d'Apollon, il a des cauchemars quand il dort et des visions quand il est éveillé. Tantôt il est calme, mais tantôt agité ainsi que tu l'as vu. Et moi, « je suis tenue par le service de mon frère... », comme le dit Électre dans la pièce d'Euripide. Anthia m'aide, bien entendu, ajouta-t-elle.

— Ainsi donc, ô jeune fille qui t'identifies à Électre, tu t'es occupée de ton frère. Tu as quêté ta nourriture près du bosquet ainsi qu'une Carila qui aurait plus de chance, mais aujourd'hui tu as vu cette image de toi et tu t'es enfuie !

— Oui. Nous avons vendu quelques effets et, à présent, je... nous vivons de mendicité. Il y a de bonnes gens dans cette ville, en particulier une veuve qui me donne des choux, du pain et un excellent fromage. J'ai puisé dans la Castalie en me disant que son eau serait plus bénéfique à mon frère que celle d'ici. Mais cette image ! Moi, pendue et frémissant au vent !

L'étrange fille frissonna.

— Je suis condamnée ! C'est un signe. Je suis maudite comme toute ma malheureuse famille. Cette statuette est là pour me prévenir des maux à venir. Mon frère va mourir et j'en viendrai à me tuer. Je le vois à présent.

Son regard se perdit dans le vague. Elle semblait résignée mais tremblait toujours.

— Ne cherchons pas conseil auprès de l'avenir, dit Aristote. Remontons plutôt dans le temps. *Comment* ton frère et toi avez-vous tué Straton ? C'est un acte de vengeance, as-tu dit, mais comment, exactement ?

— C'est en effet la vengeance qui nous a poussés à agir. Mon frère Straton s'était efforcé de faire oublier la mort de Gorgias. Il a toujours été le favori de la famille. Gorgias était l'aîné, mais c'était un enfant assez lent et son père ne s'y intéressait pas beaucoup. Quant à moi, j'étais un bébé fragile et mes parents ont même envisagé de m'abandonner. Peut-être n'aurais-je jamais dû vivre, soupira-t-elle.

« Straton était pour sa part très aimé. Il était beau et c'était un chanteur. Mon père rabrouait sans cesse Gorgias pour faire plaisir à son préféré. Ce pauvre Gorgias trouvait la vie à la maison si rude qu'il s'est engagé. Bien entendu, mon père avait essayé de lui apprendre le métier familial, mais la maladresse de mon frère l'irritait. Il le comparait à un second Timothéos. Moi, j'aurais aimé travailler de mes mains et devenir la femme d'un orfèvre. Un mari qui ne me batte pas, qui me laisse exécuter des pièces à ses côtés, qui me donne des enfants...

— En tout cas, tu ne peux plus te marier, lançai-je de façon peu amène à cette étrange fille.

— C'est vrai, ce crime de sang me l'interdit désormais. Quoi qu'il en soit, une fois Gorgias parti, Straton s'est mis en tête de diriger l'affaire familiale et d'en être le seul héritier. Si les deux frères avaient vécu, il aurait fallu partager équitablement, comme le veut la loi athénienne. C'est ce qui s'est passé avec mon père et mes oncles ; deux frères ont prospéré tandis que Timothéos a laissé ce qu'il ne dépensait pas de sa part entre les mains de mon père. Mais Straton n'a jamais voulu partager quoi que ce soit avec Gorgias.

— Comment comptait-il faire ?

— La chance a joué en sa faveur. Gorgias est parti à la guerre et Straton a espéré l'y voir mourir. Son souhait a pratiquement été exaucé car Gorgias fut blessé et fait prisonnier par les Perses. Mais il s'est remis de ses blessures (ou presque) et s'est enfui ; il a envoyé une lettre à sa famille pour dire qu'un bateau l'amènerait dans un port de l'Attique, dans le Laurion. Serait-il arrivé au Pirée que le plan de Straton eût été plus difficile à exécuter. Straton a intercepté sa missive et mon père ne l'a jamais eue.

— Comment le sais-tu ?

— J'ai vu Straton détruire des tablettes ainsi qu'un objet personnel. Quand je l'ai accusé, il a éclaté de rire. J'en ai parlé à mon père et à mon oncle, mais ils ont rétorqué que le départ de Gorgias pour la guerre m'avait rendue folle. Je n'avais aucune preuve tangible.

« Straton savait donc où et sur quel navire Gorgias devait débarquer. Il l'a accueilli et lui a offert un âne ainsi que de l'huile pour ses blessures — de la part de leur père. Il lui a dit que celui-ci les attendait dans une mine voisine. Sur un site abandonné où ils devaient se restaurer de pain et de vin, il l'a étranglé et a jeté son corps dans un puits. Il était persuadé de l'avoir tué.

« J'ai tout de suite eu des soupçons. Straton s'est montré inquiet pendant un certain temps, puis un peu trop joyeux. Mais je ne pouvais rien faire. On ne me croyait pas. On racontait partout que j'étais folle. Peu après, nous reçûmes une lettre nous apprenant que Gorgias avait disparu à l'issue d'une grande bataille et qu'il était présumé mort. Cela suffisait. Nous fîmes notre deuil.

— Gorgias est alors revenu en secret, dit Aristote.

— Oui. Il a d'abord attendu de guérir. Après la mort de Phérékratès, il a cherché à me voir seule, n'ayant plus confiance en personne.

— Il est donc arrivé par cette nuit brumeuse — la Nuit des Spectres — et t'a parlé. Il se tenait à l'extérieur du mur. (C'est ton « Oreste » qui est à l'origine de cette seconde série d'empreintes, Stéphanos.) C'est alors que ton frère et toi avez décidé de vous venger ?

— Voilà. Nous avons résolu de tuer Straton. Quand Anthia a été enlevée, nous avons pensé qu'il était le ravisseur. J'ai profité de la confusion générale pour m'échapper et rejoindre Gorgias. Nous avons suivi Straton...

— Nous sommes au courant, dis-je, heureux de me manifester. Ton frère a demandé à manger et à boire dans une ferme. « Un grand escogriffe, le genre qui ne fait rien de ses dix doigts », comme l'a dit le fermier bougon avant de le chasser aidé de son chien.

— C'est vrai. Quel désagréable individu ! Nous avions faim et soif. Je me demande comment tu sais tout ça. Ce n'était peut-être pas une bonne idée de nous mêler aux paysans. Nous avons essayé de nous déguiser. Mon frère transportait des peaux, nous nous sommes fait passer pour un cordonnier et son apprenti. Ensuite, à Delphes et Cirrha, j'ai mis les habits de Gorgias. En attendant, nous avons suivi Straton avec beaucoup de prudence. Nous l'avons abordé près d'un chêne. Il semblait attendre quelqu'un. Il a été plutôt stupéfait de nous voir !

— Une mauvaise surprise, suggéra Aristote.

— Oui, surtout quand il a constaté que Gorgias était bien vivant. Mais il a toujours été téméraire. Il s'est moqué de son frère en le traitant d'incapable, qui avait raté sa mort autant que sa vie. Gorgias l'a alors frappé avec un couteau dans l'intention de le tuer. Il est tombé à terre. Comme la vie le quittait, nous nous sommes enfuis.

— C'est compréhensible. Mais vous êtes bientôt revenus, n'est-ce pas ?

— Après avoir parcouru plusieurs stades, nous avons fait demi-tour, poussés par le désir de lui donner une sépulture décente. Le corps n'était plus à sa place. Straton avait rampé sur le sol, pour trouver de l'eau peut-être. Mais là, il était bien mort. Gorgias avait dû lui porter plus de coups et le frapper avec plus de force que je ne le croyais. Il y avait beaucoup de sang. Nous avons exécuté de notre mieux les rites funèbres, nous avons même prononcé les prières. Puis nous sommes repartis. Le lendemain, on a rencontré Anthia.

— C'est donc ainsi que les choses se sont passées, dit Aristote, pensif. Pourrais-tu me montrer le couteau dont Gorgias s'est servi ?

— Le voici.

Myrrhine traversa la grotte et revint, porteuse d'un petit objet brillant. Je reculai d'un pas. Une folle meurtrière, une lame à la main, voilà qui n'a rien de très encourageant. Mais elle tendit calmement l'arme à Aristote.

— Voici. Je crains que ce couteau ne sente l'oignon. Après le meurtre, nous l'avons nettoyé. Comme nous n'en avions pas d'autre, j'ai dû m'en servir pour préparer à manger. Cela peut paraître horrible, mais la mort de Straton nous avait excités — nous nous sentions heureux, ivres en quelque sorte... oh, c'est difficile à expliquer... plus vrais que nature, comme les personnages d'une tragédie. Pour l'honneur de la famille, nous avons accompli les rites ultimes, mais nous n'avons jamais regretté notre geste.

Aristote manipula le couteau, l'observa, en essaya le tranchant sur une pierre puis le sentit.

— L'oignon... et le poisson, dit-il. Où as-tu acheté ce poisson ? À Cirrha, naturellement. Tu l'as payé en vendant ton bracelet, Myrrhine. Je crois même savoir dans quelle échoppe. Tu pourrais facilement le récupérer. Mais toi, Anthia, fille de Phérékratès, quelle est ton histoire ? Je suppose que tu ignores ce qu'est devenue ton esclave, Callirhoé ?

Anthia abandonna son patient endormi et vint se joindre à nous. Maintenant qu'elle était debout, on pouvait voir qu'elle avait une silhouette élégante et qu'elle était plus grande que Myrrhine. L'habitat rupestre ne lui seyait pas car il lui fallait baisser la tête. Sa chevelure était dorée et ses yeux bleus. Bien que ses traits fussent las et qu'elle fît la moue, Anthia était indéniablement très jolie. Elle paraissait aussi — les dieux en soient remerciés — saine d'esprit.

— Oui, j'ignore tout de mon esclave, dit d'une voix distinguée la fille de Phérékratès. Du moins, je ne sais où elle se trouve à présent. Tout ce que je puis dire, c'est que nous avons échangé nos habits dans la litière. Ainsi nous avons interverti nos rôles. Je ne sais au juste ce que voulait mon ravisseur. Un mariage forcé peut-être — dans ce cas, il a épousé une esclave sans le savoir. Et c'est bien fait pour lui.

— Qui était-ce ? demanda Aristote, impatient.

— Je n'en ai aucune idée. Je n'ai pas l'habitude de rencontrer des hommes, hormis ceux de ma propre famille.

— Tu es certaine que ce n'était pas un des tiens ? Ce n'était pas Straton ?

— Je n'ai pas parlé avec lui depuis que nous étions enfants. L'année dernière, je l'ai vu par la fenêtre et l'ai entendu converser avec mon père. Je l'ai également entrevu dans la procession de Dionysos. Je sais donc qu'il était grand et bien fait. Mon ravisseur était quelqu'un de différent, j'en suis certaine. Il n'avait pas la même silhouette. Malgré tout, je pense que Straton a été présent à un moment donné, quand il y avait plusieurs voix. Mais tout est très confus. J'étais terrorisée, de plus j'étais malade...

— Oui, nous le savons, l'interrompis-je.

— J'ai quand même essayé de voir qui c'était, et Callirhoé aussi.

— Dis-moi, ce ravisseur, chantait-il ? demanda Aristote.

— S'il chantait ? Je ne m'en souviens pas. Les esclaves ont chanté, oui. Mais mon ravisseur — tout au moins le chef de la bande — n'avait pas la voix pour ça. Peut-être la déguisait-il. Elle était aiguë, enrouée, pas du tout celle de mon cousin. Mais peut-être le ravisseur n'était-il qu'un homme de main.

« Pourquoi celui qui m'a enlevée ne m'a-t-il ni regardée ni parlé puisqu'il me désirait tant ? Travaillait-il pour Straton ? Pourquoi mon cousin aurait-il fait ça ? Son père aurait pu arranger la chose, il est mon plus proche parent et moi, je suis héritière.

Elle fit la moue puis haussa les épaules.

— Épouser mon cousin ne m'aurait pas déplu. Il avait fière allure.

Anthia lança un regard effrayé en direction de Myrrhine.

— Cependant, poursuivit-elle, si c'était un méchant homme, il est aussi bien que l'on ne nous ait pas unis. Ces deux-là racontent qu'il a cherché à tuer son frère. Quoi qu'il en soit, au fond de mon cœur, je ne pense pas que le ravisseur — celui qui nous a accompagnées — était Straton.

— Hum, fit Aristote, l'air pensif, en réunissant l'extrémité de ses doigts.

— Ne peux-tu donc rien faire ? J'ai entendu parler de toi, on dit que tu es intelligent. Et je n'aime pas vivre dans une grotte. Je voudrais tant rentrer chez moi !

Sur ce, elle éclata en sanglots et essuya ses larmes avec son voile. Aristote réfléchissait. Un bruissement soudain nous fit sursauter. Gorgias se redressait.

— Tout va bien, dit-il d'une voix faible. Je ne les vois pas. Myrrhine, ma sœur, ces hommes sont-ils là pour nous tuer ?

— Non.

— Je me demande, fit-il d'un ton rêveur, s'ils vont nous exécuter. Ne vaudrait-il pas mieux les devancer ?

Anthia se mit à gémir.

— Il parle tout le temps ainsi. Et elle aussi, parfois. Je ne veux pas mourir ! Je préférerais épouser un homme vieux et laid. Et que deviendrai-je si tous deux se suicident et pas moi ?

— Nous mourrons tous un jour ou l'autre, dit Aristote. Mais je ne vois pas pourquoi l'un de vous le ferait aujourd'hui. Certes, conseiller à un homme de tuer constitue une lourde charge, et si vous, Gorgias et Myrrhine, étiez convaincus d'avoir commis un meurtre, le châtiment serait la mort.

Anthia se remit à pleurer. Les deux autres restèrent muets.

— Je pense toutefois que ce n'est pas exactement ce

que vous avez fait, car vous avez vécu dans une sorte de rêve. Les souffrances que les dieux vous ont déjà envoyées sont votre punition. En revanche, si vous errez dans la campagne avant les beaux jours et passez votre temps à gémir dans des grottes humides, vous mettrez votre santé en péril. Mais je me crois capable de vous aider, dit-il en se levant. Myrrhine, au crépuscule, nous t'apporterons de la nourriture et du bon vin à l'endroit où le chemin s'élève au-dessus du stade. Restez cachés, pendant au moins encore un jour. Tu dis que vous avez de l'eau ici ? Il vaudrait mieux pour vous tous que vous vous baigniez. Faites-le dans la journée, quand le soleil réchauffe l'air. Veille à ce que ton patient ait chaud et donne-lui à manger en petites quantités. Je te ferai également porter des médicaments.

— Oh, le médecin nous rend visite, dit Myrrhine. Comme c'est aimable à lui !

— Oui. Mon père pratiquait également cet art. Myrrhine, tu nuis à ton frère en l'alarmant ainsi. Électre a des carences en tant que garde-malade. Tu as beaucoup lu, et c'est rare pour une fille. Je pense que Gorgias t'a appris quand tu étais plus jeune ? Toi et Gorgias aimez beaucoup le théâtre — une caractéristique familiale. Le drame est une chose magnifique, mais n'essayez pas de l'imiter comme si vous étiez les héros d'une intrigue. La tragédie n'est pas faite pour ça.

« Efforcez-vous de penser à autre chose qu'aux Furies et aux Gorgones. Sortez demain, avec Anthia, si le soleil brille et que vous puissiez le faire discrètement. Observez les plantes et les oiseaux, nommez-les. Mettez de l'ordre dans vos pensées. Et implorez Apollon, car il peut vous venir en aide. Songez à la lumière et à la guérison.

— Fantômes et illusions, dit Gorgias. Les ombres de l'imitation des choses, qui dansent sur les parois des cavernes.

— Non. Quittez cette grotte et retrouvez le soleil. La lumière et la santé ne sont point des illusions. Même misérables, nous devons toujours nous en souvenir. Ah, que voulais-je ajouter ? Oui. Vous n'avez pas tué votre frère, même si votre intention était mauvaise. Ce n'est pas là le responsable, dit-il en désignant le couteau. J'ai vu le corps. En dépit de ce que vous avez fait, vous n'êtes pas des meurtriers. En outre, je jure solennellement par Zeus et Apollon, mais aussi sur la tombe de mon père et de ma mère, que Stéphanos et moi sommes tous deux innocents du crime d'Ammonios.

« Adieu. Demain je me rends auprès de l'Oracle. Que vos secrets et vous-mêmes demeurent cachés tant qu'on ne pourra les révéler.

Il se dirigea vers l'entrée de la grotte et nous sortîmes, écartant soigneusement l'amas de broussailles. Aristote marchait si vivement sur le sentier de montagne que j'avais du mal à le suivre. Il paraissait inspiré. Ses cheveux roux resplendissaient dans le soleil de midi.

— Ces pauvres jeunes gens, dit-il après avoir longtemps gardé le silence. Moi aussi, je peux citer des vers à l'occasion...

Soudain, sa voix s'éleva pour déclamer le texte du chœur dans l'*Oreste* d'Euripide :

Noires Euménides, qui fendez l'éther,
pour venger le sang, punir le coupable,
je vous en prie, laissez le fils d'Agamemnon
oublier les transports, les fureurs qui l'égarent...

Sa voix résonnait entre les cimes et le Parnasse même semblait lui faire écho.

— Comme c'est beau ! m'écriai-je.

— Oui. Tu te souviens que Ménélas, dans la même pièce, évoque ainsi la Douleur : « Redoutable déesse, mais qu'on peut apaiser. » Il ne parle jamais plus juste.

Ensuite, Euripide fait de lui un boucher. Quelle erreur, cela détruit l'œuvre tout entière ! Pourquoi un roi ne pourrait-il faire preuve de noblesse d'âme ? Enfin, heureusement qu'il y a cette strophe...

Et, tel un acteur, il se mit à déclamer à nouveau « Noires Euménides, qui fendez l'éther... » tandis que les faucons planaient dans le ciel.

CHAPITRE XVI

L'Oracle d'Apollon

L'aube du lendemain nous apporta le jour tant attendu, celui où nous devions rendre visite à l'Oracle, parler à la Pythie, à Apollon en personne. Nous nous étions levés très tôt pour prendre un bain purificateur dans les eaux de la Castalie et dire des prières avant de revêtir des habits de cérémonie. Puis nous entrâmes dans Delphes. Dioklès, qui nous accompagnait, tenait beaucoup à ce que tout se passe bien. La Pythie elle-même se serait baignée dans la Castalie et purifiée au foyer du temple. Le ciel matinal se couvrait de nuages, l'air était chaud et paisible.

Nous suivions la route qui traversait le sanctuaire — nous étions des pèlerins. Une terreur sacrée s'abattit sur moi, de sorte que je remarquai à peine les merveilles qui m'entouraient. Aristote était agité et se retournait sans cesse. Nous prîmes place dans la foule qui patientait à l'extérieur du temple. Les visiteurs, chacun accompagné de son hôte, attendaient leur tour avec une patience relative. Nous portions des tuniques de pure laine blanche et nos cheveux étaient lavés, de sorte que l'effet général était des plus plaisants.

— J'espère que les autres vont venir, dit Dioklès. Ils ne peuvent consulter la Pythie que par mon truchement et à l'heure indiquée.

— Je l'espère aussi, dit Aristote en se retournant à nouveau. Ah, en voilà un !

Polémon se joignit à nous. Pour pénétrer dans l'enceinte sacrée, il avait dû se purifier très soigneusement après avoir été si longtemps en contact avec le cadavre d'Ammonios. Il se présentait à nous, impeccable dans ses habits blancs.

— Ah, mon bon Polémon, s'écria Aristote avec cordialité, te voici de nouveau respectable, comme un fils de bonne famille !

Il est vrai qu'il ne ressemblait plus à un chanteur de rue, mais son visage était blême et ses yeux cernés.

— Tu nous as quittés précipitamment, reprit-il sur le même ton. Puis-je t'en demander la raison ? Y avait-il quelqu'un susceptible de te reconnaître dans le... l'établissement où nous sommes entrés ?

La face blême de Polémon devint soudain cramoisie.

— Oui, admit-il. Cette fille, Tita l'Égyptienne, je l'avais déjà rencontrée chez Ammonios et dans l'autre... maison qu'il a au Pirée. Elle connaissait mon identité. Et je ne voulais pas que l'on sache mon nom à Cirrha. Tout le monde se serait moqué de moi, ma famille en aurait été déshonorée. Et puis, il fallait toujours que je m'occupe de... du corps de qui vous savez, ajouta-t-il à voix basse.

— Je comprends. Mais permets-moi de te présenter notre proxène.

Polémon salua Dioklès et prit place parmi nous.

L'air résonnait du bêlement des chèvres et, en approchant du temple, nous pûmes entendre les sacrifices et percevoir les riches senteurs, l'odeur du sang et de la graisse qui brûle, le parfum de la myrrhe et du laurier.

— Que dois-je dire à la Pythie ? voulut savoir Polémon. Et quelle forme exacte doit prendre ma question ?

— Elle doit être simple, lui expliqua Dioklès. Une seule phrase, si possible. Il est d'usage de demander si l'on peut *faire* ou *ne pas faire* telle ou telle chose. Ne te lance pas dans un discours lorsque tu questionnes Apollon. Car c'est à lui que tu t'adresses vraiment, pas à la Pythie, qui se contente de transmettre ses propos.

— La Pythie n'est pas une sibylle, alors ? dit un homme devant nous.

Il appartenait à un autre groupe, et son proxène plissa le front. Je l'avais déjà vu, quand il demandait à son garant de l'aider à prier Apollon de lui accorder des enfants. Son hôte delphien avait fait de son mieux en l'amenant ici, mais ce pèlerin semblait peu instruit.

— Non, dit Dioklès, la Pythie n'est pas une voyante. Elle n'est inspirée qu'en prenant place sur son trépied, et uniquement à ce moment. La présente Pythie est une femme très ordinaire, la veuve d'un maçon de Delphes. Toutes les prophétesses d'Apollon qui officient dans l'*adyton* sont de respectables matrones, désormais incapables de porter des enfants — c'est la seule obligation.

— Elle n'a pas de... de signe particulier ? insista le petit homme.

— Non. En fait, ma femme connaît bien la Pythie que nous allons rencontrer. Elle est mère de famille. Elle fait du bon fromage et vit avec son petit-fils aîné. Elle est comme tout le monde. Mais quand elle s'assied sur le trépied sacré, le cœur et le corps purs, Apollon parle par sa bouche.

— On pourra la comprendre ?

— Oh oui ! Celle d'avant n'avait plus de dents et bredouillait pas mal, mais celle-ci parle de façon très claire.

Nous approchions du grand autel situé à l'extérieur du temple. C'est là qu'il faut offrir le premier gâteau sacré. Aristote ne cessait de se retourner.

— Je ne les vois pas. Mais non, les voilà !

Lysippos et Timothéos apparurent, essoufflés d'avoir couru le long de la Voie sacrée.

— Il ne va pas très bien, murmura Timothéos à Aristote, mais je l'ai persuadé de venir. Je te remercie de nous avoir envoyé l'esclave de Dioklès.

— De rien. Il ne fallait pas que vous ratiez cette occasion unique.

Les malheureux frères se joignirent à notre groupe. Lysippos paraissait trop abattu pour remarquer ce qui se passait autour de lui. Il était étrange de voir Timothéos prendre l'initiative.

Nos chèvres, que Dioklès avait fait garder non loin du temple, nous furent amenées. Elles bêlaient de concert, me rappelant les troupeaux qu'Aristote et moi-même avions vus et entendus dans la montagne lors de ce mémorable voyage. Dioklès nous distribua les gâteaux sacrés qu'il conservait dans un petit sac. Ils coûtaient très cher, mais nous les avions déjà payés. Au fait, où était Glaukon ?

— Je crains qu'il ne nous faille abandonner le dernier membre de notre groupe, dit Dioklès, vexé. Nous devons bientôt faire nos sacrifices.

Tout près de l'autel, les prêtres nous purifièrent une fois encore avec des lustrations, puis nous déposâmes notre offrande. Le ciel se couvrait. Quelques gouttes de pluie tombèrent.

— Je suis désolé, fit une voix embarrassée. Je ne vous voyais pas. Avec tout ce monde...

Glaukon était le moins bien vêtu de nous tous. Le bas de son manteau était souillé et il sentait la sueur. Venait-il tout droit de Cirrha ? Dioklès lui lança un regard attristé : on se doit d'être d'une propreté exemplaire pour se présenter devant le dieu. Notre bon proxène lui ôta son manteau sale et mit de l'ordre dans sa tunique — attentions que l'autre ne remarqua même pas. Il avait le regard vide, comme si ses pensées se perdaient dans le lointain. Ses taches de rousseur ressortaient plus que jamais, lui faisant sur le visage comme une myriade d'yeux. Quand Dioklès lui tendit son gâteau, Glaukon faillit le laisser tomber.

— Ne fais pas attendre le prêtre, lui conseilla Dioklès.

J'avais des miettes de gâteau sur les mains mais je ne devais surtout pas les lécher. Nous entrâmes dans le temple avec nos bêtes. Un des prêtres entreprit de les asperger d'eau froide, et ce fut un moment très intense. L'animal doit trembler, en signe d'assentiment, sinon il ne pourrait être accepté, et le pèlerin ne pourrait sacrifier à Apollon ni questionner la Pythie. Ma bête frémit et le prêtre lui trancha la gorge. La grande pierre de l'autel était inondée d'un sang rouge qui coulait sur le marbre. Glaukon s'essuya le front et Dioklès lui lança un regard noir.

La chèvre de Glaukon frémit des quatre membres, et son sort fut réglé. Celle d'Aristote posa plus de problèmes : les prêtres durent longuement l'arroser avant qu'elle ne réagisse. Tout se passa bien pour Lysippos, Timothéos et Polémon.

Dioklès nous éloigna de l'autel et du foyer où brûle un feu éternel de pin et de laurier. La fumée et l'odeur de chair rôtie emplissaient l'air et tournoyaient autour de la tête de la grande statue chryséléphantine. C'était une promesse de bombance pour les habitants de Delphes. Le fumet était tel que mon estomac vide protesta — je ne m'attendais pas à cet effet durant ma visite à l'Oracle d'Apollon !

Nous traversâmes le temple par les bas-côtés et passâmes devant la statue étincelante d'Apollon Delphien. Apollon le Musicien, Apollon le Guérisseur, Apollon le Brillant. Arrivés au fond du temple par le côté ouest, nous nous arrêtâmes devant des marches. Mon cœur battait à tout rompre.

Il nous fallut attendre un instant car le pèlerin précédent n'avait pas terminé. Enfin il apparut. C'était le petit homme, et il avait l'air complètement excité.

— Je dois sacrifier à Zeus, nous lança-t-il. Et je dois aller avec ma femme voir Héra, à Argos, nous allons faire des sacrifices et offrir nos cheveux ; ensuite tout ira bien — c'est *merveilleux* !

Son hôte tenta de le calmer et Dioklès se scandalisa d'un tel éclat.

— Mais c'est important ! *Des enfants !* Je dois rentrer à la maison et le dire à ma femme !

Il s'en alla et nous descendîmes les quelques marches qui s'enfonçaient dans la terre.

— À présent, nous dit notre proxène, que vos pensées soient pures et vos paroles claires.

Petite et sombre, la pièce n'était éclairée que par une lampe. Un rayon de soleil parvenait à pénétrer par le toit. Le fumet des offrandes et les bruits du monde étaient bien loin de nous. Je percevais les émanations de la terre humide et une odeur douce et gazeuse mêlée aux effluves du laurier. J'entendais aussi de l'eau qui s'écoulait, comme à la fonte des neiges.

— Pense à tous ceux qui nous ont précédés en ce lieu, dit Aristote à voix basse. Socrate, Œdipe, Calonodas Corax...

J'en tremblais.

— Vous d'abord, dit Aristote en poussant doucement Polémon et Glaukon dans l'antichambre de l'*adyton*.

Ils entrèrent. Nous pouvions voir l'intérieur de cette pièce, et même au-delà. Et nous pouvions pratiquement tout entendre. Après l'introduction du plus jeune des deux hommes, il y eut un bref silence. Puis Polémon demanda :

— Vaut-il mieux que je ramène le corps d'un... de mon parent à Athènes ainsi que je l'ai envisagé ou que je le confie au bûcher là où il se trouve à présent ?

Un prêtre assistant répéta la question. Une pause. Puis vint une réponse prononcée à voix basse. Une voix de femme.

— Il est préférable que tu livres ses restes aux flammes funéraires et l'accompagnes de prières. Tu ramèneras ses cendres dans une jarre close. Ne lui consacre pas de coûteux monuments, mais dresse une table pour Ploutos et les autres dieux, ainsi que pour les pauvres de la ville.

Polémon n'en dit pas plus — comme il convient —, et vint le tour de Glaukon. Il toussota comme s'il avait du mal à formuler sa question.

— Il vaut... vaut-il mieux que je sacrifie à Zeus ou à Apollon ou aux autres dieux pour me délivrer des conséquences néfastes d'une... d'un geste irréfléchi ? Un geste *très* irréfléchi, ajouta-t-il avec sincérité.

La Pythie mit plus de temps à formuler sa réponse, mais elle était on ne peut plus claire :

— Les conséquences sont déjà là et encore à venir. Ce qui est juste ne peut être évité, mais tout n'est pas mauvais en toi. L'argent et l'or ne sont pas tes amis. Il convient de sacrifier à Zeus Basileus et à Apollon un bœuf entier et d'en distribuer la chair aux citoyens.

Polémon et Glaukon quittèrent l'antichambre de l'*adyton*, l'air pensifs, impressionnés. Puis ce fut notre tour, à Aristote et à moi-même, et nous entrâmes.

La salle semi-circulaire qu'était l'antichambre donnait sur l'*adyton*, pièce circulaire de très petite taille, semblable à une grotte, prolongée par une alcôve. Cet endroit me paraissait être le centre même de la Terre. L'Omphalos, l'ombilic de pierre, était dressé là pour nous le rappeler. À son côté, la statue en or du dieu. L'odeur doucereuse était ici plus perceptible, de même que le bruit de l'eau. Au centre de l'*adyton*, juste au-dessus de l'abîme sacré, probablement, la Pythie était assise dans une grande marmite de bronze comme on le ferait sur une chaise haute. C'était le trépied sacré. Son visage était à la hauteur du nôtre. Le prêtre qui répétait notre question ou interprétait sa réponse se tenait juste derrière elle.

Nous voyions parfaitement la Pythie, car elle avait rejeté son voile et révélé ses cheveux, ainsi que le fait une jeune fille quand elle est à la maison. Sa robe était également celle d'une jeune fille. Ce n'était toutefois pas une vierge que nous contemplions, mais une femme ayant dépassé la cinquantaine. Sa peau était ternie et des rides se creusaient autour de sa bouche et de ses yeux ; ses cheveux si bien coiffés étaient parsemés de gris. Mais son visage paisible était celui d'une femme qui a toujours vécu au grand air. Je ne l'avais jamais rencontrée auparavant, pourtant elle me rappelait quelqu'un. Ses yeux d'un brun clair se posaient sur nous en toute impudence, et leur jeunesse étonnait dans ce visage âgé. J'étais décontenancé d'être ainsi scruté, mais la femme assise sur le trépied sacré portait sur nous le regard d'Apollon en personne.

Aristote me poussa en avant. J'étais le plus jeune, mais je poserais ma question en premier. Le proxène Dioklès m'annonça.

— Stéphanos, fils de Nikiarkhos d'Athènes.

Ma gorge se serra et ma bouche devint sèche. Brusquement, mon estomac émit un formidable gargouillement, si bruyant que la Pythie elle-même avait dû l'entendre. J'étais mort de honte, je ne pouvais regarder Aristote ni ceux qui m'entouraient. Je me contentai de rougir et de poser les yeux sur l'Omphalos. Je vis la main de la Pythie, cette main ridée qui tenait une branche de laurier, trembler doucement.

— Pose ta question, me dit Dioklès, résigné.

— Vaut-il mieux que je me marie bientôt ? Et dois-je épouser un membre de la famille que je viens de rencontrer ? bredouillai-je.

Dioklès répéta ma question, le front plissé, car elle n'était pas exactement telle que je la lui avais confiée précédemment. Je lui avais dit que je demanderais à la Pythie s'il était sage que j'épouse la fille de Kallimakhos. Mais mes paroles avaient été autres. De plus, j'avais posé deux questions et non pas une, ce qui était contraire aux règles.

La Pythie émit un son grave, une sorte de rire. Puis elle me parla — et je me trouvai dans l'obligation d'affronter son regard. Le prêtre répéta ses paroles :

— Stéphanos d'Athènes, il vaut mieux que tu fasses comme ton père avant toi.

Voilà tout ce qui me fut dit. J'attendis, mais il semblait qu'elle — ou plutôt Apollon — n'avait rien à ajouter.

Ce fut alors le tour d'Aristote. Il s'avança, et Dioklès allait le présenter mais, avant qu'il prononce son nom, mon ami fut reconnu par le dieu à travers la femme assise sur le trépied sacré !

— Ô Aristote, philosophe d'Athènes, toi qui n'es pourtant pas de cette ville, je te connais. À Athènes tu n'es pas né, à Athènes tu ne mourras pas, mais là où les eaux tourbillonnent. Les arbres de l'Orient se flétriront, mais ceux de l'Occident fleuriront. Tu engendreras une nouvelle lignée, mais tes descendants ne pourront assister à tes funérailles. Tu sais beaucoup de choses, mais en réalité tu n'en connais que peu — et ça aussi tu le sais. Le but de ta venue est étrange. N'espère pas voir les dieux travailler pour toi, car leurs fins sont plus grandes que les tiennes. Mais si ton cœur n'est pas impur, pose ta question.

— Ô Apollon, vaut-il mieux, pour moi et pour les autres, que je libère les nouveaux esclaves de ma maison ?

La Pythie n'attendit pas qu'on lui répète la question et s'adressa directement à lui :

— Ils ne sont pas dans ta maison, mais dans celle d'un autre, et ne devraient jamais être esclaves chez toi. Ils n'appartiennent à personne, pourtant tu devras acheter leur liberté. Délivre-les même s'ils ne sont pas tiens. Garde-les et les problèmes surviendront. Sacrifie aux dieux et prie pour la prospérité de ceux que tu délies.

— Puis-je poser une autre question ? demanda Aristote à son proxène — mais là encore la Pythie lui répondit sans intermédiaire.

— Ne me questionne plus, homme de sagesse, car je dois parler à ceux qui n'en possèdent pas, même s'il vaudrait mieux que je garde le silence. Le dieu m'ordonne de parler. Dans l'air règne une odeur fétide.

Ses yeux se portèrent au-delà de nous comme si elle était fatiguée de nous voir. Notre entrevue était terminée. Nous quittâmes la petite salle. La Pythie nous suivait du regard en secouant la tête comme si nos questions n'avaient constitué qu'un intermède plaisant avant quelque tâche importante.

L'endroit était effrayant, empli d'une puissance sacrée. Approcher ainsi un dieu m'avait ébranlé, et même Aristote paraissait agité — il avait perdu son calme légendaire.

— À vous ! dit-il à Timothéos et Lysippos qui attendaient à l'extérieur.

Dioklès les prit par le bras pour les conduire dans l'antichambre de l'*adyton*. Avant que leurs pieds n'en foulent le seuil, un roulement de tonnerre se fit entendre dans le ciel. Le sol trembla sous nos pieds et je crus à un tremblement de terre.

— Non ! cria alors Lysippos. Non, je ne peux pas !

Timothéos et lui firent brusquement demi-tour et s'enfuirent à vive allure.

CHAPITRE XVII

Le meurtrier

— Suivons-les ! s'écria Aristote.

Nous quittâmes en courant le lieu sacré. Lysippos et Timothéos traversèrent le temple de façon impie. Suivis de Dioklès, Aristote et moi nous précipitâmes d'une façon à peine plus religieuse à travers la foule qui interdisait d'aller aussi vite que nous le désirions. Nous passâmes à côté de l'autel, franchîmes le brouillard de laurier, de viandes et de myrrhe, la porte extérieure puis l'entrée est du temple. Polémon et Glaukon nous aperçurent et se joignirent à nous. Devant, les deux fuyards se dirigeaient vers la Lesché des Cnidiens ; là, ils empruntèrent un chemin menant à la porte haute du mur d'enceinte du sanctuaire.

Une fois sortis, ils se retournèrent brusquement pour nous faire face. Lysippos, pâle, le souffle court, s'appuyait sur le bras de son frère.

— Tout est clair à présent, me dit Aristote alors que nous passions sous la Lesché.

Pour moi, ce ne l'était pas.

— Lysippos a l'air malade, dis-je simplement.

Le tonnerre grondait et roulait dans la montagne. Nous avions ralenti car les deux frères attendaient que nous les rattrapions. Après la porte, nous rejoignîmes

Lysippos et Timothéos, engagés sur le chemin qui mène à la base de la faille occidentale des Phédriades.

— Vous savez, n'est-ce pas, dit Aristote, que projeter ou conseiller un meurtre est aussi affreux qu'en commettre un ? Pour la loi, celui qui inspire un homicide est aussi coupable que celui qui l'exécute, même si sa main n'approche jamais le corps.

— Il ne faut pas vous inquiéter. Mon frère ne se sentait pas très bien. Il a souvent la migraine quand le temps est à l'orage et n'a jamais aimé les lieux clos. Aujourd'hui, il a du mal à respirer et des douleurs dans la poitrine. Vous comprenez qu'il n'aille pas très bien, avec tous ces soucis...

C'était Timothéos qui avait parlé ainsi, ignorant les étranges remarques de mon ami. Il se tourna vers Lysippos, appuyé contre lui.

— Cet effort a été de trop. Ce fut une erreur que de l'amener ici, il n'a pu supporter la longueur de la cérémonie. Toutes nos excuses à votre... à notre proxène. Maintenant, si quelqu'un veut bien nous aider à regagner notre maison...

Aristote lui répondit, mais sa manière et son ton n'étaient pas en accord avec ceux de Timothéos. En fait, on eût cru entendre le dieu parler par la bouche de la Pythie. Il regarda les deux hommes dans les yeux et prononça ces paroles :

— Vos espoirs sont morts, mais pas vos enfants — à l'exception d'un seul. Car toi, ô Lysippos, as été maudit avec ce fils obéissant, qui t'a pourtant désobéi. Fuyez, ô Lysippos et Timothéos. Le meurtre — mais aussi l'instigation et la préparation de meurtre — est un grand crime. Rejoignez d'autres terres et sauvez-vous — si les dieux le permettent.

Lysippos s'arracha soudain à son frère et, en sanglotant, pressa le pas sur le chemin. Timothéos le suivit et le reprit par le bras. Lysippos nous regarda alors, et je me rappelle encore son air pathétique : dressé sur un rocher, il était livide et des larmes coulaient dans sa belle barbe.

— Straton, cria-t-il, mon fils Straton ! *Aï!* Les dieux se vengent du criminel !

Il lança un regard implorant au ciel lourd de nuages, lequel ne lui répondit que par un impitoyable roulement de tonnerre dont l'écho parcourut toute la gorge. Pour moi, ce fut une révélation, et je compris à cet instant le sens de cette étrange scène. Lysippos était le meurtrier de son propre fils ! Il avait tué un jeune homme dans la fleur de l'âge. C'était trop horrible, trop irréel. Et moi, je m'étais souillé à ses côtés.

— Sauve-toi du crime de sang ! lui dit Aristote.

— Je n'ai pas versé le sang, répondit Lysippos qui, par défi, réunissait tout son courage. Je ne suis pas un assassin.

— Tu le sais, oui, tu le sais très bien que ton esprit était criminel. Conseiller un homicide équivaut à tuer. Ton propre geste s'est retourné contre toi !

— *Aï!* Mais qu'ai-je fait ? sanglota Lysippos, la tête dans les mains.

— Tu as comploté la mort d'un citoyen athénien. Tu es complice d'empoisonnement. Tu as participé à l'enlèvement de la fille d'un citoyen d'Athènes. Tu le sais parfaitement !

— Oui, oui. Tout a raté, oh, tout a raté ! s'écria Lysippos en agitant les mains.

Son visage avait maintenant la couleur de la cendre et sa barbe était trempée de larmes.

— Hélas ! cria Timothéos en s'arrachant les cheveux.

La pluie tombait çà et là, ricochant sur la terre et les rochers. Elle mouillait le visage et les cheveux de Timothéos, de sorte qu'on ne pouvait plus distinguer ses larmes de l'eau du ciel. Horrifié, il avait lâché le bras de son frère et se tenait maintenant un peu au-dessus de lui.

— *Aï!* Chagrin terrible ! Mon frère, un criminel ! criait Timothéos en contemplant la silhouette agitée de spasmes de Lysippos. Il a eu l'esprit dérangé, citoyens. De lui, de moi, ayez pitié. La Justice, je le sais, vous demande de le lapider sur place. Les dieux l'ont rendu fou il y a déjà longtemps. Il a tué Straton — son propre fils ! Et moi, j'ai deviné ses délires, mais je n'ai pas compris. Aujourd'hui, il n'a pas osé se confronter à la Pythie, mais les dieux l'ont poussé à se confesser. Et il a avoué — hélas ! —, même s'il se rétracte l'instant d'après. Vous l'avez entendu. Qu'adviendra-t-il de notre misérable famille ? Oh, il vaudrait mieux qu'il meure, cet assassin !

— Non, répondit Aristote, tel un juge. Lysippos n'est pas exactement un assassin. Il n'est certes pas le meurtrier de Straton. Car c'est toi.

Lysippos découvrit son visage avant de regarder son frère puis nous deux.

— Est-ce vrai ? Est-ce certain ? bredouilla-t-il comme un homme arraché au sommeil. Je pensais... Je soupçonnais... En es-tu sûr ?

— Contemple ton frère et vois.

Nous nous tournâmes vers Timothéos. Il éclata d'un rire sauvage alors que la pluie d'orage s'abattait sur nous.

— Imbécile vaniteux ! lança-t-il à Lysippos. Je ne suis pas assez stupide pour avouer devant des témoins !

— Je vais te tuer ! hurla son frère comme si la pluie lui rendait sa vigueur.

Il empoigna Timothéos, mais celui-ci se tenait au-dessus de lui et n'eut aucun mal à le jeter à terre. Lysippos gisait sur le sol boueux et l'autre le regardait, un étrange sourire aux lèvres. Il ne chercha pas à relever son frère, envers qui il se montrait si aimable peu de temps auparavant, ce qui démontra la véracité de l'accusation d'Aristote.

— Lapidons-le ! cria Glaukon, qui jeta un gros caillou sur Timothéos.

— Non, non, surtout pas ! répliqua Aristote.

Timothéos n'attendit pas la fin de leur discussion et s'élança sur le chemin menant au sommet de l'une des Phédriades. C'était si escarpé que seule une chèvre eût pu s'en sortir. Nous nous précipitâmes derrière lui. La pluie le dissimula un instant à nos yeux puis cessa brusquement. Le soleil apparut, même si le tonnerre grondait encore au-dessus de la gorge.

Timothéos grimpait toujours. Il retira son manteau trempé et le jeta.

— Les dieux l'ont rendu fou ! dit Dioklès, qui abandonna la partie.

Aristote et moi continuions de le suivre. Avec précaution, car il nous fallait maintenant sauter de pierre en pierre.

— Timothéos, haleta Aristote qui allait à quatre pattes derrière moi, tu ne peux t'échapper. C'est de la folie.

Il ne répondit pas mais il rejeta son chiton. Son corps nu et trempé, blanc aux endroits habituellement couverts, resplendissait comme l'ivoire au soleil du printemps. Il entreprenait d'escalader le Parnasse.

— Attends ! lui cria Aristote. Je promets de t'assurer ton retour à Athènes si tu daignes t'en remettre à la justice. Ne cède pas à la peur !

Timothéos continua d'avancer puis, ayant calé ses pieds, se baissa pour ramasser une pierre qu'il lança sur Aristote. Le projectile rata sa cible, de peu.

— Aristote ! Aristote de Macédoine, celui qui donne de bons conseils ! Tiens, prends ça, rhétoricien de pacotille ! Toi qui enseignes les plantes et les animaux, toi, le *grand* philosophe ! Tu aimerais bien l'être, hein ? dit-il en lui jetant une autre pierre. Regarde-toi en train de te traîner comme un animal. Je te le dis, je suis meilleur homme que toi ! Et meilleur philosophe ! Car je suis le disciple de Platon, je cherche le monde céleste, le monde des Formes ! La pureté est mienne ainsi que la loi divine, pas comme certains qui marchent en crabe et professent leur rhétorique sur la place du marché. Toi, un philosophe, ah ! Tu as trahi Platon. Le domaine divin n'est pas fait pour toi. Tu redoutes les sommets.

— Même si... tout... est vrai, haleta Aristote, accroché au flanc de la montagne, rentre à Athènes et plaides-y ta cause. Cherche la Justice ! Platon ne l'honore-t-il pas ?

— Alors dis-moi, fit Timothéos avec un sourire narquois, toi, le pseudo-philosophe venu d'un village de Macédoine, qu'est-ce exactement que la Justice ?

Il n'attendit pas la réponse et continua de monter. Nous fîmes de même pendant un certain temps. Je ne pouvais plus regarder en bas sans appréhension et j'avais peur pour Aristote, qui était un vieil homme. Nu, plein d'énergie, Timothéos poursuivait son ascension, tel un adolescent.

— Redescends ! ordonnai-je à Aristote. Je vais le rattraper — et je ne lui ferai aucun mal.

Agrippé au sol, je ne m'arrêtai que pour regarder mon ami, les sourcils froncés, et constater qu'il m'obéissait. Il risquait sa vie inutilement. Oui, il cessa de monter, mais ne redescendit pas pour autant.

Timothéos atteignit la corniche qui surplombait le gouffre séparant les Phédriades. Il se redressa.

— Alors, dis-moi ce qu'est la Justice ? recommença-t-il en posant un regard méprisant sur Aristote, étendu bras en croix contre la roche. Regarde-toi ! Et regarde tous ceux-là !

Il désignait la foule ébahie qui s'était réunie au pied de la montagne. En contrebas, les hommes paraissaient minuscules.

— Stupides individus, cracha Timothéos. Mes frères cherchaient à me dépouiller de mon héritage —

est-ce là la Justice ? J'étais bien meilleur qu'eux, car ils travaillaient l'argent de leurs mains, comme de simples mécaniques. Moi, je travaillais avec mon esprit. Je suis l'accoucheur de l'esprit, le digne descendant de Socrate et de Platon. Malgré tout, on me méprisait. C'est donc cela, la Justice ?

« Mais j'étais plus intelligent qu'eux. Et, en fin de compte, j'aurais pris toute leur fortune, tout ce qu'ils avaient si patiemment accumulé. Avec cet argent j'aurais fondé mon Académie. Car je suis patient aussi. J'aurais *tout* pris, ô Macédonien, si tu ne t'en étais pas mêlé !

— As-tu tué Straton ? lui cria Aristote de sa position précaire. Je t'accuse...

— Oui, je l'ai fait. Je me suis débarrassé de Straton, ce jouvenceau arrogant. Quant à toi, que la curiosité démange, je vais te le dire : c'est moi qui ai tué ce gros porc au bord de la route. Je l'ai embroché comme un sanglier, avec l'épieu que j'avais emprunté pour l'occasion. Je vous ai bien tous abusés, finalement, non ?

— Oui, en effet, dit Aristote qui s'efforçait d'adopter un ton apaisant.

— Sache, homme de Stagire, que c'est mon frère qui a été lâche, qui a hésité et s'est enfui devant la Pythie. Pas moi. Je serais allé jusqu'au bout, Oracle ou pas. Car je vous défie tous. Oui, vous tous, gens d'Athènes et de Delphes, ou étrangers à ces rivages. Petits hommes avides de futilités — or, femmes, palais. Petits hommes à l'esprit matérialiste, qui ne vous reconnaissez qu'en des images fallacieuses. Ces dieux aux mains vides que vous adorez !

— Prends garde à toi ! lui criai-je.

Devant un tel blasphème, ces mots étaient sortis malgré moi de ma bouche. Mais je les répétai, car je venais de voir que le terrain où se tenait Timothéos était glissant sous l'effet de la pluie.

Dans sa fureur et son exaltation, l'homme nu négligeait toute prudence.

— Regarde, il suffit que je parle pour que le soleil apparaisse ! lança-t-il d'un air moqueur. La terre tremble et ébranle le temple sacré, le tonnerre gronde au-dessus de la tête des pèlerins, mais le meurtrier profère la vérité et le soleil apparaît !

Effectivement, les nuages avaient disparu, et le soleil resplendissait au-dessus de la gorge, illuminant le temple et la Tholos d'Athéna Pronaia, comme la première fois où je les avais vus.

— Apollon, dieu insensé ! reprit Timothéos en riant.

La lumière se reflétait sur les mares et les gouttes d'eau. Timothéos aveuglé fit un pas en avant, au-dessus du vide. Son pied gauche dérapa sur la roche avant qu'il pût recouvrer l'équilibre.

— Loxias ! cria-t-il, et il tomba dans la gorge étroite qui sépare les Phédriades, presque à l'endroit où la Castalie jaillit du sol.

D'horreur, nous retînmes notre souffle et entendîmes un long hurlement tandis que le corps désarticulé de Timothéos rebondissait sur les rochers. Puis il y eut un bruit sourd, un écho, et le silence. Dans le ciel un aigle poussa son cri.

Nous fûmes stupéfiés par cette chute soudaine. Moi qui me trouvais le plus près de Timothéos, je n'avais rien pu faire. Prudemment, je redescendis vers Aristote. Nous aidant mutuellement, nous retrouvâmes enfin le chemin.

Assis sur un rocher, accablé, Lysippos pleurait au milieu d'une petite foule. Aristote lui effleura l'épaule.

— Il faut que tu partes, lui dit-il. Ton frère est mort, mais tu ne dois pas rester là.

— Ce que tu dis est vrai. Ayez pitié de moi, braves gens. Je désire parler seul aux hommes de ma ville — Polémon et Glaukon, Aristote et Stéphanos.

Les badauds auraient désiré en savoir plus, mais ils se retirèrent de bon gré. Ils avaient été les témoins d'un événement important. Les esprits les plus audacieux proposèrent de s'occuper du corps de Timothéos. Ils enverraient chercher des Delphiens qui connaissaient bien les lieux. Quelqu'un suggéra de rapporter une porte et des cordes.

Quand notre petit groupe fut seul avec le malheureux Lysippos, celui-ci se redressa et nous regarda.

— Je n'ai pas versé le sang, déclara-t-il. Mais il est vrai que j'ai envisagé et conseillé un crime. Je voulais d'un seul coup éliminer un rival, déshériter et détruire la fille de mon propre frère. J'ignore quelle folie les dieux m'ont inspirée ! Mais ma voie paraissait toute tracée, jusqu'à ce que l'acte retombe sur ma tête. De la façon la plus terrible — mon fils, mon Straton !

— Mais tu as un autre fils, répondit Aristote avec douceur. Je te le dis, grâce aux dieux, il vit. Gorgias est vivant.

Lysippos secoua la tête et ses yeux s'emplirent de larmes une fois de plus.

— Gorgias ? Comme c'est étrange... Gorgias que je croyais mort respire encore et foule cette terre ? Un miracle sans signification. Un piètre échange. Car Gorgias est mort pour moi depuis longtemps. Et il n'a *jamais* été le fils qu'était Straton. Pour moi, il n'avait pas d'importance. Sans Straton, je ne suis rien.

— Cependant, dit Aristote, l'héritage doit revenir aux enfants survivants. Ils pâtiraient gravement si tu revenais à Athènes et affrontais la justice. Tu pourrais être condamné à l'exil et à la confiscation de tes biens. Mais est-il juste que nous gardions tous le silence ? Surtout celui des survivants que tu as le plus blessé, Glaukon ici présent. Car tu as fait de ton mieux pour hâter sa fin, n'est-ce pas ?

Lysippos se contenta d'un hochement de tête.

— Et tu as organisé l'enlèvement de la fille de ton

frère — un geste qui m'apparaît pire que l'assassinat. Heureusement, elle se porte bien et se trouve sous la garde de Gorgias. Mais tu as fait vivre une expérience terrible à une vierge innocente placée sous ta protection — la fille orpheline de ton frère, une charge sacrée !

— Oui, mais tu ne comprends pas. Cela fait partie d'un projet global...

— Je le connais, et il ne t'honore pas. Allons, est-il juste que tu jouisses chez toi du fruit de la mort de tes deux frères, comme s'il ne s'était rien passé ? Et ton cœur était-il pleinement innocent de la mort d'Ammonios ? N'as-tu pas songé à l'empoisonner — sous ton propre toit ?

— C'est si lointain... Ce n'était pas mon idée. Et Ammonios n'est pas mort alors, comme tu le sais. Il était robuste. Et difficile à tuer, cet Ammonios.

— Ce n'était pas ton idée. Certaines idées émanaient de Straton, n'est-ce pas ?

— Oui, reconnut Lysippos. Straton m'a suggéré l'enlèvement. Il n'aimait pas Ammonios parce qu'il nourrissait des pensées impures à propos d'Anthia. J'ai pu constater que c'était vrai.

— Tu m'as dit la même chose, intervint Glaukon. Tu craignais que la lascivité d'Ammonios ne prenne le dessus et qu'il ne tente quelque chose avec ta nièce.

— C'est exact, reconnut Lysippos.

— Tu as donc projeté de tuer Ammonios, reprit Aristote. Mais ce qui concernait Anthia n'était-il pas pire ? Elle devait être « enlevée » par tes soins.

— C'était l'idée de Straton.

— Bon. Straton et toi avez donc organisé l'enlèvement. Straton devait ensuite retrouver le ravisseur et Anthia. Tu peux remercier les dieux qu'elle n'ait pas été violentée et tuée. Car n'était-il pas prévu, ô Lysippos, que Straton, justement indigné, tue à la fois le ravisseur et Anthia — comme si elle était associée à son crime ? Ou avais-tu simplement l'intention de déshériter Anthia en la faisant passer pour une créature lascive qui se serait sauvée avec un homme ?

— Nous y avons songé...

— Mais vous avez pensé que le meilleur moyen de s'approprier la fortune de Phérékratès était de tuer Anthia ?

— Ce que pensait Straton ne regardait que lui, fit Lysippos en regardant le sol d'un air triste. Je lui ai dit que je n'avais pas besoin de tout savoir. Mais si je te crois, Anthia est saine et sauve. Il n'y a donc ni homicide ni quoi que ce soit à punir dans ce cas. Hormis le petit voyage inattendu qu'elle a effectué, ajouta-t-il avec un rire discordant, chargé de mélancolie.

— Hélas, tu as façonné une merveilleuse image de ton cher Straton, mais vous ne vous êtes pas fait de bien l'un à l'autre !

Les deux hommes soupirèrent. Lysippos perdit son expression de défi et les larmes lui vinrent aux yeux.

— Lysippos, reprit Aristote, dis-moi à présent ce qui est juste. Comment allons-nous régler cette affaire ? Ton frère Timothéos, coupable de crimes plus affreux que les tiens, a déjà payé. Mais pour toi, qu'est-ce que la Justice ?

Lysippos eut un sourire triste.

— Tu as entendu mon frère. Oh, il était bizarre. J'avoue que je le craignais depuis quelques jours. Mais lui-même t'a posé cette question, et certaines de ses paroles sont riches de vérité. Je suis malade, je manque de souffle et j'éprouve d'étranges douleurs.

— Hum, fit Aristote, dubitatif, je ne sache pas que l'on coure pour apaiser ses maux...

— C'est vrai, dit l'autre en rougissant, je ne me sentais pas mal, et la peur m'a donné des forces qui ne m'appartenaient pas. Mais maintenant, voyez comme je tremble et comme bat mon cœur ! Je crois sincèrement que je vais bientôt m'engager sur la route sombre et affronter la justice du roi des Enfers. Je vous le demande, ajouta-t-il en tendant les mains, paumes tournées vers le ciel, pour le bien de mes enfants, sinon pour le mien, ne me tourmentez plus. À quoi bon couvrir d'opprobre notre ville ? Je ne désire pas retourner à Athènes, même si je pouvais le faire en toute légalité. Ma maison est vide sans mon fils. Laissez-moi partir. Laissez-moi m'en aller, loin de Delphes, loin de l'Attique. S'il est vraiment vivant, mon fils Gorgias veillera aux funérailles de mon frère. Permettez-moi de partir pour l'une des îles les plus lointaines, afin que j'y achève mes jours. Mes enfants jouiront, pour autant que les dieux le permettent, de leur héritage et de leur honneur.

Il nous regardait d'un air implorant.

— Permettrez-vous ceci ? demanda Aristote aux autres.

Chacun hocha la tête, mais Glaukon dit :

— Oui, mais s'il retournait à Athènes...

— Je promets de n'en rien faire, lui répondit Lysippos, l'air las. Si vous le voulez, établissez un bref résumé de cette affaire et je le signerai. Il servirait de preuve à charge si je devais réapparaître. Revenir ? Ah, vous n'imaginez pas... Athènes ? Ce nom même me rend malade.

— Je veux m'entretenir seul avec lui, dit Aristote.

Nous nous éloignâmes tandis que les deux hommes discutaient. Leur conversation ne dura pas longtemps.

— Lysippos se sent assez bien pour partir sur-le-champ, mais il aura besoin d'aide. Polémon, pour l'honneur d'Athènes et la sécurité des enfants de cet homme, je te le demande. L'accompagneras-tu à Cirrha afin qu'il embarque sur un bateau ? Un navire part prochainement pour Naxos. C'est beaucoup exiger de toi, ô Polémon, mais une personne forte et honorable, compétente aussi, doit s'assurer du départ de Lysippos pour l'exil.

— Lysippos ne peut emprunter le bateau régulier de Naxos ! m'écriai-je. Il souillerait les passagers et l'équipage. Nous-mêmes sommes déjà impurs, pour avoir passé tant de temps auprès de Timothéos et de lui !

— Tu as raison. Il louera sa propre embarcation et versera une belle somme aux marins à l'arrivée pour qu'ils se purifient. Il faut aussi qu'il nous donne quelque chose pour que nous nous purifiions, ainsi que Dioklès, notre infortuné proxène.

— Il ne lui restera plus grand-chose, fit remarquer Glaukon.

— Ses ressources sont immenses. Il écrira à Athènes pour qu'on lui envoie de l'argent. Mais il faut se hâter. Trouve une mule, Polémon, et rends-toi le plus vite possible à Cirrha sans pour autant que Lysippos en souffre. Ne le quitte pas un instant et assure-toi qu'il monte à bord. Ah, voici Corydon. C'est parfait, il va nous rendre service.

Le jeune homme semblait exalté.

— J'ai appris que vous étiez ici, dit-il. Vous avez tout vu ? Le fourbe qui a péri était-il le ravisseur ? Callirhoé sera enchantée. Comme j'aurais aimé me trouver là quand il est tombé de la montagne ! Dire que j'ai manqué un tel spectacle !

— Corydon, demanda Aristote, va chercher des tablettes neuves dans la maison de Dioklès. Et pour celui-ci, des vêtements propres et de l'argent chez son hôte et ami.

— Tu veux confier mon argent à un esclave ? s'indigna Lysippos.

On l'ignora.

— Il vaut mieux que Lysippos n'y retourne pas, ajouta Aristote. On va peut-être y ramener le cadavre de son frère. Il ne se sent pas assez bien pour une telle épreuve.

— Il paraît que l'Athénien a avoué son crime avant qu'Apollon ne le précipite dans le vide. Il a dû tomber dans un endroit que nul ne peut atteindre, une grotte peut-être.

— Une grotte ! s'écria Aristote. J'allais oublier. Allons-nous-en, Stéphanos, nous avons encore beaucoup à faire. Polémon, prends soin de Lysippos et assure-toi de son départ. Corydon lui apportera ses affaires.

Polémon accompagna Lysippos sur le chemin qui mène à la ville et à la Voie sacrée. Immobile, Glaukon les regardait s'éloigner, l'air pensif. Sur son visage, ses taches de rousseur n'avaient jamais été aussi apparentes : on eût dit des pièces de bronze sur une dalle de marbre. À ses côtés, Corydon contemplait, bouche bée, les Phédriades. Il regrettait de toute évidence de ne pas avoir assisté à ce malheureux accident.

— Corydon, mon garçon, hâte-toi, je t'en prie, lui dit Aristote en se dirigeant vers l'ouest. Il me faut délivrer les prisonniers d'une grotte.

— Il ne faut pas se purifier d'abord ? dis-je. Nous avons été en compagnie de criminels, et tous ceux qui nous approcheront seront aussi souillés que nous.

— Tu as raison. Pressons-nous. Je ne veux pas qu'Électre soit plus longtemps détenue. Et je prie pour qu'Oreste soit guéri de sa folie.

Glaukon et Corydon le regardaient comme s'il perdait la tête, mais Aristote n'avait ni le temps ni l'envie de s'expliquer. Car un gros homme au visage rubicond s'avançait sur le chemin. Après avoir bousculé Lysippos, qu'il ne remarqua même pas, il se planta devant nous. Une forte odeur de cour de ferme, de cochons plus spécialement, l'accompagnait.

— Ah, te voilà, crapule ! Je m'occuperai de toi plus tard, mais en attendant, prends ça, tiens !

L'étranger frappa Corydon sur l'oreille et le garçon poussa un cri.

— Pour l'instant, aboya le paysan rougeaud, ce que je veux savoir, c'est qui m'a *volé* mon esclave ! À qui tu appartiens maintenant ?

Corydon garda la bouche fermée et se détourna mais Glaukon, surpris, désigna Aristote.

— Ah !

L'étranger saisit Aristote par les épaules et le secoua sans ménagement.

— Écoutez-moi, vous tous ! Je porte plainte contre cet individu pour vol d'esclave ! Ah, on va me rendre justice, ou je ne suis pas un Béotien !

Corydon éclata d'un rire plein de mépris.

— Maintenant que tu es également souillé par un meurtre, paysan béotien, il va falloir que tu te purifies. La justice peut attendre !

CHAPITRE XVIII

La Justice et le ravisseur

Les rituels de purification nous occupèrent longtemps. On s'en doute, Dioklès n'apprécia pas outre mesure ce tumulte. Même son hospitalité et sa bonne humeur en pâtirent.

— Tu as invité le crime dans cette maison — et dans la ville de Delphes, reprocha-t-il à Aristote. Dans le temple sacré même, aux jours de sa consécration. Tu as fait de moi le proxène d'un criminel ! Tu as permis à un assassin de souiller le sanctuaire !

— Ah, fit Aristote, je regrette profondément ce qui s'est passé. Mais comprends que cette visite à la Pythie était une épreuve — l'épreuve suprême. Les hommes désireux de s'y prêter ne peuvent en toute logique être des assassins, et peu importe s'ils ont commis d'autres forfaits.

— Quelle honte pour Delphes !

— Au contraire, c'est plutôt une gloire nouvelle. Les Delphiens montreront comment la puissance d'Apollon s'est manifestée, comment un criminel a été confondu par la pureté du temple, comment Apollon en personne a condamné à mort le blasphémateur ! Songes-y. Nombreux sont ceux qui viendront uniquement pour voir l'endroit où Timothéos est tombé.

Bien plus tard, le soir du même jour, Aristote se

trouvait dans une pièce de la maison de Dioklès, entouré d'amis divers. Le maître des lieux avait dû se rendre à une réunion pour discuter de la situation avec d'autres dignitaires.

L'intrépidité d'un esclave ayant jadis travaillé dans les mines avait permis de retrouver le cadavre de Timothéos. Il était en piteux état, « brisé en mille morceaux », comme le dirent certains. Le fait de le sortir de la crevasse à l'aide de cordes et de crocs n'avait rien arrangé. Il reposait maintenant à l'extérieur de Delphes. Les autorités civiles souhaitaient discuter de la pollution de la Castalie et de l'effet néfaste de cet incident sur les futurs pèlerins. Ils se rangèrent bien vite à l'avis d'Aristote. Le récit de la nouvelle consécration du temple ne fait cependant pas mention de Timothéos et de sa fin.

Après une série de petits orages, le ciel était parfaitement dégagé. Un brasero brûlait dans la salle de réception de la demeure de Dioklès. Installé sur un siège confortable, Aristote buvait du vin, satisfait de pouvoir s'adresser à un petit groupe comme s'il s'agissait d'une classe, à la différence qu'il y avait aussi des femmes — et un criminel, par action ou par intention.

Le philosophe adressait des sourires radieux aux jeunes gens qu'il avait tirés de la grotte — plus tard qu'il ne le voulait, car il lui avait d'abord fallu apaiser le Béotien malodorant et l'inciter à attendre la purification commune. Il avait ensuite ramené à la lumière du jour Myrrhine, Gorgias et Anthia. Après les rites, le fermier réclama le retour de Corydon — ou son équivalent en argent. Quand Aristote lui eut fait comprendre que ce n'était pas vraiment un esclave mais le prisonnier de pirates — avec les risques que cela impliquait —, l'homme dut se contenter de quelques oboles, plus un dédommagement pour la mort de son chien. Une fois le problème réglé, la femme de Dioklès s'empressa de nourrir tout le monde.

Puis Glaukon vint nous voir, à la demande d'Aristote. Polémon menait toujours Lysippos sur le chemin de l'exil. Anthia s'était pudiquement retirée au gynécée, mais Myrrhine, persuadée que sa réputation était à tout jamais ternie, avait insisté pour écouter nos discussions. Elle était paisiblement assise aux côtés de Gorgias, le visage voilé. Installés à même le sol, Callirhoé et Corydon ressemblaient plus à des enfants sages qu'à des esclaves dociles. Les grands yeux persans de Callirhoé resplendissaient. Elle était à présent coiffée comme une dame de haute naissance, mais de petites boucles s'échappaient toujours, brillantes dans la lueur des lampes. L'air fier et, chose incroyable, plus beau encore, Corydon se tenait auprès d'elle et lui prenait la main quand il croyait qu'on ne les voyait pas.

Le sourire d'Aristote se teinta de gravité.

— Je sais qu'il est pénible, dit-il d'emblée, de parler du mal qui s'est abattu sur les êtres que nous connaissons et de celui qu'ils ont fait, tout spécialement quand une famille parmi nous est touchée. Mais nul n'est heureux qui ne connaît qu'une partie de la vérité.

— Je veux tout savoir, dit Gorgias.

Blême, grelottant, il était enroulé dans une couverture, mais ressemblait plus à un homme, à un membre d'une cité que la malheureuse créature que nous avions découverte.

— Oui, je dois savoir. Qu'a fait Straton ? Pourquoi Ammonios a-t-il été tué ? Et quelle est la culpabilité de mon père ?

— Qui est le ravisseur ? ajouta Callirhoé. Anthia veut aussi le savoir. Avant de dîner, elle m'a dit : « Reste auprès d'eux et apprends qui est ce stupide personnage. »

Il y eut un silence gêné. Quelqu'un toussota.

— Eh bien, fit Aristote, je peux répondre à toutes ces questions, si vous me permettez de vous exposer quelle fut dès le début ma propre expérience — ou plutôt comment tout a commencé *pour moi*. Chaque récit se doit d'avoir un début, un milieu et une fin, mais l'origine des choses est souvent mystérieuse. Même si, dans le cas présent, celle-ci remonte à plusieurs années, ce qui suit suffira.

« Le début de cette histoire — notre histoire —, telle que *moi* je la connaissais, était le rapt d'Anthia. Il parut tout de suite évident que l'on avait enlevé Anthia, héritière de Phérékratès, dans l'espoir que sa famille autoriserait un mariage : le coupable jouirait alors d'une immense fortune. C'était pourtant une entreprise hasardeuse. Timothéos m'a laissé entendre que le ravisseur pourrait être Straton. Mais *pourquoi* ? En dépit de certains accords passés entre Phérékratès et le père de Polémon, Straton était le mari idéal. Lysippos m'a prié de poursuivre le fautif et de traiter avec lui. Je suis tombé dans le piège — tout en me demandant, alors que je quittais la ville, si Lysippos désirait réellement que j'enquête ou si cette idée lui avait été suggérée par le très respectueux Cléiophoros. Les efforts pour avancer notre départ ne firent que le retarder. Le meilleur moyen fut de fournir des montures à d'aussi piètres cavaliers que Stéphanos et moi-même. Je me suis alors demandé si Lysippos ne cherchait pas à m'écarter d'Athènes. Si nous ne poursuivions rien, en fait.

— On a pourtant entendu parler d'un homme accompagné d'une litière, dis-je. Puis nous avons découvert le corps de Straton.

— Exact. Stéphanos et moi sommes effectivement tombés sur son cadavre. C'était un crime, sans nul doute possible. Et un crime très inhabituel. Stéphanos, tu te rappelles l'aspect qu'il présentait ?

— Hideux. Avec une blessure devant et une autre derrière.

— En réalité, il y en avait *trois*. Je t'ai cité les paroles de Patrocle, l'homme tué trois fois : « Mais toi, tu n'es venu que le dernier... » Bien. Il y avait donc *trois* assassins. Un groupe agissant de concert ? Certainement pas, car les blessures furent faites à différents moments. La coupure la moins profonde, là où le sang s'était figé, était plus ancienne que les coups qui ont provoqué la mort. Il y avait un hématome, une boursouflure, en bref les symptômes habituels de la réaction d'un corps vivant à une meurtrissure. Une coupure faite par un couteau ordinaire, un couteau à éplucher les oignons, par exemple. Mais les deux autres coups ont été portés par une lame plus puissante. Difficile de dire lequel a été fatal, celui dans la poitrine ou celui dans le dos.

Nous autres, qui n'étions pas médecins, nous sentions mal à l'aise — à l'exception de Corydon, si heureux auprès de sa bien-aimée que la description d'un meurtre ne l'affectait en rien.

— Les circonstances les plus révélatrices de la mort de Straton, dis-je, fier de ma propre déduction, sont son ensevelissement. C'est très étrange. Habituellement, un assassin n'organise pas de pieuses funérailles pour sa victime. Tout indiquait donc que Straton avait été tué par un membre de sa famille. Cela se révéla finalement exact, même si ceux qui accomplirent les rites, Gorgias et Myrrhine, *crurent* seulement l'avoir assassiné. J'en vins à soupçonner Anthia en personne.

— Anthia, une criminelle ! s'écria Callirhoé. Je lui rapporterai tes paroles, elle en sera très fâchée !

— Je n'appris rien de plus sur la disparition d'Anthia, reprit Aristote, jusqu'à ce qu'avec l'aide de Corydon, rencontré en chemin, Stéphanos et moi dénichions Callirhoé. Nous en avons alors su beaucoup plus sur l'enlèvement — une affaire bien étrange, puisqu'il n'y eut pas de violence sexuelle. Les récits de Callirhoé et d'Anthia concordent.

« Polémon n'a pas simplifié les choses. Il se rendait à Delphes. Il se trouvait à proximité quand Ammonios a été tué — c'est ainsi qu'il est devenu responsable de son cadavre. Il a perdu son argent dans un bordel appartenant à une relation peu fréquentable d'Ammonios. Polémon devient un élément récurrent. Puis il s'est sauvé du bordel de Cirrha, par pudeur, pas par culpabilité. Même si Anthia lui avait été promise, il n'est pas coupable d'enlèvement. Ce n'est pas parce qu'il redoutait qu'Anthia voie en lui le ravisseur qu'il s'est échappé, mais à cause de Tita l'Égyptienne qui aurait pu lui faire une mauvaise réputation.

— Notre enquête aurait été facilitée, remarquai-je, si Ammonios était resté à Athènes au lieu de se changer en cadavre — vêtu comme un colporteur — au carrefour d'Œdipe.

— Oui. Les villageois nous soupçonnent encore. En chemin, je m'étais déjà interrogé à propos de ce vendeur de parfums que l'on retrouvait un peu trop souvent. Était-ce le véritable ravisseur ? Cela aurait voulu dire que l'homme qui accompagnait la litière était à sa solde. Ensuite nous avons retrouvé Ammonios mort — mais quel intérêt y avait-il à le tuer ? Les deux crimes étaient-ils l'œuvre d'une seule et même personne ? Il semblait probable que tout fût lié.

— Par le dîner silencieux, oui, dis-je. Ce n'est pas une coïncidence si tous ceux qui se retrouvèrent chez Lysippos sont impliqués dans cette étrange affaire.

— Je crois que le ou les meurtriers m'ont invité pour que j'entre dans leur jeu. Mais il s'est passé autre chose cette nuit-là, la Nuit des Spectres. Stéphanos m'a relaté il y a peu l'étonnante conversation qu'il a surprise non loin de chez Lysippos. J'ai alors déduit que Gorgias, que l'on croyait mort, était revenu, tel Oreste, et avait vu sa sœur. Notre Oreste inconnu parlait de vengeance. Cela faisait de lui le candidat idéal au rôle de meurtrier de Straton.

— Tu as deviné juste, dit Gorgias. J'en ai parlé pour la première fois à Myrrhine lors de la Nuit des

Spectres, c'est vrai. Straton avait essayé de me tuer, j'avais des raisons de me venger. Tu as cru que j'étais le ravisseur ?

— Le vengeur pouvait être le ravisseur — du moins en théorie. Mais un vengeur se montrerait-il si secret, si calme ? L'émule d'Oreste aurait aussitôt mis à mort Straton. Viol et carnage seraient allés de pair. Mais tout ce que nous savions du ravisseur laissait imaginer une personne réfléchie — tout le contraire de Gorgias. Rien à voir avec Oreste. Un homme secret, prudent... Mais intéressons-nous à présent au cas de Glaukon.

Chacun se tourna vers lui. Il changea de position sur son siège et fut pris d'une quinte de toux.

— Oui, Glaukon. Nous sommes tombés sur lui à Cirrha. Il nous a dit être arrivé sur un certain bateau. Un mensonge par trop simpliste : il était en fait venu par voie de terre. Il a insisté sur sa *récente* arrivée. Le coup du mal de mer était assez plausible, n'est-ce pas, Glaukon ? En réalité, il devait se trouver à Cirrha depuis un moment.

— Je ne vous ai peut-être pas parlé de l'ensemble de mes affaires. On peut traîner autour du port pour toutes sortes de raisons, répondit Glaukon, sur la défensive.

— Ah ! cria Callirhoé, les yeux flamboyants. Je reconnais cette voix ! Vil individu ! C'est *toi* notre ravisseur ! Et c'est à cause de *toi* si j'ai été vendue chez Haimon ! C'est toi, oui, *c'est toi* ! hurlait-elle.

Le visage blême de Glaukon était encore plus pâle comparé aux joues rouges de Callirhoé. Sa fureur la grandissait et ses cheveux bruns se tordaient comme des serpents autour de sa tête. À notre grande surprise, elle abattit sa main ouverte sur une joue de Glaukon, puis sur l'autre.

Les claquements résonnèrent dans la pièce et Glaukon poussa un cri dérisoire. Nous ne réagîmes pas. Mais ce ne fut pas tout. Corydon se précipita vers le siège de Glaukon et, d'un geste précis, referma ses mains sur la gorge de l'orfèvre qui nous jetait des regards suppliants.

— Crève, fils de chienne ! hurla Corydon.

Il le souleva tandis que l'autre battait l'air de ses pieds. Son visage était cramoisi.

— Je t'arracherai le cœur !

Corydon resserra son étreinte. Glaukon chercha à se dégager, mais en vain. Seul le bon vouloir du jeune homme lui rendit la liberté. Je frémis en pensant qu'il avait ainsi étranglé un molosse.

Le corps de Glaukon s'effondra à terre. Sa gorge émettait des bruits étranges et ses joues avaient une teinte bleutée. Nous l'allongeâmes sur un banc.

— Corydon, ne te comporte pas comme une brute, lui dit Aristote avant de s'adresser à la victime. Callirhoé a raison. Glaukon, ô insensé, tu vas être condamné pour l'avoir enlevée, car tout porte à croire qu'elle est de bonne naissance et ne doit pas être asservie. Quant au châtiment que te vaudra le rapt d'Anthia... Quel outrage !

— Et cette... cette violence à mon égard ? bredouilla Glaukon qui s'étranglait et toussait à chaque mot. Ton esclave, ajouta-t-il avec un regard mauvais à l'adresse de Corydon, car c'en est un, et rien de plus, ton esclave, dis-je, mérite la mort pour m'avoir ainsi agressé !

— Glaukon, si tu cherches à porter plainte, nous tous ici présents dirons que tu es tombé contre une table et que tu as mis ta chute sur le compte de Corydon.

Chacun l'approuva.

— Ah, tu as de la chance, poursuivit-il, aussi mal conseillé et cupide sois-tu, de t'en tirer ainsi après deux crimes aussi affreux ! Si nous choisissons de déposer plainte contre toi, les châtiments les plus sévères te seront réservés. Encore heureux que ce ne soit pas la saison des radis noirs ! Et n'oublie pas que tu me dois l'argent versé à Haimon pour la libération de Callirhoé.

— Bon, fit l'autre d'une voix rauque, j'ai vendu l'esclave parce que les choses ont mal tourné. J'ai perdu Anthia, mais je n'ai assassiné personne !

— Ça ne veut pas dire que l'on ne peut pas te tuer, grommela Corydon entre ses dents.

— Toi, reste tranquille ! lui ordonna Aristote avant de reprendre sa place. C'est vrai, Callirhoé a raison. Glaukon est le ravisseur. Il a toujours été le candidat idéal pour ce rôle. Les deux jeunes filles dans la litière ne connaissaient pas d'hommes et ne pouvaient donc identifier qui que ce soit. Mais elles nous ont relaté que leur bourreau était prudent et efficace. Maintenant, considérez le caractère de Glaukon. Il est prudent. Et lui qui est un homme d'affaires efficace, qu'est-ce qui pourrait l'inciter à prendre de tels risques ? Il n'est pas irréfléchi et n'a pas le sang chaud. Pourquoi s'opposer si violemment à Lysippos, ancien rival devenu nouvel ami ? Je me suis posé cette question : qu'est-ce qui pourrait pousser Glaukon à commettre un acte aussi stupide que l'enlèvement d'Anthia ? Et voici la réponse : l'espérance d'une récompense de la part de son riche supérieur. Glaukon aurait enlevé Anthia si *Lysippos en personne* le lui avait demandé. Alors, c'est bien ainsi que les choses se sont passées ?

— C'est vrai...

Les yeux pâles de Glaukon s'agitaient sous ses paupières couleur de sable. Il cherchait à voir notre réaction.

— ... Mais ce n'est pas ma faute, non. Je vais vous expliquer.

Il se redressa et but du vin coupé d'eau.

— Voyez-vous, Lysippos savait que les mines du Laurion se tarissaient, et cela l'inquiétait. Je le savais aussi, bien entendu. Ma concession pour cette année était meilleure que la sienne. Lysippos pensait que le sac des villes de l'Orient nous rendrait la vie plus difficile : la valeur du produit de nos mines s'effondrerait. Nous sommes toutefois encouragés par l'*ateleia*, qui diminue l'impôt et nous permet de conserver une plus grande part de ce que nous créons — plus qu'un potier ou un producteur d'huile, par exemple. Et nous ne nous contentons pas d'extraire le métal, nous en faisons aussi de belles choses. Les taxes de Lycurgue concernent surtout les marchands étrangers de l'emporion, de sorte qu'il peut y avoir une demande accrue et des prix plus intéressants pour notre artisanat athénien — pour des objets d'argent ciselé.

— Bien réfléchi, dit Aristote en hochant la tête.

— Lysippos était — est, plutôt — un homme d'affaires très malin. Il me démontra que tout nouvel afflux d'argent créerait une demande pour des artisans plus habiles encore. Il me proposa une association. Nous pourrions non seulement avoir le secteur bien en main, mais aussi nous emparer d'autres échoppes et stabiliser le commerce. Son frère Timothéos lui était inutile, et il avait besoin d'un homme de confiance.

« J'avais déjà proposé d'abandonner toute poursuite à l'encontre de Phérékratès. Lysippos affirma qu'il était responsable de notre inimitié ancienne, et voici qu'il me promettait sa nièce en mariage. Toute animosité devait cesser. Je serais l'héritier de Phérékratès et son associé.

— Mais Phérékratès avait déjà promis Anthia à Polémon, intervins-je au nom de l'éphèbe.

— Oui. Lysippos m'a expliqué que Polémon se croyait fiancé à Anthia, mais que cet arrangement avait pris fin à la mort du père de la jeune fille. Selon lui, son fils Straton se croyait aussi en droit de l'épouser. Pour Lysippos, Straton en avait déjà assez, et puis il lui fallait un homme d'expérience. Il me confia enfin qu'Ammonios l'inquiétait : il se mettait à spéculer sur l'argent et cherchait à obtenir une concession.

— Pourquoi Ammonios se serait-il subitement intéressé aux mines, lui qui avait placé sa fortune dans des bordels ? demandai-je. J'ai appris qu'il faut beaucoup d'esclaves pour exploiter une mine et que le bénéfice est moindre quand on les loue. Sans parler des autres dépenses, l'importation de bois pour étayer, par exemple.

— C'est vrai. Lysippos pensait — et j'étais d'accord avec lui — que l'intérêt d'Ammonios tenait en partie à ce qu'il s'était enrichi et qu'une concession lui permettrait d'échapper à l'impôt de guerre. Il s'associerait également à des gens très riches et très influents, dans un domaine plus honorable que le sien. Selon Lysippos, Ammonios serait plein de ressentiment quand il comprendrait qu'il ne pouvait décrocher de concession. Mais il se vengerait en prenant Anthia contre la volonté de son tuteur, l'amenant ainsi à un mariage qui lui procurerait la part de Phérékratès. Ammonios avait déjà l'œil sur Anthia, il en avait parlé à des compagnons.

— Ce n'est pas faux, dus-je reconnaître.

— Il est tellement facile de salir la réputation d'une vierge ! Ayant en quelque sorte dévalué Anthia, Ammonios deviendrait le seul homme qui voulût encore la prendre. Lysippos m'expliqua que je devais l'enlever si je voulais être sûr de l'épouser. Il serait plus tranquille si Anthia était éloignée d'Athènes.

— Delphes, c'était donc l'idée de Lysippos ? Je suppose qu'il a promis de faire entendre raison à Straton ?

— Oui, me répondit Glaukon. Il a ajouté qu'il lui faudrait du temps pour le calmer. Mon union avec Anthia me vaudrait son héritage. Lysippos devait te persuader, ô Aristote, de nous rechercher. Ainsi nous aurions un témoin impartial, qui déclarerait que je m'étais enfui avec Anthia, certes, mais que je ne l'avais pas touchée.

— Je vois que vous avez pensé aux moindres détails. Je suppose aussi que l'on t'a donné la somme nécessaire à l'achat du matériel : une litière agréable, des esclaves, de la nourriture, une marmite et, ô Glaukon, un bon couteau ?

Glaukon pâlit et se trémoussa sur son siège.

— Je reconnais, poursuivit Aristote, que votre projet faisait de moi un ustensile de plus. Nul doute que mon âge vénérable et mon influence macédonienne m'ont donné de la valeur.

— Oui, et tu aurais pu aussi aider à rédiger un contrat de mariage. Plus tard, quand l'émotion serait retombée, Anthia et moi (mariés désormais) serions revenus à Athènes ; j'aurais mis la main sur la part de Phérékratès et je serais officiellement devenu l'associé de Lysippos. Tel était le projet.

— Pas exactement. Telle était *ta* conception du projet, plutôt. Franchement, aucun scrupule ne t'a effleuré ? Un si noir dessein...

— Non, répondit simplement Glaukon, en rougissant néanmoins. Alexandre poursuit les Perses pour s'emparer de leurs trésors et mettre à sac leurs villes. Pourquoi ne ferais-je pas preuve d'audace ? Cela me paraissait assez sûr. Après tout, Lysippos était le tuteur d'Anthia. Légalement. Et Lysippos me l'a donnée. Chacun admettrait le mariage. Entre-temps, j'ai juré de ne pas prendre Anthia comme l'ordonne Hymen, ni de laisser Éros m'aiguillonner, ni même de contempler ses traits avant notre union. Pour elle, c'était décent, pour moi, plus sûr — au cas où les choses tourneraient mal. Lysippos et moi avons préparé l'enlèvement de concert.

— Quelle horreur ! s'écria Gorgias. Mon propre père, échafauder une telle monstruosité ! Je peux à peine y croire !

Il rejeta sa couverture et se leva pour marcher sur Glaukon, lequel se ratatinait sur son siège.

— Je n'ai rien fait, protesta Glaukon devant ce nouvel adversaire, sinon l'enlever. Tout est la faute de Lysippos. Tu crois qu'il est facile d'enlever quelqu'un ? Surtout quand il faut rester caché. À tout moment, on peut vous demander ce que l'on cache. Je n'ai pas eu un instant de tranquillité sur la route. Et quand j'ai découvert que l'héritière s'était échappée, ne laissant que cette esclave...

— Ce n'est pas une esclave ! s'écria Corydon, indigné.

— J'étais désespéré. Je savais que tout allait mal, mais j'ignorais à quel point.

— Insensé ! lâcha Gorgias d'un ton amer.

Il était incapable de le frapper, ce qu'il avait envie de faire, de toute évidence. Myrrhine soutint son frère et le ramena à sa chaise. Sans tenir compte de ses protestations, elle l'enroula dans la couverture.

— Un acte irréfléchi, dit Aristote, le regard sévère. Que tu as avoué à la Pythie, et que l'Oracle a confirmé. L'argent et l'or ne sont pas meilleurs amis que la vertu. Tu as pratiquement projeté ta propre mort. Quant à Lysippos... Dire qu'il a pu se servir ainsi de moi ! Ah, se reprit-il, le pauvre homme est décidément bien malade.

— Pas du tout ! protestai-je. Ce n'était pas son intention. Car ce que Lysippos a raconté à Glaukon ne constituait pas son véritable projet, n'est-ce pas ?

— Bien, Stéphanos, voilà que tu réfléchis utilement. Non, en effet, ce n'était pas son véritable dessein. Il voulait que je joue le rôle de témoin, j'en suis persuadé, mais de témoin d'autre chose : de l'assassinat *justifié* de Glaukon par Straton. Le châtiment pour séduction est la mort du séducteur, si un parent mâle de la jeune fille le surprend. Straton devait surprendre Glaukon en compagnie d'Anthia. Il devait le tuer peu avant mon arrivée. (Notre départ, Stéphanos, devait se faire dans les temps : il a été légèrement retardé pour que nous ne tombions pas trop tôt sur les ravisseurs.) Ensuite, Straton se justifierait devant moi de la mort de Glaukon. Il y avait de grandes chances pour qu'il tuât également la jeune fille, sa propre cousine.

— Mais c'est ignoble ! s'exclama Callirhoé. Comment vais-je raconter ça à Anthia ?

— Il aurait également pu te tuer, dit Corydon. Tout ça parce que ce lâche se double d'un imbécile ! gronda-t-il en fixant Glaukon d'un œil noir.

— Anthia aurait posé des problèmes à ce stade, expliqua Aristote. Une fois sa réputation ternie — surprise avec un amant, lequel aurait été légitimement tué —, il eût été impossible de la marier et son argent serait resté entre les mains de son tuteur. Mais elle aurait été gênante. Comment s'assurer de son silence ? Je pense que l'idée de faire jurer une parfaite correction à Glaukon devait donner une certaine latitude au cas où le projet échouerait. On ne pouvait risquer l'honneur familial, *à moins que Glaukon ne mourût*. Je suis certain que Straton désirait être le premier et le dernier homme qu'elle connût. Après avoir tué Glaukon, il pouvait la déflorer en toute hâte puis la tuer... juste avant que je n'arrive pour entendre cette triste histoire d'amants surpris et de juste vengeance. Anthia avait raison de se sentir en danger, mais ce danger ne venait pas du ravisseur officiel, Glaukon. Le sinistre démiurge n'était autre que Straton.

— Oh non ! s'écria Myrrhine. Mon frère, comploter ainsi contre tout le monde, contre cette pauvre petite Anthia ! C'est trop horrible !

Les larmes lui vinrent aux yeux, et je me rendis compte que je n'avais jamais réellement vu pleurer cette étrange jeune femme.

— Je suis désolé, ma fille, lui dit Aristote. Cette dernière chose n'était que spéculation. Peut-être suis-je allé trop loin. Mais l'idée de supprimer Glaukon, c'est de la propre bouche de Lysippos que je la tiens. L'arrogance et la cupidité de ton frère ont poussé ton père à commettre de mauvaises actions. Lysippos et Straton étaient, d'une certaine manière, le ravisseur l'un de l'autre. Car chacun a entraîné l'autre en secret dans un lieu mauvais.

CHAPITRE XIX

L'argent, l'or et la vertu

Il y eut un bref silence tandis que chacun méditait sur la façon dont cette triste histoire affectait son propre destin. Glaukon semblait particulièrement frappé par le fait que sa mort s'inscrivait dans les visées de son ami.

— Lysippos n'a pas réussi, les dieux en soient remerciés ! dit-il pieusement. Et Straton non plus.

— Car tu serais mort à l'heure qu'il est, lui lança Corydon, qui n'éprouvait aucune sympathie pour l'orfèvre. Pauvre Anthia ! Mais la chance l'a favorisée !

— Ce n'est pas seulement une question de chance, dit Aristote. La nature de Straton s'en est mêlée. Il avait d'autres choses en tête. Callirhoé, tu as cru à un moment donné que le ravisseur avait retrouvé un ami, et ils ont bavardé près d'un chêne.

— Anthia le confirmera, fit-elle en hochant la tête avec solennité.

— Elle a dit quelque chose de semblable, effectivement. Quand je lui ai demandé si le ravisseur était Straton, elle m'a répondu qu'elle ne le pensait pas mais a ajouté : « Malgré tout, je pense que Straton a été présent à un moment donné. » En reconstituant l'histoire à partir de fragments de preuves, j'ai vu que Straton avait bien rencontré Glaukon près du chêne.

Était-ce prévu ? Les deux hommes ont écarté les esclaves afin de parler librement. Que t'a-t-il dit, Glaukon ?

— C'était prévu, répondit Glaukon, mal à l'aise. Lysippos m'avait décrit l'endroit, le chêne sacré. Un messager m'y attendrait. Straton m'a rejoint peu avant que je ne m'y rende et nous y sommes allés ensemble. Il a beaucoup insisté sur le fait que je ne devais ni faire du mal à cette fille ni la voir — nous pourrions alors poursuivre notre chemin. Il m'a même donné de l'argent. Il était très convaincant. Les esclaves ont posé des problèmes et il m'a aidé à les corriger. J'ai tout avoué à Straton. Enfin presque. J'ai raconté que je rendais service à Lysippos, sans parler ni d'héritage ni de mariage. Il m'a donné rendez-vous à Delphes.

— C'est bien ce que je pensais, fit Aristote, triomphant. Heureusement pour nous tous ici présents, il n'a pas suivi à la lettre les instructions de son père. Car il t'aurait tué sur-le-champ, Glaukon. Il a retardé son geste. Après tout, Glaukon était empêtré d'une litière et il serait facile de le rattraper. Non, Straton tenait à faire autre chose avant de se lancer dans un meurtre *public*. D'abord rencontrer le messager près du chêne. Puis commettre un crime *privé*, avant de jouer les parents offensés et d'éliminer le ravisseur. Il lui fallait se débarrasser d'Ammonios.

— Que vient-il faire dans cette histoire de famille ? demandai-je. Est-ce à cause de son ambition de devenir l'un des Hommes d'Argent ?

— D'une certaine façon, oui. Je crains que ce qu'Eschyle dans *Les Perses* appelle « une source d'argent, un trésor que leur fournit la terre » n'ait des effets très divers sur l'âme humaine. Une concession aurait fait le plus grand bien à Ammonios. Il voulait être accepté par la famille et les associés de Lysippos, et peut-être avait-il des vues sur Anthia.

— C'est possible. Même si c'était un bon vivant,

dirons-nous, c'était aussi un riche veuf. Il avait ses chances.

— À présent, Stéphanos, rappelle-toi la nuit du dîner silencieux. Toi aussi, Glaukon, car tu y participais également. Rappelez-vous comment Straton regardait Ammonios — et comment celui-ci tomba malade. Quand on l'a retrouvé mort, j'ai pensé à sa maladie. Stéphanos m'a beaucoup aidé.

— Moi ?

— Une remarque de ta part après le dîner silencieux. Tu étais... nous étions pas mal...

— Ivres ?

— Oui. Tu avais perdu ta sandale. Tu as dit : « Quelqu'un m'a *empoisonné* le pied. » On tient des propos absurdes quand on est sous l'emprise de l'alcool, mais pourquoi as-tu songé au *poison* ? Un dîner silencieux est une occasion unique pour empoisonner quelqu'un. Chacun apportant ses propres vins, il est impossible de se tromper de victime ou de tuer tout le monde, ce qui gâcherait la soirée. Les premiers symptômes sont mis sur le compte d'une ivresse bien naturelle.

« Bon. Que se passe-t-il ? Ammonios est malade, se remet et quitte Athènes, déguisé. Pourquoi ? Voyons si les divers éléments se tiennent. Supposons qu'Ammonios a été, ou pense avoir été, empoisonné lors du dîner. Il a des doutes quant à l'identité de son ennemi. Il quitte la ville sous les traits d'un marchand de parfums, ce qui lui permet d'emporter remèdes et antidotes. Il souffrait encore d'indigestion quand il a péri : son flacon d'infusion était au tiers plein. Les onguents et les parfums servaient aussi de cadeaux à ses amis tenanciers de bordel.

« Ammonios passa sa première nuit chez un ami près d'Éleusis. Pour la deuxième, nous n'en savons rien. Mais la troisième, il descend chez un ami près du carrefour fatidique, non loin du village où nous avons rencontré la noce. Polémon était au courant des étranges relations d'Ammonios et en avait tiré profit. Timothéos savait quant à lui qu'il rendait souvent visite à une amie jolie mais louche, une relation de Pataikos, qui habitait dans la direction de Daulis. Timothéos en personne nous a communiqué cette information alors que nous discutions avec Lysippos et lui, à Delphes — ce fut peut-être une erreur.

— Donc, mon oncle Timothéos voulait tuer Ammonios, dit Gorgias. Straton et Lysippos voulaient-ils tous deux l'empoisonner ?

— La tentative lors du dîner silencieux était, supposerons-nous, le fait de Straton. Elle ne rentrait pas dans le plan de Lysippos. Ammonios avait raillé le jeune homme quand il lui avait pris sa joueuse de flûte pour la mettre au bordel. Il s'était trop intéressé à Anthia. Une fois associé avec son père pour tuer Glaukon, Straton se sentait le droit de disposer de n'importe quelle vie. Quoi qu'il en soit, il a donné une trop petite dose de poison à ce gros homme qu'était Ammonios.

— Mon oncle Timothéos était-il aussi de ce coup-là ? demanda Gorgias.

— Je pense plutôt qu'il fut contrarié et que cela aviva son désir d'en finir avec Straton. La tentative d'empoisonnement avait fait d'Ammonios l'ennemi de toute la famille. Pour jouir en toute quiétude de la richesse familiale, Timothéos devait s'assurer que tous les ennemis étaient écartés. Ammonios pourrait accuser les membres survivants de la famille d'avoir attenté à sa vie, même une fois Straton disparu. Timothéos avait donc tout intérêt à le voir mort.

— Il n'était pas stupide, ce qui le rendait d'autant plus dangereux, commentai-je.

— Oui, il était rusé, pas comme certains, dit Aristote avec un regard en direction de Glaukon à qui il s'adressa alors. En te rencontrant, Ammonios a compris que Straton était impliqué dans un projet d'enlèvement très complexe. Et il a appris de ta bouche qu'un rendez-vous avait été donné sous le chêne. Il savait à présent que Straton trempait dans une supercherie qui devait absolument réussir, mais qui en fait avait déjà mal tourné — je parle de l'évasion d'Anthia. Il était seul et vulnérable, c'est pourquoi Ammonios saisit l'occasion de l'affronter. Je pense qu'il voulait semer la confusion chez Straton en lui révélant sans aménité la fuite d'Anthia. Le gros homme s'en alla donc, après s'être armé de ton excellent couteau, Glaukon. Ultérieurement, Timothéos le rendit à Ammonios, et je l'ai dissimulé pour sauver sa réputation — mais c'est en réalité à toi que j'aurais dû le donner.

— Je n'ai tué personne ! s'écria Glaukon.

— D'accord. Tu t'es contenté de fournir une arme de qualité. Ainsi équipé, Ammonios a eu la chance de trouver son ennemi en piteux état après sa rencontre avec Gorgias. Ils ont dû échanger des mots. Il est probable qu'il l'a provoqué en lui parlant de la fuite d'Anthia. Ammonios aurait facilement pu se débarrasser de son ennemi. Il voulait lui faire payer sa tentative d'empoisonnement.

— Pourquoi est-il parti si vite, sans s'assurer que Straton était bien mort ?

— Il a certainement été interrompu par l'arrivée d'une tierce personne. Notre « colporteur » a décampé en voyant ou en entendant quelqu'un. Straton était encore en vie, quoique mourant, à cet instant. Il n'a jamais imaginé quel pouvait être son plus grand ennemi.

— Et c'était Timothéos ? Son propre oncle ? Mon oncle... dit Gorgias d'une voix tremblante. Pourquoi se haïssaient-ils tant ?

— Ils n'éprouvaient pas une haine *mutuelle*, ainsi que tu le crois. Straton voyait un allié dans Timothéos. N'avaient-ils pas œuvré de concert pour supprimer ce frère que Straton méprisait ? Il n'aurait jamais imaginé que son oncle pût le détester. Nous en avons eu la preuve, Stéphanos. La destruction de la statuette d'argent montre à quel point Timothéos abhorrait ce garçon, même après sa mort.

— C'est ainsi que Timothéos est devenu le meurtrier de Straton, ou plutôt son troisième assassin, comme Hector avec Patrocle, ajoutai-je.

— Oui. La rencontre près du chêne sacré n'était pas une coïncidence : Timothéos était au courant du rendez-vous. Peut-être Straton attendait-il des provisions et des nouvelles de la part d'un messager de son oncle ou de son oncle en personne. Quand Timothéos est arrivé, Straton se mourait après le coup porté par Ammonios. Je pense qu'il eut encore la force de prononcer quelques mots. Timothéos a dû être édifié par les révélations de son neveu à propos de Gorgias, de Glaukon, de l'héritière et d'Ammonios. Straton allait mourir, de toute façon, mais Timothéos n'a pas voulu prendre de risques : il l'a donc envoyé chez Hadès par le chemin le plus rapide.

— Pourquoi Timothéos a-t-il suivi Ammonios ? demandai-je. Tu parles de chemin rapide. Justement, comment l'a-t-il tué au carrefour d'Œdipe si peu de temps après son départ d'Athènes ?

— Ah, Stéphanos, Timothéos est parti presque en même temps que nous, et il ne s'est pas attardé. Il a dû tout de même emprunter un trajet plus long, pour ne pas tomber sur nous. Selon moi, il est allé au Pirée tandis que nous nous débattions avec nos montures. Bien sûr, il ne pouvait savoir que Gorgias et Myrrhine nous précédaient. Au port, une petite embarcation l'a conduit non loin d'Éleusis, puis il a pris la route du nord. Il voulait à tout prix intercepter Straton.

— Ce n'était pas si loin. Mais je me rends compte d'une chose : toutes ces horreurs se sont déroulées pendant que nous nous gobergions dans la ferme de Smikrénès !

— C'est exact. Timothéos savait exactement en combien de temps il rejoindrait Straton puisqu'un rendez-vous avait été fixé. Mais l'histoire avait pris un nouveau tour. D'après ce que Timothéos avait appris de la bouche de Straton avant de lui porter le coup fatal, il lui fallait maintenant retrouver Ammonios. Cet ennemi de la famille en savait trop. Il se lança donc à sa poursuite.

— Comment est-il allé si vite ? demanda Glaukon. La distance n'est pas négligeable.

— C'est vrai. S'il nous a ratés ainsi que Gorgias — grâce aux dieux ! —, c'est parce qu'il a choisi un autre itinéraire. Il a dû éviter les collines et la route en lacet en traversant l'isthme et en prenant un bateau qui l'a déposé à l'est de la Béotie. Là, il est parti à cheval vers le carrefour fatal. Il savait que le « marchand de parfums » y avait un ami et qu'il ferait certainement halte chez lui. Au cas où on l'aurait interrogé sur ses propres pérégrinations, il pouvait toujours répondre qu'il recherchait Anthia. Timothéos connaissait l'emplacement de la propriété transformée en bordel, mais ignorait que Polémon y était descendu et y perdait son argent.

— Et l'épieu ?

— Les gens de la campagne rangent ce genre d'armes dans le vestibule pendant la saison de la chasse. À mon avis, il est entré dans la maison et s'est servi. Il a donné à un esclave un message destiné à Ammonios : quelqu'un désirait lui parler. L'autre s'est rendu sur la route, peu avant l'aube. Sa mort n'a causé aucun problème.

— Elle aurait pu passer pour un accident de chasse, mais c'est un crime prémédité. Nous l'avons compris en découvrant le corps.

— Oui, insista Aristote. Nous en avons la preuve formelle. Le meurtrier d'Ammonios a laissé *le* couteau dans son sac de fioles — celui qui lui avait permis de tuer Straton. Une lame très dangereuse, pas du tout le genre à trancher des oignons. Rappelle-toi, je l'ai caché non loin. Le sang était sec, il avait donc servi, mais pas récemment. Ce que j'ignorais alors, c'est que Timothéos, avec une ironie délibérée, rendait à Ammonios ce qu'il croyait être son propre couteau. Si on le retrouvait dans les affaires d'Ammonios, cela ferait de lui l'assassin — l'unique assassin — de Straton. Alors qu'il n'était que l'un des criminels.

— Tu laisses donc entendre, intervint Myrrhine, que mon oncle Timothéos désirait simplement se débarrasser de Straton et qu'Ammonios ne constituait qu'un problème supplémentaire ? Mais je m'étonne devant un tel déploiement d'énergie. Ça ne lui ressemble pas. C'était un rêveur, un philosophe...

— Quand il a eu déchiffré le projet aussi pervers qu'ingénieux de Lysippos, il a compris que c'était là l'occasion rêvée d'écarter Straton et de s'approprier la fortune familiale.

— Mais enfin, protesta Gorgias, les choses matérielles ne l'intéressaient pas !

— Peut-être pensait-il que cela ne le concernait pas, répondit Aristote. Mais un jour, cette formidable accumulation de richesses a attiré son attention. Qui en profiterait ? Il manque à cette énigme un élément, quelqu'un dont nous n'avons jamais parlé mais qui est cependant toujours présent. Nous étions tellement préoccupés par une héritière, Anthia, que nous n'avons pas songé à une autre jeune femme qui, dans certaines circonstances, pouvait également hériter.

— Myrrhine ! cria Callirhoé.

— Moi ? fit Myrrhine. Mais je ne suis rien — et l'on ne peut songer à m'épouser.

— Nullement, ô Myrrhine, fille de Lysippos. Un frère était déjà censé être mort. La disparition de ton autre frère, sans épouse et sans descendance, ferait de toi une héritière. Je l'admets, nul ne penserait t'épouser, avec les rumeurs de folie que faisaient courir Timothéos et Straton.

— Ce ne sont pas seulement des on-dit. Je suis d'une humeur détestable et les hommes ne m'attirent pas. Quand j'ai appris la mort de Gorgias et compris que Straton n'y était pas étranger, cela m'a rendu vraiment folle !

— Je ne pensais pas à toi jusqu'à ce que Stéphanos me parle de la conversation surprise après le dîner silencieux. J'ai compris que toi et ton frère, Gorgias, pouviez être dangereux : vous pouviez être les assassins de Straton et même d'Ammonios. Mais si ce n'était pas le cas, vous étiez menacés. J'ai reconnu ton importance quand je t'ai vue incarner Carila. Et j'ai su que la vie de Gorgias était en danger si son oncle le découvrait.

— Nous avons vu Lysippos et Timothéos, dis-je, et tu les soupçonnais, n'est-ce pas, Aristote ? C'est pourquoi tu ne leur as rien dit, pas même où se cachait Callirhoé ?

— Oui. Peu avant notre première conversation avec Gorgias et Myrrhine, nous avons vu ces deux hommes. Tu te souviens de leur allure, Stéphanos ? Lysippos, malade, terrifié, tandis que son frère veillait sur lui... et se demandait quand sa mort serait le plus opportune — si elle surviendrait naturellement ou aurait besoin d'une aide extérieure. Rappelle-toi, Lysippos n'a mangé qu'en notre présence quand il s'est senti rassuré.

— La vie de Myrrhine était certainement en danger, au même titre que la mienne, dit Gorgias. Elle m'a parlé du personnage pendu.

— Cette image me revient sans cesse, dit Myrrhine. C'était *moi*, accrochée par le cou et me balançant au vent !

— Voilà qui est intéressant. Ce personnage avait pour but de terroriser une malheureuse jeune fille.

Timothéos a compris en parlant avec Straton blessé que Gorgias était en vie, que Myrrhine s'était enfuie pour le rejoindre et que tous deux se trouvaient quelque part à Delphes. Il était sur la piste de Myrrhine. Mais il en a trop fait. L'image de la jeune fille pendue l'accusait. Il fallait que son auteur fût capable de sculpter. Un art que Timothéos avait appris, jadis. Bien que dépourvue de la délicatesse de la statuette de Lysippos, elle présentait une certaine ressemblance familiale. Son auteur ne pouvait être que quelqu'un qui te connût, Myrrhine, un membre de ta famille. Et puis, il y avait cet objet pareil à une signature...

— Le bracelet d'argent ! m'écriai-je.

— Oui. Il fallait que quelqu'un la connût très bien pour affubler cette poupée d'un bracelet. C'était un symbole familial — chacun avait le sien. Et qui est plus susceptible de transporter du fil d'argent qu'un orfèvre ? Cet objet avait pour but de t'effrayer, Myrrhine. Tu devais te suicider ou fuir Delphes, pauvre folle sans protection. Timothéos aurait alors pu s'occuper de Gorgias — un crime sans le moindre risque, puisque tout le monde le croyait mort depuis longtemps. En outre, il n'aurait plus à compter sur Straton, lequel s'était révélé tristement inefficace.

— Il n'a jamais été bon à grand-chose, fit remarquer Gorgias.

— Une fois Myrrhine, Gorgias et Straton morts, Timothéos héritait de tout. Si Myrrhine survivait, c'était elle l'héritière, mais personne n'en voudrait pour femme. Pour s'approprier la fortune familiale, il suffisait à Timothéos de s'apitoyer sur la pauvre démente et de l'épouser.

Aristote soupira longuement.

— Un crime familial, oui. Comme dans tant de drames. Les actes effroyables semblent plus terribles quand ils sont commis par des amis. Mais la cupidité, l'envie, la jalousie, la haine et le désir ne sont-ils pas suscités par la famille ? Au même titre que la loyauté la plus grande ? Mes enfants, ajouta-t-il en se tournant vers Gorgias et Myrrhine, vous devez oublier ces horribles habitudes. Pour votre consolation, sachez que le coup porté par Gorgias, même s'il n'a pas fait de bien à Straton, ne l'a pas tué. Ammonios lui en a porté un plus sérieux plus tard, avec le couteau pointu. Il lui a perforé le poumon — je l'ai compris au sang mousseux qui tachait la tunique d'Ammonios. Mais il n'a pas attendu pour voir s'il était mort. Ammonios avait l'intention de tuer, mais c'est Timothéos qui a achevé le travail.

— Voilà une explication logique, dit tristement Gorgias. Mon oncle Timothéos, assassin de Straton et d'Ammonios...

— Il s'en est lui-même vanté avant de tomber de la montagne, lui rappelai-je.

— Oui, reprit Aristote, mais nous aboutissons à la même conclusion en faisant travailler notre esprit. Tout est question de logique. Il faut cependant lui reconnaître un atout de choix : personne ne l'a jamais craint. On ne voyait en lui qu'un doux rêveur.

— Justement, fit Gorgias. Comment un être aussi éthéré peut-il aimer l'argent au point d'éliminer tous les autres héritiers ?

— Il avait un rêve. Il désirait fonder une école, une nouvelle Académie dont il serait le directeur. Peu importe si, pour ça, il lui fallait tuer une grande partie de sa famille, sans parler d'Ammonios et de Glaukon.

— Que les dieux soient loués ! dit ce dernier avec ferveur. Donc, après la mort d'Ammonios, il a rejoint Lysippos, déjà en route pour Delphes ?

— Oui. Lysippos a été très ébranlé en apprenant la fin de Straton et...

Soudain la porte s'ouvrit toute grande sur un étranger.

— Mes amis, enfin je vous retrouve !

L'homme n'adressa pas le moindre regard à Aristote mais contempla Corydon et Callirhoé, assis à même le sol.

L'intrus était d'âge moyen. Le sommet de son crâne était dégarni, mais ses cheveux bruns, parsemés de gris, bouclaient dans son cou et autour de ses oreilles, à la mode étrangère. Il paraissait prospère et une fibule d'or fermait son manteau.

— Corydon ! Callirhoé ! s'écria-t-il. Je viens vous arracher vos liens !

Les deux jeunes gens sautèrent sur leurs pieds.

— Théron !

Ils se précipitèrent vers lui, l'embrassant et se pendant à son cou.

— Ah, je vous cherche depuis si longtemps ! dit-il en les tenant par la main tandis que ses yeux s'emplissaient de larmes. Je ne suis plus un esclave, grâce aux dieux ! Je vais vous racheter et vous ne serez plus jamais asservis, du moins tant que je vivrai.

Aristote se leva pour accueillir le visiteur.

— Théron d'Halicarnasse, tu es le bienvenu. Du fond du cœur. Je te reçois ici dans la maison d'un ami — j'aimerais tant que ce fût mon propre toit —, mais je serais honoré que tu boives du vin en ma compagnie.

— Qui est ce vieillard ? demanda Théron, soupçonneux, en se tournant vers Corydon. Est-ce ton maître ?

— Oui, dit le jeune homme en riant, mais légalement depuis cet après-midi seulement.

— *Légalement*, tu ne dois être l'esclave de personne. Mais je paierai à cet homme la somme qu'il demandera, même si je souhaite trouver avec lui un accord raisonnable. Quel est son nom ?

— C'est Aristote, le respectable professeur du Lycée d'Athènes, dis-je.

— Le philosophe ? Oui, j'ai entendu parler de lui,

mais, ajouta-t-il à voix basse, je n'ai aucune raison de croire que les penseurs sont moins âpres au gain que les autres hommes. C'est étrange, je l'imaginais plus grand... Aristote, reprit-il, je suis l'ami de ces deux jeunes gens. Ils sont de bonne naissance, mais la guerre et les mésaventures ont fait d'eux des esclaves. Trouvons un accord.

— Quelle honte, murmura Glaukon, la façon dont ces étrangers se conduisent ! Pénétrer dans une demeure sans y être invité et vouloir faire des affaires à une telle heure !

— Théron a raison, répliqua Aristote, mais il m'a devancé. Je voulais vous le dire à la fin de mon récit, Corydon et Callirhoé. J'y venais. Vous êtes tous deux libres. La Pythie m'a dit que je devais payer pour vous, ce que j'ai fait. Également que je devais vous délivrer, ce que je fais à présent. Voilà !

Il se leva pour ôter le collier de fer que portait Corydon, puis il les embrassa tous deux, très solennellement.

— Vous êtes libres, ainsi que vous l'étiez à votre naissance. Maintenant, ô Théron, il ne te reste plus qu'à être notre ami et à boire avec nous !

— Par Artémis ! s'écria l'étranger. J'espère que tu les as bien traités ! Vous allez bien ?

— Oh oui, répondit Callirhoé, c'est un brave vieillard. Et j'ai connu de nombreuses aventures depuis que nous nous sommes séparés. Mais tout va bien, rassure-toi, ajouta-t-elle en l'entendant émettre un grognement de doute. J'étais dans un... je veux dire, on m'a coupé les cheveux, mais ils vont repousser. Et je suis toujours vierge !

— Pas pour longtemps ! affirma Corydon. Nous voulons nous marier très vite, Théron. Ne peux-tu y veiller ? Nous sommes si loin de nos parents... mais toi, comment nous as-tu retrouvés ?

— Oh là, pas si vite ! fit Théron en souriant pour la

première fois. Je vais profiter de cette aimable invitation pour tout expliquer.

Il s'assit et accepta une coupe de vin. Après une libation, il regarda longuement le jeune homme aux cheveux d'or et la jeune fille à la chevelure brune assis à ses côtés. Puis, avec un effort poli, il consacra son attention à Aristote.

— Je suis honoré. Pardonne-moi mon impolitesse, la journée s'est déroulée si vite et il s'est produit tant d'événements... La nuit dernière, j'ai trouvé ceci... à Cirrha.

— Le bracelet d'or de Callirhoé, dit Aristote. Nous en avons entendu parler. Haimon a dû le mettre très récemment en vente. Je jure qu'il ne se trouvait pas dans les échoppes de la ville quand je les ai visitées. Haimon voulait peut-être le céder avant de déguerpir.

— Nous connaissons la vie de ces deux-là, ô Théron, et l'amitié que tu leur portes, dis-je, jusqu'au moment où tu as disparu. En découvrant ce bracelet dans une boutique de Cirrha, tu as compris que Callirhoé se trouvait non loin ?

— Oui, dit Callirhoé en s'en emparant. La famille d'Anthia m'a permis de le conserver, mais ils... enfin, qui vous savez, dans cette horrible maison... me l'ont arraché.

Avec l'aide de Corydon, elle le passa à son poignet gracile, et tous deux l'admirèrent.

— J'ai reconnu sa facture, reprit Théron, et me suis aussitôt mis en quête du vendeur. J'ai alors entendu parler d'une vierge aussi belle qu'Aphrodite, qui avait séjourné à Cirrha... vous savez où. Elle avait été rachetée et emmenée à Delphes. J'ai également eu vent d'un jeune garçon, beau comme Apollon bien qu'esclave. J'étais certain qu'il s'agissait de Corydon. Mais Aristote ne fut pas son premier maître, et comment vous êtes tous deux arrivés ici... Peut-être vaut-il mieux parler de ça en une autre occasion, quand j'aurai les idées plus claires.

— Mais que t'est-il arrivé, Théron ? lui demanda Corydon.

— Euh... je crains d'ennuyer cette honorable société, fit-il en s'adossant au mur.

— Parle, l'encouragea Aristote. Tu es un brave homme, tes exploits dans la ville en flammes en témoignent.

— La suite n'est pas aussi passionnante. Quand nous fûmes tous trois séparés, dans des conditions sordides que je ne tiens pas à préciser, j'ai été, disons-le franchement, vendu à un marchand de Corinthe. C'était un orfèvre, qui ne fit jamais meilleure affaire car j'étais plus habile artisan que lui. Mon travail remplissait ses coffres, et il était heureux. Je dis « était », car il n'est plus de ce monde. Malade depuis plusieurs années, il mourut moins d'un an après mon arrivée. Par testament, il m'accordait la liberté. Je ne lui tiens donc rigueur de rien. Sa veuve était dans le désarroi et, avec l'autorisation de sa famille — rien qu'un oncle, en fait —, elle m'épousa. J'espérais que cette union me donnerait des enfants, mais la malheureuse mourut en couches.

« Je me retrouvai donc avec une affaire à Corinthe. Comme vous le constatez, je suis redevenu prospère, bien que moins riche qu'à Halicarnasse. Les Ioniens accordent plus d'intérêt aux objets de qualité et la guerre n'est pas l'amie du négoce, même si ça va mieux depuis un certain temps. J'ai économisé pour affranchir ces deux jeunes gens et j'ai une demeure, même si, n'ayant plus d'épouse, il n'y a pas de gynécée. Elle ne conviendrait pas à Callirhoé, qui est de haute naissance.

— Je crois savoir comment résoudre le problème, dit Aristote. Mais toi, Théron, songes-tu à te remarier ?

— Probablement. Un homme a besoin d'enfants.

Sinon, pourquoi accumuler tant de richesses ? Les jeunes garçons sont charmants, mais ils n'apportent rien. J'aimerais trouver une femme qui connaisse mon métier : je dois en effet tout faire seul et je souhaiterais améliorer la statuaire de bronze...

— Attends, imagine que je te présente une jeune fille ayant reçu une bonne éducation, membre d'une famille d'orfèvres et elle-même assez douée en ce domaine ? Sa réputation a été injustement salie dans sa propre ville, mais elle est intelligente et vertueuse. Son frère l'aime et il la dotera. Cependant, tu dois jurer solennellement de ne pas la brutaliser ni même de la battre comme le font habituellement les maris.

— Moi ? s'écria Théron. Je n'ai jamais maltraité qui que ce soit, qu'il fût libre ou esclave. Et je ne puis imaginer frapper celle qui partagerait mon toit !

À nouveau il sourit, et je vis que son visage était plein de douceur.

— Tu parles de moi, ô Aristote, dit Myrrhine, à demi cachée dans l'ombre. Tu as eu une bonne idée. J'ai entendu le récit des aventures de Callirhoé et je connais cet homme à présent. Et puis, il vaut mieux que je me marie.

— Non ! s'écria Gorgias en se levant et en rejetant sa couverture. Ne les écoute pas, Myrrhine ! Pourquoi accepterais-tu cette union misérable avec un étranger ? Tu as un frère qui t'aime et qui prendra toujours soin de toi. Tu dois vivre auprès de moi.

— Cher Gorgias, répondit-elle en posant la main sur son bras, la vie ne nous a pas épargnés. Tu dois réussir à Athènes et recouvrer l'honneur que notre père et notre oncle ont terni. Il te faudra travailler dur. Épouse dès que possible une femme bien dotée. Une sœur dolente accroupie en permanence auprès du foyer, ce serait un fardeau pour ta maison — et encore plus pour ta femme. Ma présence à Athènes ne t'apportera rien. Ma réputation a été salie par des rumeurs de folie lancées par des parents malveillants, ainsi que par notre propre expédition à Delphes. J'insiste pour que cet ami nommé Théron soit mis au courant de tout. Ensuite, s'il me veut encore, je l'épouserai et vivrai à Corinthe. Et je l'aiderai dans son travail.

— Vous êtes donc tous deux d'accord ? demanda Aristote. À titre provisoire, tout au moins ?

— Oui, fit Théron. C'est parfait si elle connaît le métier.

— Bien. Dans ce cas, Myrrhine, tu vas revenir à Athènes avec ton frère après que celui-ci se sera occupé des rites funèbres. Théron vous rejoindra, prendra la dot et t'épousera. Vous partirez pour Corinthe. Je ferai de mon mieux pour balayer toute objection concernant l'union d'une Athénienne avec un étranger — également pour assurer à Théron une place honorable à Corinthe, même en tant que *metoikos*. Ta sœur a raison, Gorgias. Corydon et Callirhoé t'accompagneront à Athènes et se marieront — Théron et moi-même paierons pour cette union. Qu'ils vivent ensuite comme mari et femme dans ta maison — celle de Lysippos. Elle est bien vide à présent — il n'y a plus que la pauvre Hégéso dont la santé décline de jour en jour.

« Quant à ce jeune couple qui a vécu tant d'aventures, je vais m'efforcer de retrouver ses parents, en Ionie. Peut-être pourront-ils les rejoindre. Corydon devrait toutefois apprendre un métier, car je doute que sa condition à venir soit aussi brillante que celle qu'il a toujours connue.

« Voilà, conclut Aristote en tendant les mains. Êtes-vous tous d'accord ?

— Oui, acquiescèrent Gorgias et Myrrhine, suivis de Théron, Corydon et Callirhoé.

— Et Anthia ? demanda Gorgias. Que devient-elle dans tout ça ?

— Et Polémon ? ajoutai-je.

— Et *moi* ? surenchérit Glaukon.

— Polémon peut demander Anthia de la façon la plus classique qui soit, en s'adressant à son cousin Gorgias qui est désormais son tuteur en l'absence de Lysippos. Quant à toi, Glaukon, ton comportement scandaleux t'interdit toute prétention...

— Anthia ne voudrait pas de toi, ravisseur et pleurnichard, même si tu la couvrais d'or ! lui lança Callirhoé.

— C'est exact. Fort des exemples terribles de Timothéos et Straton, tu pourras méditer sur chacun de tes actes, désormais, ô Glaukon. Sois heureux que la Justice ne t'ait pas rattrapé. Car si Straton avait mis son plan à exécution, tu aurais mérité ton destin. Mène tes affaires, honnêtement. Stéphanos et moi-même allons regagner Athènes : je délaisse en effet les miennes depuis trop longtemps. Anthia rentrera avec ses cousins, et je pense que Polémon n'y perdra pas à cette union — à moins qu'il ne préfère les hommes d'âge mûr ou les Égyptiennes. Il nous a rendu service en écartant Lysippos de la scène delphienne. Il doit aussi veiller aux funérailles d'Ammonios et rapporter ses cendres dans une jarre close, comme l'a dit l'Oracle. Il vaut toujours mieux faire comme dit l'Oracle. Sur ce, je vais me coucher. Bonne nuit à tous.

CHAPITRE XX

La poétique d'Aristote

Aristote et moi partîmes bientôt pour Athènes, accompagnés de Glaukon. Nous n'eûmes pas besoin de grimper dans la montagne et de cheminer à flanc de coteau. Une fois sur la route, je me retournai pour voir Delphes, et je vis une fois encore le nouveau temple dans sa splendeur et la mince colonne de fumée qui s'élève en permanence de son foyer.

Nous étions tous trois à pied et rien ne venait nous empêtrer, qu'il s'agisse de chevaux, de sombres secrets ou de litière abritant une héritière. Glaukon s'était empressé de la faire détruire, et l'une de ses premières préoccupations à Cirrha avait été d'envoyer en mission les esclaves qui l'avaient assisté. Il lui fallait maintenant porter son paquetage ; si d'aventure il se plaignait, Aristote lui rappelait sèchement l'argent que Callirhoé avait coûté, elle qui n'était pas à vendre.

On pourrait penser que nous avions de nombreux sujets de discussion vu tout ce qui nous était arrivé récemment. Lysippos avait pris la mer. Les funérailles de Timothéos étaient prévues pour le lendemain de notre départ de Delphes. Les autorités de la ville se demandaient encore ce qu'il fallait penser des événements. Un des deux chevaux — ceux qu'Aristote et moi avions délibérément perdus — avait été retrouvé et revendiqué par Gorgias.

Pourtant nous ne parlâmes pas de ça. Glaukon n'était pas de la meilleure humeur. Heureusement, après plusieurs jours de bonne marche, nous pûmes lui dire adieu. Aristote et moi devions passer au moins une nuit chez le fermier Smikrénès, où nous rejoindrait Théophraste.

Cette visite était l'idée d'Aristote. Je m'étais étonné de son désir — ou de son audace — d'être l'hôte de cet individu mal embouché. J'avais même craint pour la sécurité du messager envoyé en avant-courrier, mais l'outre de vin qu'il apportait et nos propres cadeaux ne pouvaient que l'apaiser.

C'est bien ce qui se passa. Smikrénès se montra plus aimable que dans mon souvenir. Il nous accueillit au portail; son visage buriné arborait un sourire plutôt qu'un air grincheux — il était même lavé. L'homme portait un chiton propre et était allé jusqu'à se parfumer — même si le tas de fumier de la cour dégageait une odeur déplaisante. Étonnamment, il avait grossi plus que diminué alors que la saison aurait voulu le contraire.

— Entrez, dit Smikrénès en ouvrant la porte avec tant de vigueur qu'Aristote la reçut en pleine épaule.

Il insista pour que nous prenions immédiatement quelque chose. Nous nous assîmes sur le seuil, l'on nous donna du vin et à manger — il y avait de petits gâteaux plats excellents dans lesquels je crus reconnaître le savoir-faire de Philoméla. Elle devait se trouver non loin de là, mais cachée.

Humblement, nous disposâmes nos cadeaux devant Smikrénès et le priâmes d'accepter quelques broutilles au nom de l'amitié. Nous avions apporté de l'étoffe de facture delphienne et deux petites statues d'Apollon. Pour la fille, un joli coffret à fermeture de bronze qui contenait de l'encens et des feuilles de laurier cueillies à Delphes. Alors que nous déballions les objets, je crus entrevoir Philoméla qui se cachait derrière la porte entrouverte.

— Bien entendu, fis-je, je sais que ta fille tisse à la perfection, mais nous croyons qu'une pièce de tissu étranger pourrait lui faire plaisir. Tu pourrais te vêtir de l'autre pièce, ou t'en servir de couverture.

— Hum, fit Smikrénès en palpant le tissu de ses doigts rudes, je crois que ça m'ira. Quant à ma fille, elle a assez d'habits pour l'heure, mais elle pourra tout de même accepter la boîte. Pour sûr, elle tisse bien, comme tu l'as dit.

Ensuite, la conversation se tarit et ne redémarra que grâce aux efforts d'Aristote qui l'interrogea sur les travaux des champs. Après le repas, Smikrénès eut à faire. Aristote et moi allâmes nous promener. Je ne cessais de penser aux extraordinaires événements qui avaient entouré notre voyage à Delphes.

— Aristote, dis-je, quand je t'ai rapporté la conversation entre Électre et Oreste, tu as déclaré qu'il s'agissait de Myrrhine et de son frère Gorgias plutôt que d'Anthia et de son frère Démodikos. Les deux garçons étant censés être morts, chaque proposition était aussi improbable que l'autre. Comment as-tu fait ton choix ?

— Tu vas comprendre... Anthia a à peine connu son frère. La famille de Lysippos était très portée sur les belles lettres, ce qui n'était pas le cas de celle de Phérékratès. À propos, tu ne m'as relaté la conversation qu'après notre retour de Cirrha. Tu as alors confirmé les soupçons que je nourrissais à propos du bracelet d'argent vu dans une échoppe poussiéreuse. Terni, mais tout à fait semblable à ceux portés par Lysippos, Timothéos et Straton. Ce dernier l'avait emporté dans sa tombe et les deux autres l'avaient au bras. J'en déduisis qu'un autre membre de la famille se trouvait dans les parages et qu'il avait vendu son bijou. C'était soit Myrrhine soit Gorgias.

— Tu t'attendais que le spectre de Carila fût Myrrhine ? Je vois.

— Je n'ai pas été surpris. Tu te rappelles la figurine pendue ? Elle avait un bracelet d'argent. Mais Myrrhine n'en avait pas quand nous l'avons vue dans la grotte. L'air de rien, je lui ai demandé si elle avait acheté du poisson à Cirrha. Pour ça, il lui avait bien fallu vendre quelque chose. J'ai également déduit que Timothéos ne l'avait pas approchée à Delphes : il aurait alors remarqué la disparition du bijou. Il n'était pas non plus allé à Cirrha, où il aurait pu le voir et reconnaître la facture familiale.

Aristote plissa le front et prit l'air soucieux.

— Quand nous nous sommes rendus dans la caverne, j'avais déjà rencontré Lysippos et Timothéos à Delphes. Ils étaient assis sur un banc quand je leur dis que je ne les avais pas aidés et que je le regrettais profondément. J'étais sincère — même si mes paroles étaient à double sens : je n'avais rien fait pour prévenir ou empêcher leur déchéance. Si j'avais vu assez de choses, si j'étais intervenu, oui, j'aurais pu empêcher cette tuerie. Du moins je crois que Lysippos aurait pu rentrer dans le droit chemin. Le nom des morts est sacré, Stéphanos, mais la vérité l'est plus encore : je ne puis parler en bien de Straton ni de Timothéos. J'aurais tout de même pu les sauver si j'avais fait preuve de sagesse. La Pythie me l'a bien dit : « Tu sais beaucoup de choses, mais en réalité tu n'en connais que peu. »

— Ah, dis-je pour le réconforter, comment imaginer que des membres d'une même famille puissent nourrir tant de haine l'un pour l'autre ?

— La haine est omniprésente, c'est vrai. Mais sais-tu ce que je trouve le plus choquant dans cette affaire, quelle est pour moi l'image la plus terrible ?

— Le corps de Straton, répondis-je alors que je le revoyais mort, crachant une pièce. C'était vraiment horrible.

— Non. La statue mutilée.

— J'ai d'abord cru que c'était Myrrhine — elle était à Delphes, non loin du sanctuaire. Une curieuse fille, qui se comporte en homme. Elle est folle, c'en est effrayant.

— Non, non. Tout ira bien pour elle quand elle aura autre chose à faire que pleurer. Elle ne pouvait mutiler cette statue. Elle ne serait jamais entrée dans l'enceinte du temple, elle qui redoutait tant d'être souillée par le meurtre de Straton. Ce ne pouvait être que Timothéos.

— Quel blasphème ! Salir ainsi la maison du dieu ! Et quelle haine, même au-delà de la tombe ! Car il savait que Straton était mort.

— Une haine si profonde qu'elle incluait le désir d'effacer la beauté. Cette statuette d'ivoire et d'argent était l'œuvre de Lysippos, qu'il haïssait et dont il était jaloux. Elle témoignait de l'amour d'un père pour son fils. Dans sa prétention démesurée, cet homme mauvais a détruit le chanteur d'argent, comme si cela annihilait jusqu'à la mémoire de Straton. Timothéos, vois-tu, avait jadis eu l'ambition d'être poète et chanteur en plus de philosophe. Autre Marsyas, il était jaloux d'Apollon en personne. Il m'évoque aussi Thamyris[1], qui défia les Muses et fut aveuglé par elles.

— Inviter le meurtrier à rendre visite à la Pythie pour mieux le démasquer, voilà qui est très ingénieux.

— Je ne savais pas si mon stratagème aboutirait. Dans le vestibule, souviens-toi, j'ai évoqué l'histoire de Calonodas Corax, le meurtrier identifié par la Pythie. Quel Grec se présenterait à elle sans trembler avec tant de sang sur les mains ?

— C'est pourtant Lysippos qui s'est enfui en courant.

— Oui, mais qui d'autre ? Les deux frères eurent

1. Poète et musicien légendaire de Thrace. *(N.d.T.)*

tout le temps de s'inquiéter en attendant de pouvoir pénétrer dans l'antichambre de l'*adyton*, car ils étaient coupables — à différents degrés. Timothéos aurait pu retenir Lysippos, mais tous deux détalèrent comme des lapins. Et l'orage a éclaté à point nommé. Quelle chance !

— Peut-on parler de chance ? fis-je, l'air dubitatif. Aristote, j'ai repensé aux paroles que m'a adressées l'Oracle. Et à ce qu'il t'a dit. C'est très étrange.

— Moi aussi, je me suis interrogé sur leur signification. Les arbres de l'Orient et de l'Occident... De plus, je ne mourrai pas à Athènes, « mais là où les eaux tourbillonnent ». Cela évoquerait-il une noyade ? Il m'a aussi promis, ajouta-t-il sur un ton plus joyeux, que j'engendrerais une lignée, c'est-à-dire que j'aurais un fils. Mes descendants ne pourront assister à mes funérailles — ce seront peut-être de grands voyageurs [1].

— La Pythie m'a dit de faire comme mon père avant moi. Il est mort avant d'atteindre ses cinquante ans et a perdu beaucoup d'argent tout au long de sa vie. Ça ne me plaît pas.

— Mais considère ta question. La réponse n'est valable que dans son contexte. Tu lui as demandé si tu devais bientôt te marier — *et* entrer dans une famille que tu venais de rencontrer. Entre parenthèses, j'ai l'impression que tu as complètement renoncé à la fille de Kallimakhos. Alors, qu'indiquent la réponse et la question mises ensemble ?

— La réponse ne m'aide pas beaucoup, mais je suis tout de même sûr de me marier. Et... attends ! Mon père a convolé alors qu'il était encore jeune. Il a épousé une belle femme saine qui lui a apporté des terres.

1. Effectivement, Aristote se remariera après la mort de Pythias, et il aura un fils, Nicomaque. Accusé d'impiété, il se réfugiera à Chalcis, dans l'île Eubée (patrie de sa mère), et s'y noiera à l'âge de soixante-trois ans. *(N.d.T.)*

— Des terres, m'encouragea mon ami. Cela ne t'évoque rien ?

Il promena son regard sur le paysage environnant, et je l'imitai. Les ombres s'étiraient en direction de l'est. Un champ se présentait à moi, avec son sol soigneusement labouré et ses jeunes pousses vertes qui dansaient au vent. Plus loin, à flanc de colline, c'étaient des rangées d'oliviers qui bruissaient et, au-delà, des vignes bien alignées. De l'autre côté de la maison se dressait le petit autel dédié à Pan. J'entendis meugler une vache. Le vent m'apportait des odeurs animales et le doux parfum du chêne vert qui brûle — le charbonnier était encore à l'œuvre. Quelle douceur que tout cela après la dureté de ce décor d'argent où nous avions dû évoluer !

— Cette terre est très belle, constatai-je. Et si je puis exprimer mon désir, j'aimerais épouser la fille de Smikrénès. Après tout, elle est de respectable naissance et de bonne éducation — même si je l'ai vue, ce qui n'est pas correct. Mais je ne le regrette nullement, car la contempler est un plaisir. Nous savons qu'elle travaille bien, trop, dirais-je, et je voudrais lui donner une vie meilleure. Oui, si je l'épousais, j'apporterais des terres à ma famille — quoique ce dème rural soit assez éloigné d'Athènes, j'en conviens.

— Tu as tout compris, commenta Aristote.

— Cependant, nous savons ce qui arrive à ceux qui convoitent des héritières. Je ne veux pas être un nouveau Glaukon — et encore moins un second Timothéos. Je ne veux pas céder à la rapacité.

— Je suis heureux de t'entendre parler ainsi, Stéphanos. Tu es un brave garçon. Tu mérites de jouir de la vie. Mais tu dois reconnaître ce que sont tes désirs et les maîtriser à l'aide de la raison. Tu n'es pas comme Glaukon, encore moins comme Timothéos, qui faisait semblant de mépriser ce qu'il désirait par-dessus tout.

« Sais-tu pourquoi je l'ai soupçonné plus que tous

les autres ? Sa tirade à propos de Platon, qui lui a donné l'occasion de se vanter et de mépriser son malheureux frère avec qui il était assis sur un banc. Qu'aurait dit Socrate ? Timothéos s'est trompé lui-même, ce qui est détestable pour l'âme. Connais-toi toi-même. Et porte sur toi une juste estimation. Tu es un jeune homme sain, de bonne naissance. Tu ferais un bon mari. Demain matin, va trouver Smikrénès et fais-lui une offre honorable. Expose franchement ce que tu mets dans la corbeille, sans oublier les dettes et les problèmes. Laisse au bonhomme le temps de réfléchir. Après tout, il n'a pas de fils — et il se fait vieux. Un jour, sa fille se mariera, et il lui faudra de l'aide à la ferme.

J'aspirais à pleins poumons l'air frais, je me sentais encouragé. Le bonheur s'insinuait en moi par tous les pores de ma peau. Je me rendis soudain compte que je n'avais pas été aussi heureux depuis trois ans, depuis la mort de mon père.

— Une famille est toujours importante, dit Aristote.

— Oui, les récents événements nous l'ont démontré. Mais elle n'est pas toujours marquée par le bonheur. Prends celle d'Agamemnon, par exemple. Sais-tu, Aristote, à quoi j'ai pensé ? Ce qui vient de se dérouler donnerait matière à une superbe tragédie — ou même à une épopée.

— Tu le crois ? C'est possible, mais quels rôles tiendrions-nous, toi et moi ? Nous n'avons assisté qu'à des fragments et n'étions en rien des personnages centraux.

— Ah, fis-je en riant, mais tu es essentiel. C'est toi, le vengeur !

— Peut-être, mais j'ai été impuissant à prévenir le mal. Je suis plus proche du messager qui entre en scène pour annoncer au roi que sa ville est tombée. De quoi pourrions-nous la qualifier, cette confusion que nous avons vécue ? Il est difficile de parler de comédie, même si l'élément comique y tient une certaine part...

— Oh oui, avec « Cléobis et Biton », par exemple.

— Il y a aussi la curieuse aventure de Corydon et Callirhoé, qui n'est certainement pas une comédie, sans être toutefois tragique pour eux. Leur histoire nous a parfois distraits de l'intrigue centrale de Lysippos. Un épisode. Quel auteur épique ou dramatique de valeur s'occuperait des amours de deux jeunes gens sans importance — quoique sympathiques — soumis à tant de vicissitudes illogiques ? En revanche, l'histoire de Lysippos et de Timothéos a une unité logique. La cause et l'effet — avec cependant une pointe de hasard, ce qui est courant dans la tragédie. Mais lequel de ces hommes est notre personnage principal, notre héros ?

— Straton ? Non, c'est évident : ce doit être Timothéos.

— Ce doit être, dis-tu ? Qu'en est-il au juste ? La déchéance d'un homme foncièrement mauvais satisfait les sentiments du public : nulle personne amoureuse de l'humanité et respectueuse de l'ordre social n'aimerait qu'il en fût autrement. N'oublions pas le bien récompensé. Nous pouvons parler de « justice philanthropique ». Mais la découverte et la mort justifiée d'un méchant ne constituent pas l'étoffe de la véritable tragédie. Elles ne suscitent ni pitié ni crainte. Le protagoniste d'une tragédie devrait être quelqu'un qui nous ressemble — ou ressemble à ce que nous croyons être —, en mieux toutefois. Un homme qui ne chute pas pour avoir commis une terrible infamie, mais seulement une erreur fatale.

— Dans ce cas, insistai-je, Lysippos ne pourrait-il être ce protagoniste ? Ce n'est pas un malfaiteur invétéré. Ta description s'applique à lui.

— Il ne domine pas, que ce soit par son rang ou ses qualités personnelles. Certes, il a commis des erreurs, mais s'est montré inefficace. Oui, il a *envisagé* un meurtre, mais il ne l'a pas *perpétré*. Toute cette famille est montée sur scène, mais elle n'a pas très bien joué. Timothéos fut le meilleur de tous à cet égard. Dans la vie, nous voulons éviter les actes criminels. Dans le drame, nous aimons la violence. Que penserait-on d'un personnage qui imagine un acte désespéré, mais gâche tout ce qu'il a projeté ?

— Bon, je le concède, nous n'avons pas de protagoniste satisfaisant. Tu dois cependant admettre qu'il y a eu pas mal d'actes sanglants. Nous avons connu des péripéties et fait des découvertes. J'ai éprouvé de la pitié et de la peur parfois — comme lorsque nous avons trouvé le corps de Straton. Et qu'y a-t-il de plus émouvant que de voir un homme au cœur fier tomber d'une falaise ?

— Oui, dit Aristote, nous avons été émus parce que nous étions sur place. Et parce que nous avions été les amis de Timothéos. Mais il serait difficile de faire partager nos sentiments à un public. Il éprouverait plutôt une sorte de satisfaction. « Ah, c'est bien fait pour lui ! » Ça ne se trouve pas dans la bonne littérature.

— Que fais-tu de l'*Odyssée* ? Les personnages, bons ou méchants, connaissent toutes sortes de fins. Et l'on ne peut qualifier l'*Odyssée* d'œuvre mineure !

— Tu crois m'avoir cloué le bec, Stéphanos d'Athènes ! dit Aristote en riant. Mais cette œuvre rapporte des histoires merveilleuses : ce n'est pas une tragédie, et tu imagines quel mal on aurait à en tirer une pièce. Le genre de fin que tu décris, avec les bons récompensés et les méchants punis, relève plutôt de la comédie, qui ne cherche pas à éveiller la pitié et la peur. Au lieu d'actions grandioses, nous avons des disputes ridicules, des histoires de famille, des bévues, la vie quotidienne... ou plutôt son imitation. Deux ou trois familles au sein d'un village, et le tour est joué —

comme on le voit dans *Les Acharniens*[1] ou d'autres comédies modernes. Mais quand le crime frappe à la porte, la comédie se sauve par la fenêtre. Comment un auteur pourrait-il traiter un tel mélange, et quel en serait le sens ?

— Je ne puis être d'accord, même si je ne sais pourquoi. Je m'obstine à croire que l'histoire que nous avons vécue pourrait aboutir à quelque chose d'intéressant. Même si certains éléments semblent peu convaincants.

— Un auteur peut jouer adroitement des invraisemblances, et j'admets qu'elles existent dans le monde. Comme l'a dit Agathon[2], « il est probable que des improbabilités surviennent ». On préférerait une impossibilité probable à une improbable possibilité. Mais s'il fallait raconter l'histoire — ou les histoires — où nous avons été acteurs ou spectateurs, comment s'y prendrait-on ? Le problème reste entier. Il ne serait pas facile de composer un drame sans gâcher les surprises et les retournements auxquels nous avons assisté. Toutefois, dit Aristote en se caressant la barbe, le regard perdu dans le lointain, il existe un art auquel nul n'a encore donné de nom — un art bien inférieur à la véritable poétique. On le trouve dans les saynètes comiques de Sophron[3] et les *Dialogues* de Platon : des personnages qui mangent, boivent et se promènent, parlent de tout ce qui leur arrive dans un langage ordinaire dépourvu de métrique. Si un tel art devait se développer, ainsi que l'ont fait l'épopée et la tragédie,

1. Comédie d'Aristophane : série de suites bouffonnes jusqu'à l'obscénité, mais aussi plaidoyer pour la paix. *(N.d.T.)*

2. Poète tragique athénien, le premier à créer une tragédie autour d'un sujet imaginaire et non mythique. *(N.d.T.)*

3. Au ve siècle avant J.-C., Sophron de Syracuse, auteur de mimodrames en langage populaire, fut le premier à donner une forme littéraire à ce genre. Platon l'admirait. *(N.d.T.)*

voilà une forme qui te conviendrait. C'est très possible, car la littérature est en perpétuelle évolution. Quand je pense à ce que la tragédie est devenue en si peu de temps... Parfois, Stéphanos, je me sens triste — tu vas me trouver ridicule — quand je songe à tout ce qui s'écrira après ma mort et que je ne pourrai lire. Ah, si les philosophes vertueux pouvaient trouver des bibliothèques aux Enfers !

— Tu as conseillé à Myrrhine de ne pas abuser d'œuvres comme les pièces d'Euripide et tu lui as expliqué que ce n'était pas le but de la tragédie. Mais quel est celui de l'épopée, du drame et des autres formes à venir pour que tu désires tant les fréquenter aux Enfers ?

— Ah, tu me tiens, fit Aristote l'air grave. Je ne sais te répondre. Chasser de notre esprit la crainte ou la pitié n'est peut-être pas tout ce que nous recherchons. Mais notre hôte va s'inquiéter. Je me demande quand Théophraste arrivera. Je n'imagine pas le bon Smikrénès s'intéresser à ces problèmes littéraires.

Aristote avait raison. En revanche, nous reparlâmes de récoltes, et je me montrai plus loquace. Le lendemain matin, encouragé par Aristote, j'abordai le bonhomme et évoquai le mariage de sa fille. Il n'écuma pas et ne me chassa pas en hurlant, ainsi que je l'aurais cru.

Smikrénès ne m'appréciait que modérément — il me dit sans détour qu'il n'aimait pas les jouvenceaux athéniens qui lisent de la philosophie mais ne savent pas distinguer un épi d'orge d'une queue de cochon. Je lui prouvai malgré tout que je m'y connaissais un peu en agriculture et entrai presque dans ses bonnes grâces. Il insista sur le fait qu'un certain voisin me serait préférable et que sa fille lui était quasiment promise — avant d'avouer que sa querelle avec le voisin en question s'était terminée par des coups de pied aux fesses. (Le jeune Ménandros y avait-il assisté ?)

Il admit ensuite qu'il n'était plus très jeune et que le travail lui était de plus en plus pénible. Philoméla méritait un bon foyer et lui, des petits-enfants. La question centrale fut réglée. J'épouserais sa fille l'année suivante et l'emmènerais à Athènes. En continuant à louer ma ferme, je pourrais fournir à Smikrénès des esclaves qui l'aideraient aux champs. Ensuite, un de mes fils reprendrait les terres. En attendant, une partie du bénéfice des récoltes me reviendrait.

La discussion achevée, je revins en toute hâte vers la maison, où je savais que Philoméla se cachait (elle s'était efforcée d'adopter une conduite très convenable pendant notre visite). Je l'aperçus derrière une fenêtre. Je souris et agitai ma main dans cette direction. Elle me répondit d'un signe.

Devant la maison, Aristote était en compagnie d'un personnage que je connaissais.

— Stéphanos, regarde, voici Théophraste ! s'écria-t-il, tout joyeux. Je vais enfin avoir des nouvelles du Lycée.

Théophraste me considéra avec solennité tandis que je le saluais.

— Pourquoi n'as-tu pas répondu à mon courrier ? demanda-t-il à Aristote.

— Pardonne-moi, j'ai oublié. Mais il s'est passé tellement de choses. Je te raconterai plus tard. Parle-moi du Lycée. Comment as-tu...

— Un instant, fit Théophraste en cherchant dans son sac. J'ai des lettres pour toi, et des factures. J'ai réglé le marchand d'huile. Il vaudrait mieux en trouver un autre. Tiens, cela vient d'Hégésine. Il n'est pas très aimable. J'ai dû réprimander son fils, ce paresseux. Un autre élève présente des difficultés plus graves. Il s'agit du jeune Parménion. Celui qui vient de Rhodes, tu sais.

— Oh oui, le neveu de Philotas, le fils d'Arcandre. Le petit-fils de Parménion, le grand général d'Alexandre. Il pourrait faire carrière dans l'armée, même s'il rêvait naguère d'être médecin, avant de songer à la rhétorique. Il a toujours été brillant. Que se passe-t-il donc ?

— Sa tournure d'esprit est mauvaise. S'il persiste, nous devrons le renvoyer à Kos ou à Rhodes. J'espère que tu vas bientôt rentrer.

— Demain, mon cher ami. Ne t'inquiète pas. Ah, ces jeunes gens et leurs problèmes, grommela-t-il pour la forme. Parménion m'a-t-il adressé une lettre ? J'en vois une autre.

— Je l'avais oubliée. Elle vient de ta femme. Elle l'a écrite de sa propre main.

Aristote lui arracha les tablettes et se jeta sur celle de Pythias comme s'il se moquait des autres. Il s'empressa de la lire avant de lancer en l'air les autres missives et d'agiter les bras de jubilation.

— Les dieux soient loués, Stéphanos ! L'Oracle avait raison. Théophraste, quelle nouvelle ! Ma femme écrit pour me dire qu'elle porte un enfant. Elle a besoin de ma présence, car elle ne se sent pas très bien. Herpyllis, l'esclave préférée de ma mère, s'est installée à la maison. Pythias l'aime beaucoup, ce sera une excellente nourrice. Mais je ne puis attendre une heure de plus ! Pythias et moi devons partager ce bonheur !

Nous repartîmes donc aussitôt, ou presque, après avoir empaqueté nos affaires et bien remercié Smikrénès. Notre hôte, soulagé de notre départ — il n'avait pas l'habitude des étrangers —, nous raccompagna jusqu'au portail.

— Regarde ça, me dit-il. Tu ne trouveras pas meilleure terre. Et ce tas de fumier, magnifique, non ? Ça fait du bien aux vignes. Tiens, voici des gâteaux — Philoméla les a cuits spécialement pour toi — et du fromage. Ah, ça fait longtemps que je ne me suis pas autant réjoui, poursuivit-il. Il faut qu'on reparle de notre affaire, toi et moi. Je n'ai pas dit oui à tout, tu le sais, mais je n'ai pas dit non. Reviens bientôt. Avec ton ami. Il faut que je m'habitue à voir du monde. Après tout, on se doit d'aimer son prochain, non? C'est une chose normale.

J'acquiesçai.

— Oui, prends l'exemple des moutons, des abeilles et des autres bêtes qui vivent ensemble. C'est une chose normale... répéta-t-il en s'appuyant sur le manche de sa houe, l'air pensif.

C'est alors que son regard se porta sur le chemin menant à l'autel de Pan. Ses traits se contractèrent. Une ride zébra son front, pareille à un éclair dans le ciel.

— Qui est-ce qui vient encore faire un sacrifice? gronda-t-il.

Brandissant sa houe comme une lance, il se précipita vers les intrus en beuglant aussi fort qu'un taureau qu'on vient de lâcher. La petite procession — une femme de la ville, ses enfants, un jeune homme et trois esclaves — s'enfuit, épouvantée, abandonnant sur le chemin marmites et offrandes.

Aristote et moi éclatâmes de rire. Théophraste regardait faire Smikrénès.

— Un homme irascible, c'est vrai...

L'incident nous permit de nous éloigner du portail. Après avoir crié nos derniers adieux, nous pûmes enfin nous mettre en route.

— Je vais avoir un fils, Stéphanos, dit Aristote en posant brièvement la main sur mon épaule. Et toi, tu vas te marier dans moins d'un an. Tu auras des enfants, comme ton père avant toi. L'Oracle est sage en toute chose.

Puis il se tourna vers Théophraste et entama une conversation.

J'avais à présent tout le loisir de méditer. Déjà, les événements des jours passés s'effaçaient de ma mémoire comme une pièce de théâtre. Les Hommes d'Argent me paraissaient bien loin. Ma propre vie ne m'avait jamais paru plus réelle, et l'avenir me souriait. Sans m'en rendre compte, je me mis à fredonner une chanson, et c'était *Amour s'en vint frapper à ma porte*. Le soleil brillait, des anémones s'épanouissaient dans les fossés et sur les coteaux où poussait le thym. L'alouette chantait et des nuées d'hirondelles envahissaient le ciel. Le printemps était bien là.

Impression réalisée sur Presse Offset par

BRODARD & TAUPIN

GROUPE CPI

La Flèche (Sarthe), 18627

N° d'édition : 3490
Dépôt légal : mai 2003
Imprimé en France